知识产权研究论集

河北省知识产权培训（河北师范大学）基地资助出版

主编◎赵立新

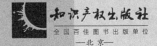

知识产权出版社
全国百佳图书出版单位
—北京—

图书在版编目（CIP）数据

知识产权研究论集／赵立新主编 . —北京：知识产权出版社，2019.12
ISBN 978－7－5130－6677－8

Ⅰ . ①知… Ⅱ . ①赵… Ⅲ . ①知识产权—文集 Ⅳ . ①D913.04－53

中国版本图书馆 CIP 数据核字（2019）第 281149 号

责任编辑：雷春丽   责任印制：孙婷婷
封面设计：博华创意

知识产权研究论集

赵立新　主编

出版发行：	知识产权出版社 有限责任公司	网　址：	http：//www.ipph.cn
社　址：	北京市海淀区气象路 50 号院	邮　编：	100081
责编电话：	010－82000860 转 8004	责编邮箱：	leichunli@cnipr.com
发行电话：	010－82000860 转 8101/8102	发行传真：	010－82000893/82005070/82000270
印　刷：	北京九州迅驰传媒文化有限公司	经　销：	各大网上书店、新华书店及相关专业书店
开　本：	720mm×1000mm　1/16	印　张：	20
版　次：	2019 年 12 月第 1 版	印　次：	2019 年 12 月第 1 次印刷
字　数：	296 千字	定　价：	80.00 元

ISBN 978－7－5130－6677－8

目 录
CONTENTS

学 术 专 论

知识产权法定原则的困境、
本意澄清及其应用[*]

孙　山^{**}

摘　要： 知识产权法中是否要坚持权利法定原则，其答案决定了法官能否基于自由裁量权而在个案中解释创设立法上未曾规定的权利。从立法技术层面的合理性入手，权利法定原则中的"权利"仅为绝对权，"定"包括权利种类和内容，由成文法明确"规定"和"限定"。权利法定原则排除法官的自由裁量权和"权利推定"的可能性。法官以模糊表述为法律依据、发挥自由裁量权在个案中保护的是未上升为权利的法益，该法益可以通过解释推定创设。对知识产权单行法中存在的违背权利法定原则的弹性规范表述，应在未来修法时修改。知识产权法定原则同时要求法官在裁判说理时必须谨慎适用开放性概念，明确"权利"与"利益"的区分保护。

关键词： 知识产权　权利法定　自由裁量权

一、前言

权利法定原则之争，自物权法始，在知识产权法中分歧尤大。相比《中华人民共和国物权法》（以下简称《物权法》）第 5 条对"物权的种类和内容"的限定，知识产权各单行法中的措辞凸显了权利法定原则适用的困境：

　＊ 本文为作者主持的 2013 年国家社科基金青年项目"知识产权请求权的理论基础与规范设计研究"（13CFX089）的阶段性成果。

　＊＊ 作者简介：孙山，男，陕西省靖边县人，法学博士，西北政法大学经济法学院副教授，主要研究方向为知识产权法和民法基础理论。

《中华人民共和国著作权法》（以下简称《著作权法》）第 10 条第 1 款第 17 项中出现了未加限定的"其他权利"，兜底性质的"其他权利"能否由法官解释创设并不清楚；《中华人民共和国商标法》（以下简称《商标法》）第 32 条中的"在先权利"被扩大解释为"民事权利或者其他应予保护的合法权益"①，司法解释既与立法机关的释义存在偏差，又不符合"权利"的通常含义，与文义解释规则的要求相悖；《中华人民共和国反不正当竞争法》（以下简称《反不正当竞争法》）第 2 条中又出现了说不清道不明的"权益"，"权""益"如何作切分缺少后续方案。国内学者从 2004 年起撰文论述知识产权法中的权利法定原则问题②，2006 年集中探讨③，此后数年持续发酵④，至 2015 年基本上偃旗息鼓⑤。2017 年，随着《中华人民共和国民法总则》（以下简称《民法总则》）的出台，由第 123 条引发的知识产权法定原则问题再度引起学界关注⑥，"依法"一词可以看出该条采取了法定主义的立场，排除了民事主体间通过合意创设新类型知识产权的可能⑦。支持者认为，权利

① 参见《最高人民法院关于审理商标授权确权行政案件若干问题的规定》（以下简称《商标授权确权若干规定》）第 18 条。

② 郑胜利："论知识产权法定主义"，见郑胜利主编：《北大知识产权评论（第 2 卷）》，法律出版社 2004 年版，第 51－66 页；李扬："略论知识产权法定原则"，载《电子知识产权》2004 年第 8 期，第 17－19 页；易继明："知识产权的观念：类型化及法律应用"，载《法学研究》2005 年第 3 期，第 110－125 页。

③ 崔国斌："知识产权法官造法批判"，载《中国法学》2006 年第 1 期，第 144－164 页；李扬："知识产权法定主义及其适用——兼与梁慧星、易继明教授商榷"，载《法学研究》2006 年第 2 期，第 3－16 页；李建华："论知识产权法定原则——兼论我国知识产权制度的创新"，载《吉林大学社会科学学报》2006 年第 4 期，第 83－89 页；郑胜利："论知识产权法定主义"，载《中国发展》2006 年第 3 期，第 49－54 页。

④ 代表性文章如应振芳："司法能动、法官造法和知识产权法定主义"，载《浙江学刊》2008 年第 7 期，第 55－63 页；李扬："知识产权法定主义的缺陷及其克服——以侵权构成的限定性和非限定性为中心"，载《环球法律评论》2009 年第 2 期，第 73－85 页；李强："知识产权法定原则适用的几个基本问题"，载《科技与法律》2009 年第 6 期，第 83－87 页；王宏军："知识产权法定主义与公共利益维护"，载《知识产权》2012 年第 5 期，第 36－41 页等。

⑤ 以"知识产权法定主义"或"知识产权法定原则"为题在中国知网检索，2015 年和 2016 年无任何相关论文发表。

⑥ 易继明："知识产权法定主义及其缓和——兼对《民法总则》第 123 条条文的分析"，载《知识产权》2017 年第 5 期，第 3－11 页；李宗辉："论我国民法典编纂中的知识产权规范类型及内容"，载《上海政法学院学报（法治论丛）》2017 年第 4 期，第 55－63 页。

⑦ 何华、肖志远："《民法总则》知识产权条款评析及未来立法展望"，载《知识产权》2017 年第 5 期，第 26 页。

法定主义可以协调知识的公共性和知识产权的私权性之间的矛盾①，在权利创设问题上持谨慎态度，否定法官自由裁量权在权利创设中的作用②，强调知识产权法官"造法"违背了立法指导思想，脱离了现阶段的中国现实③。反对者则基于知识产权是自然权利的基本信念，认为知识产权类型化不足的问题是权利法定原则导致的结果，立法修订之外还可以通过财产权理论、合同法理论与侵权法理论等来弥补权利法定原则的缺陷，在司法救济中获得利益平衡的结果④。两种声音间的鸿沟看上去根本无法缩小。

实际上，知识产权法定原则支持者的着眼点在于法律的稳定性，反对者的着眼点在于法律的灵活性，论辩双方聚焦不一，因此很难达成真正有价值的结论，容易引向自说自话。知识产权法定原则所面临的困境，恰恰是稳定性和灵活性的冲突，在坚持权利法定原则的同时如何规范行使自由裁量权。具体来看，知识产权法定原则至少面临以下三重困境：通过合同约定的"新型知识产权"的法律效力问题，也就是立法的确定性与当事人意思自治间的冲突；当事人能否通过将自己的利益诉求归之于《著作权法》中的"其他权利"、《商标法》中的"在先权利"和《反不正当竞争法》中的"合法权益"以寻求司法救济，法官能否基于自由裁量权解释创设立法上未曾明确规定的"权利"，也就是当事人的利益诉求与法律规范中弹性表达之间的冲突；立法中未曾规定的利益形式是以何种概念指称获得保护，也就是新生利益的变动性、命名与权利的稳定性之间的冲突。本文将以知识产权法定原则所面临的冲突的解决为主要研究对象，围绕上述问题的回答展开讨论。

二、知识产权法定原则之争的困境

在展开论述之前，我们先需对知识产权法定原则的所指作出限定，明

---

① 郑胜利："论知识产权法定主义"，见郑胜利主编：《北大知识产权评论（第 2 卷）》，法律出版社 2004 年版，第 54 页。

② 李扬："知识产权法定主义及其适用——兼与梁慧星、易继明教授商榷"，载《法学研究》2006 年第 2 期，第 4 页。

③ 崔国斌："知识产权法官造法批判"，载《中国法学》2006 年第 1 期，第 146 页。

④ 易继明："知识产权的观念：类型化及法律应用"，载《法学研究》2005 年第 3 期，第 110 – 125 页。

确主要问题。按照《物权法》第 5 条、《民法总则》第 116 条以及我国民法学界的通说，物权法定是指权利的种类和内容法定。在此共识基础上，知识产权法定原则是指知识产权的种类和内容法定。显然，"法定"一词并不能提供更多信息，我们依旧需要明确"法定"之"法"是否包括合同法，"法"是否包括规则之外的原则，是否包括一般条款，是否包括规则中的开放性概念（如《著作权法》第 10 条第 1 款第 17 项中的"其他权利"）。进言之，我们必须明确权利法定原则和当事人意思自治间的关系，明确权利法定原则与立法者所使用的弹性条款间的关系，明确权利法定原则与法官的自由裁量权间的关系。因此，上述定义只是本文得以展开研析的初步定义。

知识产权法定原则面临的困境之一，是合同约定的"新型知识产权"的法律效力问题，亦即立法的确定性与当事人意思自治间的冲突。合同约定的"新型知识产权"分为两种情形：一是直接在合同条款中创设新的有名的"知识产权"，二是在合同中规定"其他权利"，嗣后在诉讼中将某种利益诉求解释为"其他权利"。合同约定是意思自治的体现，权利法定原则则要彰显立法的确定性，依照合同约定主张立法中尚未规定的"新型知识产权"，必然会引发规范间的冲突。物权法定原则规定于《民法总则》第 116 条中："物权的种类和内容，由法律规定。"按照官方的解释，物权法定有两层含义，其一是当事人不能自由创设物权，其二是所设"物权"没有法律效力。① 但是，"没有法律效力"，是指没有任何法律效力，包括不具备合同法上的效力，抑或是没有物权法上的法律效力，合同约定在双方当事人之间仍有约束力，官方释义未作进一步的说明。《民法总则》中没有明确规定知识产权法定原则，该原则的存在是第 123 条推论的结果。根据该条第 1 款的规定，本条所指向的知识产权，只能"依法"产生。权利对象不同的物权和知识产权都具有支配性和排他性，在权利的构造技术上存在诸多共同之处，法定原则

---

① 石宏主编：《〈中华人民共和国民法总则〉条文说明、立法理由及相关规定》，北京大学出版社 2017 年版，第 273 页。

适用于物权和知识产权，有利于更好地构建物权与知识产权制度。① 因此，《民法总则》第116条中物权法定原则可以用来丰富知识产权法定原则的内涵，"依法""享有"的知识产权的"种类和内容由法律规定"。同样的，对于当事人违反法律规定所创设的"知识产权"，"没有法律效力"的规范评价究竟是否仅限于知识产权法，目前尚无定论。

知识产权法定原则面临的困境之二，是当事人能否通过将自己的利益诉求归之于《著作权法》中的"其他权利"、《商标法》中的"在先权利"和《反不正当竞争法》中的"合法权益"以寻求司法救济，法官是否有权通过自由裁量的方式保护法律上未曾明确列举规定的新型"权利"，实现权利创设的法律效果，亦即当事人的利益诉求与法律规范中弹性表达之间的冲突。为尽力避免成文法的滞后性所带来的社会问题，立法者在法律中使用了较多的弹性条款，以此兼顾灵活性与稳定性，前述条文均为此类，当事人以弹性条款之名寻求救济，法官也正是依据这些弹性条款行使自由裁量权以实现立法者目的的。这些弹性条款的作用无非两种：要么作为封闭性的上位概念，将其他法律中的"权利""权益"解释为《著作权法》中的"其他权利"、《商标法》中的"在先权利"和《反不正当竞争法》中的"合法权益"，通过这三部单行法获得救济；要么作为开放性的上位概念，当事人可以将自己的利益诉求归之于"其他权利""在先权利"或"合法权益"，法官依据自由裁量权予以保护。但是，如果将"其他权利"和"在先权利"当作开放性概念进行解释适用，法官依据自由裁量权进行裁判的结果是创设法律上未曾明确规定的新型"权利"，如此必然会和权利法定原则发生冲突。而将"合法权益"当作封闭性概念进行解释适用，又无法兼顾立法的灵活性，法官保护新生利益的自由裁量权丧失殆尽，弹性条款设置的目的不能实现。知识产权法定原则与当事人的利益诉求、法官的自由裁量权之间存在明显的冲突。

知识产权法定原则面临的困境之三，是立法中未曾规定的利益形式是以"权利""权益"还是其他概念指称获得保护，新生利益能否突破法定原则的

---

① 李强："知识产权法定原则适用的几个基本问题"，载《科技与法律》2009年第6期，第84页。

限制，直接被解释为"权利"的一种，新生利益究竟应以何种称谓体现于立法中，亦即新生利益的变动性、命名与权利的稳定性之间的冲突。利益始终处于不断的生成、发展和消亡过程中，立法者不可能在事先预见未来可能出现的一切利益形态，为实现稳定性与灵活性的平衡，必然要在立法中采取多种立法技术。"权利是不可剥夺的正当利益在法律上的定型化"①，是保护利益的立法技术之一，但并非唯一。我们只是习惯于用"权利"指代所有类型的受保护客体，忽略了民事主体的利益诉求往往只是披着"权利"的外衣，实质上是不同于"权利"的受保护客体。法官必然要通过弹性条款行使自由裁量权，在解决纠纷的过程中实现对某种立法未曾规定的利益的保护，而弹性条款应当对可能受到保护的利益予以适当的命名，名正才能言顺，言顺才能在裁判中完成有效说理。立法中未曾规定的利益形式，属于"权利""权益"还是其他范畴，目前并无统一说法。如果不加限制地解释适用弹性条款，势必会引发"权利概念大爆炸"，立法的权威性和可预测性大大降低，最终也会影响到法治的效果。

三、权利法定原则的合理性探析：作为法技术性原则的知识产权法定原则

要想走出知识产权法定原则所面临的三个困境，我们需要审视该原则的本意，反思知识产权法定原则这一表述本身的有效性，明确其所指，找出问题的症结所在，如此方才可能给出真正有价值的解决方案。而在探求原意之前，我们先需考察辨析权利法定原则在立法技术层面的合理性，确定权利法定原则的立法目的。

权利法定原则属于法技术性原则，知识产权法定原则在立法技术层面的合理性源自其绝对权属性。有学者指出，知识产权法定原则并非知识产权法的基本原则，而是拉伦茨所说的法技术性原则，是排他性财产权的权利构造技术，本身并不直接体现社会道德、伦理要求。② 按照拉伦茨的说法，法技

---

① 张俊浩主编：《民法学原理》，中国政法大学出版社 2000 年版，第 67 页。
② 李强："知识产权法定原则适用的几个基本问题"，载《科技与法律》2009 年第 6 期，第 83－85 页。

术性原则是"基于目的性考量所形成"的原则,^① 属于操作层面的准则,承担着特定的立法任务。归根结底,知识产权法定原则的合理性源自其绝对权属性,"法定主义是绝对权体系的结构性原则"^②,是绝对权法律关系得以成立的逻辑基础。权利法定原则用以确定绝对权法律关系中的权利义务关系,维护立法的稳定性,排除意思自治对绝对权法律关系的影响。权利和义务总是成对出现,先有课加义务的可能性,后才有创设权利的可能性。权利法定原则之所以能够在立法上获得证成,是因为种类和内容必须由法律明确规定的权利实质上仅为绝对权,第三人可以事先通过公开途径了解得知权利的存在及其固定边界,如此方才能对社会公众课加普遍的注意义务,进而形成一对多的绝对权法律关系。权利中的相对权,以合同之债为典型,产生于特定主体间的约定,第三人无由得知,自然也就不能课加相应的注意义务,不存在通过法律确定权利的类型和内容的可能性与必要性。因此,对于权利法定原则,更准确的说法应为绝对权法定原则。知识产权是绝对权之一种,自然也要适用权利法定原则,知识产权的种类和内容由法律规定,不能经由当事人基于意思自治约定创设或由法官依自由裁量权解释创设。

绝对权法定原则是法技术性原则之一,相对权意定原则和未上升为权利的法益之推定原则同样属于法技术性原则,而其成立,则依赖于法益这一上位概念的引入。法律为保护利益而生,受法律保护的利益即为法益,利益是前实定法范畴,法益则兼具前实定法与实定法色彩。法益是权利的上位概念,按类型化的不同程度可将法益分为权利和未上升为权利的法益,按义务承担者的范围可将权利分为绝对权和相对权,相对权对于特定关系外第三人而言又属于未上升为权利的法益。^③ 知识产权法定原则在立法技术层面的合理性源自其绝对权属性,不具备绝对权属性的知识财产相关法益并不适用法定原则。

---

① [德] 卡尔·拉伦茨:《法学方法论》,陈爱娥等译,商务印书馆 2003 年版,第 293 页。

② 应振芳:"司法能动、法官造法和知识产权法定主义",载《浙江学刊》2008 年第 7 期,第 58 页。

③ 孙山:"寻找被遗忘的法益",载《法律科学(西北政法大学学报)》2011 年第 1 期,第 59 - 70 页。

　　根据法益生成的不同途径，我们可以将法益生成的法技术性原则分为三类：绝对权法定原则、相对权意定原则和未上升为权利的法益之推定原则。权利与未上升为权利的法益均为法益的存在方式，因其特征的差别而需在法律上作区分保护，① 法技术性原则即为实现法益区分保护目的的技术性原则。法技术性原则的配置，必须考虑第三人的预见可能性，考虑民事主体的认知水平和风险规避的成本。按照绝对权法定原则的逻辑，权利的种类和内容只能由法律规定，权利主体和权利之存在可事先通过公开途径了解得知，由此，绝对权法定原则为社会公众明确划定了权利的边界，平衡了权利保护和行为自由。相对权意定原则的逻辑意味着，只要不违背法律的禁止性规定，民事主体都可以通过约定的方式创设权利的种类和内容，产生只在特定双方之间具有拘束力的权利义务关系。权利创设的方式只有法定和意定两种，意定主要存在于合同法领域，法定则适用于各种绝对权的生成中，两者一起构成"民法技术的典型"②。未上升为权利的法益则遵循着推定原则，其内容在成文法中没有明确规定，种类或者没有明确规定，或者虽有规定但并非封闭性列举，在不违背禁止性规范的情况下即可推定特定利益受法律保护，转化为法益。第三人无法事先预知该种法益的存在及其边界，无法承担普遍的、较高的注意义务，所以，第三人只在以故意或者违背公序良俗原则、诚实信用原则等禁止性原则的方式造成他人损害时才需要承担损害赔偿责任。未上升为权利的法益之推定不同于绝对权法定，部分"有名"的未上升为权利的法益③之列举不是封闭性列举，法律虽有明文规定但未限定范围，也没有排除

---

　　① 就法益的区分保护而言，国内已有不少著述涉及，如葛云松："纯粹经济损失的赔偿与一般侵权行为条款"，载《中外法学》2009 年第 5 期，第 689－736 页；葛云松："《侵权责任法》保护的民事权益"，载《中国法学》2010 年第 3 期，第 37－51 页；王成："侵权之'权'的认定与民事主体利益的规范途径——兼论《侵权责任法》的一般条款"，载《清华法学》2011 年第 2 期，第 48－70页；于飞：《权利与利益区分保护的侵权法体系之研究》，法律出版社 2012 年版，第二章"侵权法中权益区分的可能性"，第 52－78 页；方新军："权益区分保护的合理性证明——《侵权责任法》第 6 条第 1 款的解释论前提"，载《清华法学》2013 年第 1 期，第 134－156 页。

　　② ［奥］凯尔森：《法与国家的一般理论》，沈宗灵译，中国大百科全书出版社 1996 年版，第94 页。

　　③ 如商业秘密、未注册商标、商品特有名称、包装、装潢等，均规定在成文法中，属于被列举的"有名"的未上升为权利的法益，而所谓"商品化权"，则属于未被列举的"无名"的未上升为权利的法益。

后续创设的可能性。未上升为权利的法益之推定也不同于相对权意定，该种法益的生成取决于特定民事主体的单方意志与行为，与双方当事人的约定无关，在特定范围内该种法益可以通过一定途径了解，因此只能为不特定的第三人设置较低的注意义务，只有故意实施侵害行为造成损害时才需要承担责任。立法者要兼顾稳定性与灵活性，绝对权法定原则只关注稳定性，相对权意定原则只关注灵活性，未上升为权利的法益之推定原则兼顾稳定性和灵活性。不难看出，绝对权、相对权和未上升为权利的法益遵循不同的法益生成原则，三项法技术性原则各司其职，都是为了在法益保护和行为自由间达致平衡。

未上升为权利的法益之推定创设原则，旨在有效解决绝对权法定原则的封闭性与民法规范的适度开放性间的冲突，为创造性司法奠定法理基础。按照绝对权法定原则的逻辑，立法者应当在法律中穷尽列举绝对权的所有类型和内容，排除司法裁判中解释创设新类型权利和权利内容的可能性。绝对权法定原则具有严格的封闭性特征，封闭性特征保障了第三人的行为自由。同时，民法规范还应当具备一定程度的开放性，以期实现法益保护的立法目的。绝对权法定原则的封闭性特征和民法规范的开放性需求间的紧张关系，可以通过未上升为权利的法益之推定创设来缓解。对于那些存在立法技术障碍、最终无法通过立法方式上升为权利的法益类型①，司法机关在个案中依据具体规则的直接适用、一般条款或开放性概念的解释适用予以救济。对于那些因为立法者出于立法现实而有意舍弃、基于认识水平和预见能力而无意疏漏的法益类型，在以制定新法或修订旧法的方式获得成文法确认之前，可由司法机关在个案中通过解释一般条款或开放性概念的方式完成保护。此类个案中司法机关所要保护的，是在立法中缺位的新类型法益和新法益内容，法官并不创设具有普遍效力的绝对权，而是创设了只具有个案效力的新的未上升为权利的法益。法官依据一般条款的解释推定新类型法益的生成，创造性司法获得了正当性基础。一般条款中的禁止性原则划定行为自由的底线的同时完成了法益与过错的推定，凡是以法不禁止皆自由的方式推定其合法性的利

———————

① 如死者利益和胎儿利益的保护。

益即为法益，所有以违反一般条款中禁止性原则的方式实施侵害并造成损害的行为都应当受到法律的否定评价，通过禁止某种行为的方式实现对特定利益的保护。法不禁止皆自由，亦可置换成法不禁止皆法益。至此，经由未上升为权利的法益之推定创设，绝对权法定原则得到了坚守，而民法规范依然保持了足够的开放性。开放性概念的解释则面临较多质疑，特别是包含"权利"表述的开放性概念，对此法官应保持谦抑司法的谨慎态度。

法益生成的法技术性原则，对应着不同的法益保护模式：设权模式、合同法模式与反不正当竞争法模式。日本学者中山信弘先生较早提出设权模式和反不正当竞争法模式的区分①，李琛教授作了进一步的阐述②。在此基础上，本文主张法益保护存在三类模式③：设权模式"指在法律上将某种可保护的利益设定为权利的客体，预先确定权利的名称及其内容的法益保护模式"④，以《物权法》、知识产权各单行法为典型；合同法模式指由民事主体自主确定双方之间的权利义务关系的法益保护模式，以《合同法》为典型；反不正当竞争法模式"指通过法律禁止某种性质的行为使未上升为权利的法益在客观上得到保护的模式"⑤，以《反不正当竞争法》为典型。设权模式中绝对权的类型和内容由法律明确规定和限定，因内容的公示、公信而产生普遍的注意义务，第三人可依据事先可知晓的权利的类型与内容趋利避害，以此实现法益保护和行为自由间的平衡。反不正当竞争法模式中未上升为权利的法益或被规定在成文法中，或只能通过成文法的一般条款推定创设，成文法并不对其类型和内容作任何强制性规定，不能给第三人课加普遍的、较高的注意义务。与相对权不同之处在于，该种法益在特定范围内可以通过一定途径了解，因此只能为不特定的第三人设置较低的注意义务，只能在第三人以成文法规则明确禁止的方式或者以违背公序良俗、诚实信用等禁止性原则的方式实施侵害行为时才能主张救济，救济方式多限于损害赔偿，法益保护

---

① ［日］中山信弘：《多媒体与著作权》，张玉瑞译，专利文献出版社 1997 年版，第 6 – 14 页。
② 李琛：《论知识产权法的体系化》，北京大学出版社 2005 年版，第 168 – 174 页。
③ 权利法定原则的相关问题主要涉及设权模式和反不正当竞争法模式，所以本文对合同法模式略而不论。
④ 孙山："寻找被遗忘的法益"，载《法律科学（西北政法大学学报）》2011 年第 1 期，第 65 页。
⑤ 同上。

和行为自由在此种情形中也实现了平衡。法律对未上升为权利的法益提供事后、个案、被动的保护，只针对个案中的利益冲突确定该种利益是否属于法益、能否受到保护，裁判的效力仅及于该个案，对于同类案件的裁判不应产生影响，更不会因此创设具有普遍效力的新类型权利。相比之下，绝对权的权利人不但可以在权利受侵害并造成损害后寻求救济，也可以在权利有受侵害之虞的情况下提出保护请求。显然，立法者对权利的保护更为积极、明确、稳定。

错置法益保护的法技术性原则，将会彻底破坏法益保护和行为自由间的平衡，违背立法目的和司法逻辑。目前学界对于知识产权法定原则的争论，往往走向极端，或者将设权模式视为唯一的保护模式，或者放弃、软化绝对权法定原则，主张以反不正当竞争法模式保护知识产权。这两种看法根源于同一个错误认识：将知识财产和知识产权画等号。知识财产是知识产权的上位概念，具备财产价值的知识并不必然会产生知识产权，受保护的形态并非只有设定绝对权一种方式，商业秘密、未注册商标等都是知识财产，但它们都是通过反不正当竞争法模式获得保护的，本质上均为未上升为权利的法益，不能归入知识产权的范畴之下。众所周知，商业秘密与专利权的保护差异极大，未注册商标无法简单套用注册商标的保护规定，甚至另起炉灶。不引入法益这一上位概念并进行法益的区分保护，而是选择直接对未上升为权利的法益适用绝对权法定原则，这样的立法尝试和理论改造只能彻底破坏法益保护和行为自由间的平衡，违背立法目的和司法逻辑。设权模式与反不正当竞争法模式的价值原则、确立的责任性质不同，混淆会损害公众利益。[1] 未上升为权利的法益之属性决定了不能对其适用绝对权法定原则，如果非要对其类型和内容作强制性规定，给第三人课加普遍的、较高的注意义务，适用设权模式加以保护的话，那么第三人将动辄得咎，无所适从，法益保护走到了极端，而行为自由无从谈起。根据《民法总则》第 123 条第 2 款中"专有的权利"的表述和客体的列举，完全可以推导出"商业秘密权"[2] 和"未注册

---

① 李琛：《论知识产权法的体系化》，北京大学出版社 2005 年版，第 168 – 174 页。

② 对此概念的批驳，可参见孙山："商业秘密的性质及其立法模式研究"，见刘春田主编：《中国知识产权评论（第 4 卷）》，商务印书馆 2011 年版，第 386 – 435 页。

商标权"① 这两类非常荒谬的"专有的权利"。如果对绝对权适用反不正当竞争法模式进行保护，权利人在主张救济时必须证明对方的过错，很难实际主张诉前行为保全，这种变化对于有效维权而言非常不利。《民法总则》第123条通过对象列举方式实现的"知识产权"定义条款，实际上就是将设权模式与反法模式各自保护的对象混杂在一个条文中，混用了不同的法技术性原则及与之相对应的法益保护模式。因此，《民法总则》第123条第2款存在突出的体系化问题。

四、知识产权法定原则的本意澄清

知识产权法定原则中的"法"，法理上应当只包括全国人大及其常委会制定的法律，且只包括创设绝对权的法律。按照通常的理解，《民法总则》第123条中的"法律"，应当只包括全国人大及其常委会制定的法律。权利法定原则之"权"为绝对权，"法"也只能是创设绝对权的法律，《合同法》只能创设相对权，不属于权利法定原则意义上的"法"。按照历史解释和体系解释的逻辑，知识产权法定原则中的"法"只能是全国人大及其常委会制定的法律。同为知识产权的定义条款，《民法总则（草案）》（一审稿）第108条第2款第9项的表述为"法律、行政法规规定的其他内容"，《民法总则（草案）》（二审稿）第120条第2款第9项则表述为"法律规定的其他客体"，《民法总则（草案）》（三审稿）第123条第2款第8项和《民法总则》第123条沿袭了二审稿的表述。至此，可以确定，条文表述的变换表明立法者否定行政法规可以成为创设民事权利依据的态度，而这一判断也是和《中华人民共和国立法法》（以下简称《立法法》）的相关规定②符合的。需要指出的是，《民法总则》第123条第2款第6项指涉的集成电路布图设计权和第7项指涉的植物新品种权的法律渊源是《集成电路布图设计保护条例》与《植物新品种保护条例》，均为行政法规，与知识产权法定原则的内在逻辑不符。如果要与未来的民法典保持体系一致的话，那么必须提升立法位阶，制

---

① 对此概念的批驳，可参见孙山："未注册商标法律保护的逻辑基础与规范设计"，载《甘肃政法学院学报》2015年第2期，第59－72页。

② 《立法法》第7、8条。

定集成电路布图设计保护法和植物新品种保护法。按照一些学者的理解，该条排斥已然存在的行政性立法确权模式的做法，实行了非常严格的法定主义规制模式，排除了其他法律规范形式创设新的知识产权类型的可能性。① 从民法典立法的视角看，提升民事权利的立法位阶，是保障民法典权威性、限制行政权力与司法权力滥用的重要手段。

知识产权法定原则中的"法"，既有未来的民法典，也有已有的和未来将被制定的各种单行法律。《民法总则》第 123 条第 2 款既在前七项中列举的具体类型，也在第八项中作了开放性的表述——"法律规定的其他客体"。《民法总则》第 123 条第 2 款第 8 项的开放性表述形成了一种链接，全国人大及其常委会制定的民事法律中涉及的新类型知识产权，属于该条款中的"法律规定的其他客体"，在单行法律不敷适用的时候可以直接引用民法典的相关条文作为裁判依据。由此，该条应当被理解为：民事主体之间不能通过合意创设新的知识产权类型；除该条所列举的具体类型外，其他单行法律中规定的知识产权类型，也属于该条意义上的知识产权，可以适用未来出台的民法典；行政法规和其他位阶较低的规范形式不能创设新的知识产权。按照绝对权法定原则的逻辑，各种民事法律修法后新增的知识产权内容，也应作为绝对权受到保护，这一点在《民法总则》第 123 条中被忽视了。

知识产权法定原则中的"法"，只包括法律规范中的规则部分，不包括原则、一般条款和规则中的开放性概念。虽然法律规范不仅由规则构成，但"权利"只能由确定性最高的法律规范——规则创设和限定。以公平原则为代表的任意性原则不能为行为评价提供任何确定的标准，不能据此判断行为的法律效力，自然也就不可能创设和限定权利。以诚实信用原则、公序良俗原则为典型的禁止性原则设定了民事主体行为的底线要求，可以用于评价行为的法律效力。如果包含禁止性原则的条款只是宣示不得违反相应原则，没有明确规定违反禁止性原则的行为无效或规定相应的救济措施，那么这样的条款很难作为裁判依据被直接适用。② 如果包含禁止性原则的条款明确规定

---

① 易继明："知识产权法定主义及其缓和——兼对《民法总则》第 123 条条文的分析"，载《知识产权》2017 年第 5 期，第 9 页。

② 我国《民法总则》第 8 条对于守法与公序良俗原则的规定即为此类。

违反禁止性原则的行为无效或规定相应的救济措施，那么这样的条款就演化为可以作为裁判依据直接适用的一般条款。① 无论是上述哪种情形，包含禁止性原则的条款都只能用于限定已在立法上明确规定的权利的行使，不能用于解释创设新的权利。规则中的开放性概念也不能用来创设权利。《商标法》第 32 条中的"在先权利"、《著作权法》第 10 条中的"其他权利"和《反不正当竞争法》第 2 条的"合法权益"都属于开放性概念，具体所指不明，如果法官在解释适用这些弹性概念的过程中创设了新的权利，立法的确定性将受到极大威胁。

知识产权法定原则中的"定"，包括权利种类和内容由成文法明确"规定"和"限定"，当事人违反绝对权法定原则创设的"权利"，本质上属于债权，只在当事人之间产生拘束力，不可能产生绝对权效力，并非权利法定原则意义上的"权利"。知识产权法定之"定"，有两层含义，一是知识产权的种类和内容由法律明确规定，当事人不能自由创设，特定关系人之间基于意思自治创设的"权利"在双方主体之间性质属于债权，对于特定关系人之外的第三人而言性质属于未上升为权利的法益；二是知识产权的种类和内容由法律明确限定，违背知识产权法定原则所创设的"知识产权"不产生绝对权的法律效力。知识产权的种类和内容须符合绝对权法定原则的要求，这是权利类型强制和内容强制的体现。有学者认为，实行权利法定原则不能过分强调"知识产权法定"而封闭权利类型和权利体系，② 这种建议属于头痛医脚，并未对症下药。绝对权法定原则必然要求封闭绝对权的权利类型和权利体系，这是立法对稳定性追求的体现；立法所希冀的灵活性，则留给相对权意定原则和未上升为权利的法益之推定原则实现。法益的区分保护决定了三项法技术性原则各司其职，兼顾行为自由与法益保护，向受保护对象打开大门的任务不能由绝对权法定原则来完成，既做不到，也没必要。知识产权种类和内容的规定属于强制性规范，只能由法律规定，当事人约定所涉及知识产权的种类和内容以法定为限，超出范围后不产生绝对权变动的法律效果。违反知

---

① 如德国《民法典》第 138 条和第 826 条。
② 李建华："论知识产权法定原则——兼论我国知识产权制度的创新"，载《吉林大学社会科学学报》2006 年第 4 期，第 88 页。

识产权法定原则创设的"知识产权"种类与内容，不产生知识产权效力，不会产生排他效力和普遍的对抗效力，但当事人创设"知识产权"的原因行为可能产生债法上的效力，合同符合要件要求时即在当事人之间产生拘束力，合同成立且生效。

知识产权法定原则中的"权利"只能是绝对权，该原则的真意在于强调所有种类绝对权的内容和类型只能由法律明文规定并由法律明文限定，不能由推定方式产生，未上升为权利的法益则实行推定创设原则，由法官在个案中通过行使自由裁量权的方式完成法益创设的司法确认。如前所析，权利法定原则中的"权利"，是且只能是绝对权。因为评价对象与科技进步的密切联系，市场实践中会出现大量立法中未曾规定的权利类型和内容，知识产权法的适用相比于其他法律而言需要法官发挥更多的自由裁量权，但这种自由裁量权行使的逻辑结果并非创设某种法律上未曾规定的权利类型或权利内容，而是对未上升为权利的法益的保护，通过推定的方式完成法益创设的司法确认。绝对权法定意味着，只有法律规则中明文规定的权利，才是真正意义上的权利，通过原则、一般条款、开放性概念等弹性条款的解释在个案中得到保护的，只能是未上升为权利的法益。官方意见认为，"法律没有明文规定某某权而又需要保护的，不一定就不是权利"[1]。这种认识违背了绝对权法定原则，"没有明文规定为某某权而又需要保护的"，肯定不是权利，而是未上升为权利的法益，也就是立法者虽在《侵权责任法》第 2 条第 2 款中规定但又认为很难清楚划分[2]的"人身、财产权益"中的"益"。知识产权的种类和内容，不能由民事主体通过约定方式随意创设，也不能由法院在裁判中通过解释方式创设。国内学者通常所说的"权利推定"[3]，从表述到论证都是错误的，作为绝对权的物权和知识产权，只能实行权利法定原则，相对权则实行意定原则，权利推定的说法既不符合法理逻辑，也给司法实践带来诸多困扰。

---

[1] 全国人大常委会法制工作委员会民法室编：《〈中华人民共和国侵权责任法〉条文说明、立法理由及相关规定》，北京大学出版社 2010 年版，第 8 页。

[2] 同上书，第 7 - 8 页。

[3] 郭道晖："论权利推定"，载《中国社会科学》1991 年第 4 期，第 179 - 188 页；王涌："民法中权利设定的几个基本问题"，载《金陵法律评论》2001 年春季卷，第 137 - 144 页。

能够经由法院在司法裁判中认可的新创设的法益，是未上升为权利的法益，这一过程，是未上升为权利的法益之推定创设。换言之，"权利推定"所要描述的现象和想表达的实质意思，是未上升为权利的法益之推定创设。

绝对权法定原则的坚持与未上升为权利的法益在司法裁判中的解释创设在逻辑上并不冲突，法官只是针对未上升为权利的法益的保护拥有解释创设的自由裁量权。自由裁量权的赋予和行使是民事司法实践的客观需要。在民法语境下，法不禁止皆自由，凡是不违背民法中禁止性规范的行为，都应当受到法律的肯定评价，由此产生的利益属于合法利益，受民法保护。合法利益生成的内在逻辑决定了民事司法实践中法官不得以法无明文规定为由拒绝裁判，一般条款也属于法律依据，法官通过自由裁量权的行使保护立法者未曾明文规定的合法利益就成为民法制度正常运转的必然选择。自由裁量权既不是禁忌，也不是图腾，既要被立法者承认，也要受到限制。自由裁量权的行使结果是创设未上升为权利的法益，并不产生新的权利，自然也不会和绝对权法定原则冲突。自由裁量权的行使不能等同于法官造法，法院只是居中裁判，为解决个案中的救济问题而被迫作出评价，本质上不同于立法活动。法官自由裁量权的行使既受到绝对权法定原则的限制，不能在司法裁判中认可法律未规定的绝对权种类与内容，也受到法律适用的逻辑结构与过程的限制①，尽力保障司法的统一。立法机关曾经有这样的认识："权利和利益本身是可以相互转换的，有些利益随着社会发展纠纷增多，法院通过判例将原来认定为利益的转而认定为权利，即将利益'权利化'。"② 这种看法是错误的，法院没有权力在个案中将未上升为权利的法益转化为权利，绝对权法定原则不能由法官通过解释方式突破，立法者才具有创设绝对权的权力。有观点认为，知识产权法定主义会造成知识产权法体系的僵化和封闭，忽视司法过程的能动性和创造性，导致一些合法利益难以受到现有知识产权法的保护。③

① 卢佩："'法律适用'之逻辑结构分析"，载《当代法学》2017年第2期，第97–105页。

② 全国人大常委会法制工作委员会民法室编：《〈中华人民共和国侵权责任法〉条文说明、立法理由及相关规定》，北京大学出版社2010年版，第8页。

③ 李扬："知识产权法定主义的缺陷及其克服——以侵权构成的限定性和非限定性为中心"，载《环球法律评论》2009年第2期，第75–76页。

此种评价存在一个根本性的前提错误，那就是将权利法定原则限定为立法者能够采用的唯一的立法技术。事实上，绝对权法定原则只是立法者所采用的立法技术之一，未上升为权利的法益之推定创设原则才用来实现司法过程的能动性与创造性。自由裁量权的存在与绝对权法定原则并不矛盾，自由裁量权所催生的是未上升为权利的法益，和绝对权无关，问题的关键在于如何理解自由裁量权及其法律效果。采取绝对权法定原则立法技术的目的就在于稳定性，灵活性的追求则与该原则无关，在立法中通过制定未上升为权利的法益的列举式规定、一般条款、开放性概念确保法律的灵活性，在司法中通过自由裁量权的行使确保法律的灵活性。只有在绝对权法定原则是唯一的立法技术的情形下，体系僵化、封闭之类的指责才能真正成立。一项立法技术支撑起整部法律只存在于科学化程度较低的立法文件中，绝对权法定原则的坚持与未上升为权利的法益在司法裁判中的解释创设在逻辑上是完全能够共存共荣的。

五、知识产权法定原则与单行法中弹性规范表达之修改

就目前的立法规划来看，"知识产权编"独立入民法典几乎没有可能，知识产权在民法典中的安身之处，恐怕仅限于《民法总则》第123条了。相比《民法总则》中知识产权条款的增删完善，单行法的修订更为现实可行。在知识产权保护的单行法中，同样存在一些违背绝对权法定原则的弹性规范表达，没有处理好稳定性与灵活性之间的冲突，未来修法时应有所改变。

未来修法时应当删去《著作权法》第10条第1款第17项"其他权利"。在列举4项有名的人身权和12项有名的财产权之外，立法者又在《著作权法》第10条第1款中规定了"其他权利"。显然，"其他权利"属于兜底性的规定。有疑问的是，该条款由何方主体进行解释确定。如果"其他权利"的解释权保留在立法者手中，立法者必然要在其他规范性文件而不是《著作权法》中明确"其他权利"的所指，通过"其他权利"条款将其他规范性文件中确立的新的"权利"导引至《著作权法》中。但是，按照前述对绝对权法定原则之"法"的分析，立法者只能在法律中明确"其他权利"，司法解释、行政法规等规范性文件中按其效力层级不能确立"其他权利"，《著作权

法》之外的其他法律又不能违反其立法目的与分工而确立"其他权利",如此一来,"其他权利"只能由《著作权法》具体确定,"其他权利"条款形同虚设,灵活性的追求无法实现。如果"其他权利"的解释权保留在法官手中,那么绝对权法定原则所追求的稳定性几成画饼。绝对权法定原则意在确定和限定权利,而"其他权利"恰恰是一个保留了"权利"范畴的开放性概念,和绝对权法定原则无法共融。立法者之所以使用开放性概念,是为了保持适度的弹性,给法官预留了必要的解释空间。如果开放性概念中包含"权利"范畴,法官据此得以解释创设新的权利,则绝对权法定原则之确定和限定权利的立法目的就无法实现了。一些学者即以"其他权利"条款为依据,认为著作权并无适用法定主义的余地。① 如果法官不能通过内含"权利"范畴的开放性概念解释创设新的权利,那么这一开放性概念本身没有存在的价值。由此,保留"权利"范畴的开放性概念就陷入了二难推理困境。正如一些研究者所指出的,著作权权项配置中的兜底条款等同于放弃知识产权法定主义,将与现有传播技术产生不同传播效果的技术纳入控制范围,完全违背全项配置和传播技术发展之间的时间规律。② 实际上,开放性概念本就不应当包含"权利"范畴,法官只能用它来解释创设新的未上升为权利的法益,弥补立法者认识的不足。综上,"其他权利"既没有立法上的价值,司法适用时又会与绝对权法定原则冲突,未来修法时应当删去。

未来修法时应当将《商标法》第 32 条中的"在先权利"改为"在先法益"。《商标法》第 32 条规定"申请商标注册不得损害他人现有的在先权利","在先权利"的认定关乎维权成败和注册商标专用权的稳定性。对于"在先权利",立法机关和司法机关的界定存在巨大差异:立法机关认为他人现有的在先权利"是指在商标注册申请人提出商标注册申请之前,他人已经取得的权利"③,限定为权利;司法机关认为在先权利"包括当事人在诉争商

---

① 张今、郭斯伦:"著作财产权体系的反思与重构",载《法商研究》2012 年第 4 期,第 12 - 16 页。

② 刘铁光:"论著作权权项配置中兜底条款的废除——以著作权与传播技术发展的时间规律为中心",载《政治与法律》2012 年第 8 期,第 112 - 119 页。

③ 全国人民代表大会常务委员会法制工作委员会编:《中华人民共和国商标法释义》,法律出版社 2013 年版,第 67 页。

标申请日之前享有的民事权利或者其他应予保护的合法权益"①，将权利扩大为"民事权利＋其他合法权益"。按照《最高人民法院关于审理商标授权确权行政案件若干问题的规定》（以下简称《商标授权确权若干规定》），任何利益诉求都可以变形为"在先权利"。显然，《商标授权确权若干规定》对"权利"的解释超出了通常文义解释的范围，与支撑立法机关解释的绝对权法定原则间存在不可调和的矛盾。不但如此，《商标授权确权若干规定》对"权利"的扩大解释也不符合《民法总则》第126条中"权利"与"利益"的"二分法"，与整个民法理论体系和规范体系相悖。按照官方的说法，《民法总则》第126条"民事主体享有法律规定的其他民事权利和利益"是"关于民事主体享有的民事权益的兜底性规定"②。按照"二分法"的当然逻辑，权利和利益属于平行概念，权益属于权利和利益的上位概念，权利只是权利，不可能也不应当是"民事权利＋其他合法权益"。《商标授权确权若干规定》对权利作出有别于通常文意的扩大解释，目的在于将字号③、作品名称、作品中的角色名称④等解释为"在先权利"中的"其他应予保护的合法权益"予以救济，但这种本末倒置、彻底颠覆权利概念认知的界定无法从根本上解决问题，只会按了葫芦起了瓢，带来更多问题。因此，未来修法时应当返本还源，以"在先法益"的上位概念取代"在先权利"，更有效地涵盖所有受保护客体。

未来修法时应当将《反不正当竞争法》第2条第2款中的"合法权益"改为"法益"，并在商业秘密定义条款中删去"权利人"的表述。《反不正当竞争法》第2条第2款规定："本法所称的不正当竞争行为，是指经营者在生产经营活动中，违反本法规定，扰乱市场竞争秩序，损害其他经营者或者消费者的合法权益的行为"。根据该条款，反不正当竞争法的保护客体为"合法权益"。看似宽泛、灵活的表述引发了更多疑问："合法权益"是否包

① 《商标授权确权若干规定》第18条。
② 石宏主编：《〈中华人民共和国民法总则〉条文说明、立法理由及相关规定》，北京大学出版社2017年版，第299页。
③ 《商标授权确权若干规定》第21条。
④ 《商标授权确权若干规定》第22条第2款。

括权利本身？如果"权益"和权利是同义语反复，是否就可以推导出"商业秘密权"①、"知名商品特有名称、包装、装潢权"②、"未注册商标权"③ 乃至"公平竞争权"④ 这些颠覆既有权利理论体系的新型"权利"？如果"权益"是"权利"的上位概念，那么"权"和"益"如何切割、区分，《反不正当竞争法》所保护的客体中何种为"权"、何种是"益"？如何能有效防止民众将"益"错误解读为"权"？单靠"权益"这样的含混表述是没办法从根本上解决上述问题的。在缺少法益这一更为精准的上位概念的逻辑框架下，无论是将"权利"扩大解释为"权利"加"利益"，还是用"权益"对未上升为权利的法益进行不准确的概念替换，都不可能最终解决规范表达和裁判说理的科学性问题，单行法中规范表达的修改和裁判说理都应当在知识产权法定原则的指引下完成。只有将"权益"还原为"法益"，以"法益"作为权利的上位概念，取代模糊不清的"权益"，在法益区分保护的逻辑框架下才能给出更有说服力的答案。《反不正当竞争法》所保护的客体，只是未上升为权利的法益，不包括权利，根本不存在莫名其妙的"商业秘密权""知名商品特有名称、包装、装潢权""未注册商标权""公平竞争权"等，这些利益诉求之所以披着权利的外衣，都是源于《反不正当竞争法》第 2 条第 2 款的错误表述——"合法权益"中的"权"。因此，未来修法时应在第 2 条第 2 款中以"法益"取代"权益"，并在商业秘密定义条款中删去"权利人"的表述，避免错误推论。

从立法论的视角看，《反不正当竞争法》并不是部分法益的最终归宿，在条件成熟时可以通过修法方式增加到知识产权各单行法中，以扩大解释单

① 国内比较有影响力的两部关于商业秘密的专著都使用了"商业秘密权"的称谓，参见张玉瑞：《商业秘密保护法》，中国法制出版社 1999 年版，第 1 页以下；孔祥俊：《商业秘密法保护原理》，中国法制出版社 1999 年版，第 1 页以下。国内一部有影响力的教材也使用了"商业秘密权"的表述，参见吴汉东主编：《知识产权法》，法律出版社 2014 年版，第 331 页。

② 李国庆："论美国商标许可合同中的商品外观权益归属——兼评王老吉与加多宝包装、装潢纠纷案"，载《知识产权》2013 年第 6 期，第 96 – 100 页。

③ 冯术杰："未注册商标的权利产生机制与保护模式"，载《法学》2013 年第 7 期，第 39 – 47 页。

④ 唐兆凡、曹前有："公平竞争权与科斯定律的潜在前提——评公平竞争权的应然性及其本质属性"，载《现代法学》2005 年第 2 期，第 147 – 151 页；王显勇：《公平竞争权论》，人民法院出版社 2007 年版，第 1 页以下。

行法中"其他权利"条款获得实质意义上权利救济的方式违反了绝对权法定原则，不应当采用。《反不正当竞争法》可以用来保护未上升为权利的法益，其中既包括按其性质只能停留在法益阶段、无法上升为权利的利益类型，也包括立法者主观选择而暂时未上升为权利的利益类型，还包括立法者受客观条件限制认识不清或无法预见而未能上升为权利的利益类型。对于那些符合绝对权的基本特征、具备上升为权利的可能性的部分法益，《反不正当竞争法》并非它们的最终归宿，理想的救济模式是在条件成熟时通过修法方式增加到知识产权各单行法中。众所周知，作品的传播方式与著作权的权能设置存在密切的关联，技术进步引起传播方式的变化，最终传导为著作权的权能增加与整合，表演权、放映权、广播权、信息网络传播权等权能生成的过程皆是如此。按照绝对权法定原则的要求，基于新的传播方式所产生的利益，在获得《著作权法》明确承认为权利之前，还属于未上升为权利的法益，保护的依据是《反不正当竞争法》而非《著作权法》。如前所析，《著作权法》第 10 条第 1 款第 17 项"其他权利"条款也不能成为此类法益上升为权利的解释依据。因此，在立法未引入"向公众传播权"并整合相关制度或对信息网络传播权的概念扩充修订之前，网络直播、网络广播等行为都只能依据《反不正当竞争法》予以调整。同样的，资本的介入会形成新的利用方式，由此生成的新类型法益也不能被解释为"其他权利"，所谓的"商品化权益"目前只能由《反不正当竞争法》提供损害赔偿的救济措施。

六、知识产权法定原则与司法适用中的裁判说理

通过修法在未来解决问题固然重要，严格受限于时、空的司法实践同样值得关注，未来修法的理念要通过当下的裁判说理得以传播。因此，不但未来的修法活动要服从知识产权法定原则的要求，当下的司法实践也要符合知识产权法定原则的意旨，知识产权法定原则决定了裁判说理时必须谨慎适用开放性概念，明确"权利"与"利益"的区分保护。

对于实质上的未上升为权利的法益，司法裁判中应当使用"利益"的替代表述，尽可能少地使用模糊不清的"权益"，更要避免出现"知名商品特有名称、包装、装潢权""商业秘密权"等错误表述。由于国内学界长期以

来对法益，特别是民事法益缺少研究，"权益"一词经常被片面理解为"权利"，部分未上升为权利的法益被当作权利对待。以知名商品特有名称、包装、装潢的保护为例：部分法院在裁判中使用了"知名商品特有装潢权"的表述，① 而在广东加多宝饮料食品有限公司、广州王老吉大健康产业有限公司擅自使用知名商品特有名称、包装、装潢纠纷案中，一审法院广东省高级人民法院在裁判中认定"本案所涉知名商品特有包装装潢权应由广药集团享有"②，二审法院最高人民法院则改用"知名商品特有包装装潢权益"的措辞。如果给知名商品特有名称、包装、装潢加以权利的后缀，那么在个案中得到维护的利益必然在其他案件中也应受到同等对待，但这种逻辑结果与知名商品特有名称、包装、装潢的本质完全背离，"知名"的限定决定了由此所生的利益处于动态变化的过程之中，根本不存在一种权利范围时刻处于变动之中、权利主体无法实现预知的"知名商品特有名称、包装、装潢权"。最高人民法院以"权益"取代广东省高级人民法院的"权"，实际上就是要将知名商品特有名称、包装、装潢的保护重新拉回到法益理论的轨道上来。但是，"权益"模糊不清，它恰恰是一些法院展开错误推论的前提。因此，百尺竿头更进一步，司法裁判中应当尽可能少地使用"权益"，改用《民法总则》第 126 条中"其他民事权利和利益"中的"利益"作为替代表述，通过使用统一的、符合体系化追求的术语减少司法过程中的错误推论。

司法裁判应当审慎、谦抑，避免适用《著作权法》第 10 条第 1 款第 17 项"其他权利"条款，针对当事人以"新权利"之名提出的利益诉求，可以将之解释为其他 16 项有名的著作权权项，或者将之归类于"利益"，通过《反不正当竞争法》予以救济，既不能认可当事人主张的"新权利"，更不能直接创设"新权利"。如前所析，"其他权利"属于没有实际价值的兜底性规定，不能充当新权利生成的温床。而在司法实践中，部分法院则将"其他权

---

① 例如，广州戴梦得皮件有限公司、广州市白云区明大皮具厂、深圳茂业百货有限公司与路易威登马利蒂侵害商标权纠纷案，广东省深圳市中级人民法院〔2015〕深中法知民终字第 1574 号民事判决书；福田雷沃国际重工股份有限公司诉周某席侵害商标权及擅自使用知名商品特有装潢纠纷案，湖南省湘潭市中级人民法院〔2014〕潭中民三初字第 65 号民事判决书等。

② 广东省高级人民法院〔2013〕粤高法民三初字第 1 号民事判决书。

利"作为当事人利益诉求的法律依据。例如，在北京新浪互联信息服务有限公司与北京天盈九州网络技术有限公司、第三人乐视网信息技术（北京）股份有限公司不正当竞争纠纷案中，一审法院在判决中提出："就涉案的转播行为，尽管是在信息网络的条件下进行，但不能以交互式使得用户通过互联网在任意的时间、地点获得，故该行为不属于我国著作权法所确定的信息网络传播权的范畴，但仍应受我国著作权法的保护，即属于'应当由著作权人享有的其他权利'。"① 也就是说，一审法院将信息网络传播权和广播权所不能涵盖的、以非交互式为基本特征的网络直播行为产生的利益解释为"其他权利"。这种做法显然违背绝对权法定原则的基本要求。二审法院则认为，网络直播行为属于广播权的权利范围。显然，该案二审法院是通过将新的利益诉求解释为其他权项的方式予以救济的，纠正了一审法院随意解释创设新"权利"的错误。而在上海耀宇文化传媒有限公司诉广州斗鱼网络科技有限公司著作权侵权及不正当竞争纠纷案中，法院则将新的利益诉求归类于"利益"，通过《反不正当竞争法》予以救济。一审法院在判决中指出："直播涉案赛事的行为不落入信息网络传播权的控制范围……视频转播权不属于法定的著作权权利，不能基于所谓的视频转播权直接给予原告著作权方面的保护……涉案转播权无疑具有强烈的商业属性，承载着原告可以由此获得的商誉以及一定的经济利益，该种利益属于我国侵权责任法保护的一种财产性的民事利益，根据我国反不正当竞争法第二条的规定，结合原告的诉讼主张，可以依法给予制止不正当竞争的保护。"② 二审法院驳回上诉，维持原判。③上述案件的裁判中，法院最终均秉持了审慎、谦抑的态度，严守绝对权法定原则的意旨，值得肯定、称扬。

在适用《商标法》第 32 条"在先权利"条款时，裁判中应当只对立法中已经明确规定的权利冠以"权利"之名。"在先权利"的释义之争，凸显了新生利益的命名问题。按照《商标授权确权若干规定》第 18 条，在先权利包括"民事权利或者其他应予保护的合法权益"。也就是说，该司法解释

---

① 北京市朝阳区人民法院〔2014〕朝民（知）初字第 40334 号民事判决书。
② 上海市浦东新区人民法院〔2015〕浦民三（知）初字第 191 号民事判决书。
③ 上海知识产权法院〔2015〕沪知民终字第 641 号民事判决书。

同时在两种意义上使用权利一词，并对其中一处权利作了远宽于通常理解的解释。如果我们非要通过扩充解释"权利"概念的方式实现对各种法益的保护，那么更为妥当的方式显然应当是将"权利"分解为"权利"和"利益"，这样既与《民法总则》第126条的"二分法"保持一致，又能避免"权益"一词可能导致的"权利推定"和"权利创设"。如此，则《商标授权确权若干规定》第18条中的"民事权利"是且只能是各种绝对权，各种已被成文法所明确规定的绝对权，"其他应予保护的合法权益"等同于《民法总则》第126条中的"利益"。按照上述界定，所谓"商品化权"就不可能归类于《商标授权确权若干规定》第18条中的"民事权利"，而是属于"其他应予保护的合法权益"，"商品化权"的本质自然显现为"商品化利益"。在司法实践中，法院裁判说理时也正在经历一个从"商品化权"到"商品化权益"的转变过程，与绝对权法定原则不符的"商品化权"称谓逐渐被扬弃。在"Beatles乐队案"之前，法院多采用"商品化权"的表述，"Beatles乐队案"中法院则采"商品化权益"的界定，① 此后法院大都以"商品化权益"完成说理。虽然法院改用了"商品化权益"的表述，但对于"商品化权"和"商品化权益"在裁判效果上的区别，仍然言之寥寥，说理不充分，我们依旧对"商品化权益"中的"权益"认识模糊，这也是今后需要努力解决的问题。从"权利"到"权益"，是一个进步，但仍嫌不足，还未能明彻"益"的本质。如何命名"益"、对待"益"，是坚持绝对权法定原则时必须直面、解决的问题。

七、结语：本意释明与知识产权法定原则的展开

知识产权法定原则所面临的三重困境，简而言之，包括立法的确定性与当事人意思自治间的关系，当事人的利益诉求与法律中弹性规范表达之间的关系，以及新生利益的变动性、命名和权利的稳定性之间的关系。三重困境的走出，有赖于知识产权法定原则的本意释明。以往种种学术争议和实践分歧，正是源于对知识产权法定原则的错读、误解，源于对法益区分保护的隔

---

① 北京市高级人民法院〔2015〕高行（知）终字第752号行政判决书。

膜和忽视，源于对法益保护之法技术性原则的陌生与遗忘。法益是比权利更基础的概念，是权利的上位概念。权利法定原则中的"法"，法理上应当只包括全国人大及其常委会制定的法律，且只包括创设绝对权的法律规范中的规则部分，不包括其中的原则、一般条款和规则中的开放性概念。权利法定原则中的"定"，包括权利种类和内容由成文法明确"规定"和"限定"，当事人违反权利法定原则创设的"权利"，本质上属于债权，并非权利法定原则意义上的"权利"。权利法定原则中的"权利"只能是绝对权。权利法定原则的真意在于强调所有种类绝对权的内容和类型只能由法律明文规定，不能由推定产生。相对权采意定原则，未上升为权利的法益则实行推定创设原则。权利法定原则的坚持与未上升为权利的法益在司法裁判中的解释创设在逻辑上并不冲突，法官只是针对未上升为权利的法益的保护拥有解释创设的自由裁量权。正如一些研究者所言，权利法定原则作为典型的民法立法技术，本身无可批判。① 循此，对于知识产权单行法中存在的违背权利法定原则的弹性规范表达，例如，《著作权法》第 10 条第 1 款第 17 项中的"其他权利"、《商标法》第 32 条中的"在先权利"和《反不正当竞争法》第 2 条第 2 款中的"权益"，未来修法时应有所改变。知识产权法定原则也要求法官在裁判说理时必须谨慎适用开放性概念，明确"权利"与"利益"的区分保护。

---

① 应振芳："司法能动、法官造法和知识产权法定主义"，载《浙江学刊》2008 年第 7 期，第 62 页。

从商标的形成过程看现代商标的功能

孙英伟*

摘　要： 商标起源于财产标记和生产标记。从商标的形成过程可以看出，商标是将标记应用到商品或服务的结果，离开了商业使用，商标权就不存在。商标有利于人们记忆商品，是商誉的可见代表，它的主要功能是区别商品或服务。

关键词： 商标历史　印记　权利属性

目前我国关于商标买卖、商标抢注、商标权来源及其权利属性等问题还存在很多争论，这与对商标功能的认识不清有一定的关联。本文通过对商标及其权利的形成过程的考察，试图厘清相关概念，以期有助于深入理解现代商标的功能。

一、从标记到商标

（一）人类最早的标记：所有者的印记

商标起源于标记。人类很早就在商品上或服务中开始使用标记，至于人类使用标记的历史，则更为久远。最早的人类标记——记号究竟出现于什么年代，今天我们已经无从考证。从今天的考古来看，"在我国新石器时代的遗址和墓葬里，发现了不少刻有或绘有符号的陶器和陶片，还有少量刻有符号的龟甲、骨片和石器等物"①。"根据初步观察，新石器时代主要的文化遗

---

　　* 作者简介：孙英伟，女，河北元氏人，法学博士，石家庄学院法学院教授，研究方向为知识产权法。

　　① 袁行霈、严文明、张传玺、楼宇烈：《中华文明史（第一卷）》，北京大学出版社 2006 年版，第 306 页。

址里都曾发现这些符号。时代最早的是河南舞阳县贾湖村裴李岗文化遗址出土的符号，距今大约有 8000 年。"① 到了"商代、西周和春秋时期，贵族常常因某种值得炫耀的事而铸造铜器并在上面勒铭以示纪念，这种青铜器的铸造一般批量小，属于贵族个人或家族所有，铭文的特点或可称之为'物勒主名'"。②这些产品的生产主要是为了满足贵族的需要，较少用于交换。

据西方学者的考察，烙在牛和其他动物身上的印记很可能是人类使用的第一种标记，英语单词"brand"的动词含义即为"打烙印于……"（to burn）的意思。西方学者认为，"brand"这个词留传下来即在于它恰当地表达了"商标名称"（brand name）这一含义。③ 在旧约《创世纪》中就有几处提及了打烙印。其中一处提到该隐（Cain）杀了亚伯（Abel）后，被逐出了居住地，上帝就在该隐身上作了一个记号，其中的一些翻译中使用了"mark"，以取代"sign"。这可能是有关打烙印的最早文献。在古埃及壁画中显示，牛被农夫烙上了印记。可溯源到新石器时代后期或青铜器时代早期的西南欧岩画显示，牛的肩背处留有烙印。④ 这些记号显示了牛的所有权。在美索不达米亚和埃及发现了最早的刻在砖瓦上的标记。这些砖瓦上的标记，有的是君主名字或年号，显示出或者是为他而造，或者是在他统治时期所造；有的显示的是建筑材料所建造的特定建筑工程。我们今天能见到的，还有 19 世纪后半期在美国密歇根州使用的圆木标记，很明显是因为需要确立顺流漂下的木材的所有权。

在中世纪也有很多所有者标记。那时将房屋上的记号作为标记的现象很常见，人们把房屋上的记号标注在工具和其他物品上，以便在它们丢失或被人取走的情况下，所有人能够凭此房屋标记要回它们。这也是在牛身上打烙印的原因。晚近时期也有与此相似的做法，比如在牛耳上作 V 形切痕，或在天鹅嘴上刻标记等。打烙印并不限于动物，奴隶和囚犯也经常被打上各种烙

---

① 河南省文物研究所："河南舞阳贾湖新石器时代遗址第二至六次发掘简报"，载《文物》1989 年第 1 期。

② 袁行霈、严文明、张传玺、楼宇烈：《中华文明史（第一卷）》，北京大学出版社 2006 年版，第 246 页。

③ Sidney A. Diamond, *The Historical Development of Trademarks*, 65 Trademark Rap. 265, 1975.

④ 同上。

印。包装或货物上也经常使用识别性标记，特别是当这些货物要被运送到一个相当远的地方时，打一标记就更为必要，例如，用桶包装货物时，商人的标记就被烙在木头上。今天，从失事船舶中复原了一些蜡球，这些蜡球上刻有商人的标记，这些标记是当时贩蜡的商人主张被抢救财产的所有权的依据。①

人类早期对标记符号的使用，从近世学者对一些保留下来的原始部落的考察中也得见一斑。19 世纪末期的德国学者格罗塞在研究原始艺术问题时，曾对时存的一些原始民族使用的装潢作过深入研究。他认为在原始民族用具上发现的图形中除了一部分用作装饰之用的装潢外，还有起实用功能的铭刻字形、产业标记、部落徽章等。格罗塞发现，几乎所有的狩猎民族，他们每个人的武器上都有专门的标记。这个标记有助于确定他们对猎物的所有权，"因为受箭或矛击伤了的野兽，不一定是就地死亡，往往会在别处发现它的尸体。在这种情形之下，猎者如果不能用附着在伤口上的武器来确定他的权利，则他必将失去他的猎得物。一个澳洲人如果发现了一个蜂窝，就在树皮上画一个记号；这蜂窝从画了记号之后，就成了他个人的产业，正如有着同样记号的武器和用具一样。但是有时候澳洲人的武器上的记号，是指制造者而不是指所有者的"。② 由于这些原始民族所处的历史阶段，"专门为了表示个人所有权的标记，在原始的'装潢'中，只占据一小部分而已。而社会产业的标记——就是部落和家族的证物——却是比较得多"。③

对人类早期标记用途与含义的一个活例证，就是迄今仍以原始社会形式存在于现代社会的爱斯基摩人，他们在鱼叉上使用个人标记，这些标记的目的不是确定鱼叉的所有者，而是用叉在鲸身上的鱼叉上的标记来确定鲸的归属。

毋庸置疑，古代人在物上打标记的想法是独立产生的。由此可见，在一件物品、一只动物或一个奴隶身上打上标记以确定其财产的归属，是一切人

---

① Sidney A. Diamond, *The Historical Development of Trademarks*, 65 Trademark Rap. 265, 1975.

② Journal of the Anthropological Institute Vol. Ⅱ, p. 253, 转引自（德）格罗塞：《艺术的起源》，蔡慕晖译，商务印书馆 1984 年版，第 105 页。

③ ［德］格罗塞：《艺术的起源》，蔡慕晖译，商务印书馆 1984 年版，第 106 页。

类社会的共同点之一。

（二）标记的发展：质量保证标记或货源标记

战国时期，列国之间的战争频繁，兵器、战车等战略物资的生产尤为重要。为保证产品的质量，出现了"物勒工名"制度。其中以秦国和三晋兵器铸造中的"物勒工名"制度最为完善。秦国兵器生产由中央监造，直接制造者则称之为"工"，如标记为"五年，相邦吕不韦造，少府工室令丞冉，工九"，就表明该兵器为秦王嬴政五年所制造，中央监造者是吕不韦，主造者是冉，直接制造者是九。以吕不韦名义监造的兵器发现较多，已有十多件。这种由监造者、主造者、造者所形成的责任管理制度，有效地保证了产品的质量。"物勒工名"制度不仅体现在兵器上，也体现在其他领域，如铜容器、漆器、砖瓦等方面。对此，成书于西汉、记载秦汉以前各种仪礼的《礼记·月令》中也有记载：孟冬之月，"命工师效功，……物勒工名，以考其诚，功有不当，必行其罪，以穷其情"。尽管在实际运用中也起到了指示商品来源，稳定质量的作用，如《吴越春秋·阖闾内传》所载，当时以人名命名的"干将""莫邪"之剑已很有名。但究其实质，"物勒工名"制度并不是一种权利，而是一种向官府承担的质量保证责任。

除了"物勒工名"的制度要求外，当时还有"物勒地名"的习惯。长沙马王堆等汉墓出土的漆器中，发现了大量打有标记或刻有铭文的漆器。而在汉文帝、汉景帝统治时期生产的漆器上，多打有"成市草""成市饱""市府草"的标记，表明这些漆器是由蜀郡成都市府作坊生产的。从出土的秦汉及以前的漆器铭文戳记中发现，秦至西汉时期我国漆器手工业大多是在本地制造的漆器上冠以地名。据《吴越春秋·阖闾内传》所载，当时以地名命名的"龙渊""棠谿"之剑也已很有名。值得一提的是，在《周礼·冬官·考工记》中还有这样的记载，"郑之刀，宋之斧，鲁之削，吴越之剑，迁乎其地，而弗能为良，地气然也"。这显然是我们今天所讲的地理标志。这些用以显示货物来源的标记的使用是对贸易扩张所作出的回应。

在希腊和罗马，在日常生活必需的广口陶器的手柄位置处也留下了制造者的名字。罗马的很多赤陶砖瓦上也刻有制造者名字或工厂标记，古埃及的建筑中发现了刻有采石场标记与石工记号的建筑用材，根据估计，这些建筑建于公元前 4000 年。在耶路撒冷的所罗门（Solomon）墓，古特洛伊、奥林匹亚和大马士革的废墟中也有同样的发现。采石场标记显示了石头的来源，石工记号显示的是制作具体石刻的单个的石匠，石工记号的目的之一就是帮助劳工证明他们的工资请求。[①]

这些标记主要是生产者或货物来源者标记，虽然其也有区别物品来自不同生产者的功能，但在大多数情况下，当时识别来源的主要目的还不是市场交易，而是追究生产劣质产品者的责任等。

（三）标记在贸易中的应用：古代商标的形成

公元前 1300—1200 年在印度和小亚细亚之间有大量的贸易活动，印度人也经常在他们的物品上使用标记。在有些情况下，很可能是先有商店招牌，之后再将招牌上的设计用作货物标记。古埃及人、古希腊人和罗马人使用招牌，在被火山爆发所埋于地下的意大利庞培和郝库兰尼姆古城的废墟中就发现了很多招牌。中国战国时期留下了关于店铺招牌的记载，如《韩非子·外储说右上》中就在一则寓言中提到，"宋人有沽酒者，升概甚平，遇客甚谨，为酒甚美，悬帜甚高"。到了唐代，"酒旗""幌子"的使用就更普遍了。

罗马油灯一度是一个重要的贸易品。从公元前 35 年到公元后 265 年的大约三百年的时间中，在油灯上大约使用过一千个左右不同的罗马陶工标记。带有"FORTIS"烙印的油灯不仅在意大利发现过，也在现在属于法、德、荷、英、西班牙的地方发现过。"FORTIS"标记的被复制和伪造，就说明了它已经变成一类油灯的一般名称，并有可能被其他地区相互有竞争关系的生产者使用了。可见，用泥土制成的古灯和其他物品上带有相当于真正商标的标记，这些标记显示了货物的来源，它是对贸易扩张所作出的回应。当货物被运送到比较远的市场，就与商店、工匠与买方之间直接的店铺交易方式有了相当大的不同。尽管此时的供货者还是个人而不是公司，但基于遥远地区的消费者有重复订购质量满意的物品的需要，因此也需要清楚识别货源。此时，标记已经开始与生产者的商誉联系起来，或者说生产者的商誉开始向生

---

① Sidney A. Diamond, *The Historical Development of Trademarks*, 65 Trademark Rap. 265, 1975.

产者使用的标记转移，到标记可以完全承载生产者的商誉时，商标法意义上
的商标就出现了。

　　然而，商标的形成并非一帆风顺，中间历经多次反复。在以黑暗著称的
中世纪，标记的使用实际上消失了。工匠不会读写甚至连最简单的刻画都不
会，这一时期唯一保存下来的是在剑和其他武器上标记。大约到了 14 到 16
世纪，出现了知识的复兴，贸易也大量发展，这时有很多不同种类的标记被
大量使用。但由于仍存在很多文盲，因此，标记表现为设计上很粗糙的字母
组合图案。这些标记可以分为两种：生产者标记和沿袭下来的所有者标记。
生产者标记又可以分为两种，一种是标在盾徽、图章和封铅上的个人记号，
用以表明货物系出自何人之手。铃铛上的标记可以被追溯到 12 世纪，它是带
有标记的最早物品之一。另一种是用文字附加房子作标记，代表家住在这里，
便于顾客找到，它们常为酒馆老板、商店主或工匠所使用，这种标记可以说
是商标意义上的使用。

　　古代欧洲也有"物勒地名"的现象，典型的是在欧洲大陆的挂毯上标有
来源地。除此之外，挂毯有时还带有证明质量的官方保证印章，在一些挂毯
上也发现了织工的个人标记。15 世纪末，辨识上好质量布匹的方法之一就是
看它是否有来自英国的标志。

　　欧洲中世纪的最大特色就是在 14 世纪左右同业行会的兴起。它要求行会
成员强制使用产品标记。例如，1300 年，英格兰的制定法要求冶金匠使用多
个标记。首先，冶金匠个人必须附加他自己的标记，经常是他名字的起首字
母，但也可能是图案。其次，要有纯度标记，例如金的质量证书。最后，要
有行业标记，一个带有王冠的豹子头（从来源上推测似乎应是象征英国的狮
子）但这些做法绝不限于英格兰，在同时期的亚眠（法国 Amiens）、卢贝克
（德国 Lubeck）等地都有相似的规定。针对于行会内个人成员的标记使用，
出现了各种商标注册体制。例如，纽伦堡（Nuremberg）的金箔工人行会就在
1619 年建立了一个注册制度，这一制度持续到 1757 年。17 世纪的爱丁堡建
立了白银行业的标记注册制度，注册内容包含了标记的实际形象和它们第一
次使用的年代。

　　在中国，人们目前发现的最早的商标是北宋时期的白兔商标。北宋的商

业很为发达，我们从流传下来的《清明上河图》中可以看出当时商业的繁荣，当时的店铺招牌等商业标记的使用很普遍，想必商标的使用也不鲜见。

由上可知，现代商标有两个历史起源：一是财产的标记，它被有选择地但却是经常地被所有人标注于产品上，要么是为了不识字的人的利益着想，要么是为了在沉船或者遭遇海盗的情形下可以识别所有人以便所有人主张权利。这类标记基本上属于商人而不是手工业者，与问题商品的生产来源毫无关联。二是通常的生产标记，它是制定法、行政命令或者行会规则的强制要求，将其标注于商品上，是便于追究瑕疵产品生产者的责任，或者便于发现和扣押私自行销到行会有控制权的地区的产品。这个标记是一个真正指示来源的标记，它指示的是产品的实际的生产者。

二、标记在工商业使用中作用的演变

（一）工商业中使用的早期标记的作用——指示劣质产品，追究生产责任

早期使用在工商业中的标记的目的是指示劣质产品，以便于追究责任。中国的"物勒工名"制度就很典型。这一制度的目的就是"以考其诚，功有不当，必行其罪，以穷其情"。因为当时使用标记的主要是各国的战略物资，对战略物资的质量要求诞生了"物勒工名"制度。这种制度在战国时期应用比较广泛，不仅用在兵器生产上，也用在铜容器、漆器、砖瓦等其他领域。

欧洲中世纪的同业行会也要求成员强制使用产品标记，其基本目的也是确定质量不合格商品的责任。例如，1226年，英格兰实施了第一个面包师强制标志法，该法要求面包师必须在他烤制的用于出卖的每一块面包上适当地作自己的标记，假如面包在份量上涉及欺诈，能知道谁实施了欺诈。违反强制标记使用规定的会受到惩罚。例如，1282年的巴马法律就规定，工匠不能使用与同行会内其他人同样或相似的标记，每违反一次罚款十镑。再如，在14世纪，一个酒馆店主用一种低档的葡萄酒假冒超级著名的吕德斯海姆酒（Rudesheimer，莱茵河畔产的一种白葡萄酒），贵族领主就下令绞死了他。

行业标记的另一个作用就是，实现了对手工艺人和产业的控制，特别是对贸易的地域即领土限制。出现在被禁止销售地区市场上的货物能通过它们

的标记被认出，领土限制的滥用导致了早期的普通法对贸易的不合法控制。

值得注意的是，今天仍有一些强制性的标志的使用，正如在行会制度下一样。有人认为这是古代为方便对劣质商品生产者追究责任而实行的强制标记制度的残留，如在人用药品上必须使用注册商标，这就使得识别这些商品的来源变得容易。

由此可以看出，在商业中应用的标记最初是强制性的，在古代中国主要是向官府承担的质量保证责任。而在中世纪的欧洲，主要是为了防止劣质商品的欺诈销售，从而保护集体的善意和行会的垄断。

(二) 发展中的工商业标志——指向优质产品，防止以假乱真

尽管"物勒工名"制度的初衷是质量保证，但在实际运用中竟意外地宣传了产品，起到了招徕买者的作用。据《吴越春秋·阖闾内传》所载，当时以人名命名的"干将""莫邪"之剑已很有名。安徽阜阳双鼓堆发现的汉代墓葬里，曾发现了大量刻有"汝阴"标记的漆器，表明这是出自汝阴候府中的私家手工作坊。很显然，私家手工作坊的标记与官府手工业标记的意趣有很大的不同。中国至迟在东汉已经开始在商品上作工名、地名之外的其他标记，用以区别辨认不同商家生产或经销的商品。东汉沿当时的丝绸之路出口远销到欧亚的瓷器上就留下了"铃记"的遗迹。杜康酒在东汉时也已不再是一个简单的人名，而是指称一种受到消费者欢迎的美酒，这一美酒肯定也是需要"杜康"这一标记或符号方能被识别。

如果说"物勒工名"是官府手工业中"工师"向官府承担责任的强制性标记，那么"物勒地名"则极有可能是基于识别商品来源的需要而自愿铭刻上去的，特别是仅标有地名而无人名的器物，它已和承担责任的工名标记有本质的不同。地名标记不是无缘无故被标上去的，一定是该标记在商业竞争中显出了优势，所以才被铭刻到了物品上。

在欧洲，13世纪的意大利和法国开始在纸上使用水印，这些水印最初很可能仅是因为装饰，但同时也指明了来源即特定的生产者。1450年左右，印刷商和出版商开始在书上使用标记，他们在书籍的末页（跋）标注上了书籍的印刷商和经销商店。当时还没有版权的概念，图书贸易的竞争发生在印刷

商之间，竞争谁的版本最精确。这导致了使用标记以识别来源。

由此可以看出，当贸易发展，店铺交易就不能再满足需要了。当货物开始运往一定远的地方时，消费者和工厂里的手工艺人之间不再有直接的联系，特别是市场对某个或某群具体的手工艺人生产的物品形成偏好时，那些最初为确定工师责任而标注的强制性标记就起到了识别货源的作用。这些标记的目的性指向发生了改变，开始指向受市场欢迎的优质产品，尽管标记并不能保证产品的质量。

（三）成熟的工商业标志——竞争之利器

春秋晚期以降，伴随官营手工业的迅速发展，私营手工业的发展也很快，特别是战国中晚期，私营手工业迅速崛起，一些具有相当规模的"商肆""列肆"在古代中国亦相继出现了。很多生产者或经营者制售同一种商品，同一行业的产品品种也越来越多，各个生产者的手艺熟练程度和原料的不同必然会反映到产品质量上面。私营手工业者"在这样一种历史条件下，要把这些产地各异，匠师不同的器物向顾客加以说明或介绍，使自己的产品与他人的产品有区别，在产品上刻上自己的姓名或别的什么符号，便是顺理成章的事"。① 销售带有标志的产品的同时，也强化了标记与它们所代表的具体产品或产品制造者之间的联系。当产品被认同，标志亦随之而被留在脑中。久而久之，一种被商人们称之为"强烈渗透"的东西出现了，标记符号与被标示的内容之间便自然被等同起来。买方借助这些标记可以找到他们所需要的商品，卖方借助这些标记可以将商品顺利卖给钟情于自己商品的买方，标记的媒介价值产生了，于是卖方开始主动使用标记来标识、推销自己的产品或服务。这些标记发展到宋代，就形成了图文并茂的完整商标。可见，"任何标志都不是天生的商标，只有经过意指或符号化过程，亦即市场营销和广告宣传，相关标志才能够与特定出处和产品联系在一起，成为消费者认可并实际发挥作用的商标"。②

商标是商业行为的捷径，为商品经济的发展立下了汗马功劳。生产者或

---

① 范文澜：《中国通史简编（修订本）（第一编）》，人民出版社1964年版，第241页。
② 彭学龙：《商标法的符号学分析》，北京法律出版社2007年版，第2页。

经营者利用一个合乎目的要求的符号产生吸引力，努力形成一种市场氛围，以此让人形成一种对符号的习惯或依赖，以刺激消费者进一步的购买。无论应用什么方法，目标是一样的：通过标记在潜在的消费者心中传达它所指代的物品是满足消费者需求的。一个人创造了对其产品的需求，并使用了一个有吸引力的标记，通过很长时间的使用，这个标记就获得了销售力。一旦这一目的达到，商业标记拥有者也就拥有了某种价值，商标也就实现了由"责任"到"财产"的转变。由此可见，商业标记不仅是商品或服务的善意的和可见的代表，更重要的是建立在这个标记与商品之间的联系，把商品卖出去主要借助的就是由标记和商品之间的联系所带来的销售力。人们之间的交易极大地依赖于此。现代商标法所要保护的就是这种联系。

三、从商标的形成过程看商标的功能

（一）商标最基本的功能在于区别不同的商品或服务

从商标的起源我们可以看出，标记不过就是一个符号，只有经过在商品或服务中的使用，才变成为商标，其拥有者才能对其获得商标权，商标就是这样一个符号。究其实质，这一符号不过是一种工具和媒介，人们通过它来识别它附着于上的商品或服务的来源或所有权，指代商品背后凝结的商誉。商标不过是商誉的代表，在消费者眼中，它并没有独立的价值。故区别是商标最基本的功能。"商标这种事物原本是为区别商品的服务的来源应运用而生的。这是商标的根本功能，也是它生存的唯一理由。"[1] 无论市场如何发展，消费者的观念怎样变迁，商标最基本的功能还是标示产品的出处。商标法无论如何发展，商标的理论无论如何创新，我们都应该清楚，商标法最基本的功能仍是指示商品来源。商标法所努力维护的也依然是商标与其所标示的商品之间的联系，无论是反混淆还是反淡化保护也莫不过如此。"区别性是商标的生命之血，也是其提供给消费领域的最重要特征。"[2] 作为区分不同生产者的标识，商标这一符号把目标买方和目标卖方更方便地联系了起来。

---

① 刘春田："商标法代表了我国民事立法的方向"，载《中华商标》2002年第8期。
② 彭学龙：《商标法的符号学分析》，法律出版社2007年版，第49页。

（二）商标不但指示了商品来源，还有利于记忆商品

商标代表的是用于工商业中的符号与商品或服务之间的联系，是商品或服务的善意的和可见的代表。当人们看到或谈起商标时，自然联系到其所代表的商品或服务。假如没有识别商品的商标，将不能把好坏产品区分开。特别是随着生产组织的扩大，消费者和生产者之间的空间距离越来越大，联系越来越松散，消费者无法直接到生产者店铺购买，甚至根本不知道生产者是谁，这种条件下，商品要从遥远的货源地辗转零售到消费者手中，就尤其需要借助商标记忆商品，也正是商标将消费者和生产者联系了起来。"唐代诗人李益的一联名句'问姓惊初见，称名忆旧容'，正形象地说明了这一点。"①

（三）商标是商誉的代表

"商标是指特定标识与特定商品或服务之间的联系，而不是指商业标识本身。"② 一个商品的质量和商家的信誉如何，可以通过消费者在市场上对其商标的认可程度来体现，因此，商标其实不过是商誉的代表。试想一下跨国公司在全球各地的众多的工厂、代工厂和加工基地可以看到，商标与真实生产者的联系也在越来越松驰，这种情况下的商标仅是商品或服务的代表，与生产者并无直接联系。在消费者眼中，商标并没有独立的价值，它的价值来源于它所代表的商品或服务的质量。但商标不一定能保证好的质量，它所保证的仅是使用同一商标的产品或服务质量是一致的。商誉可好可坏，它是在商品的生产和销售过程中客观产生的，不能被人为地去改变，因此恶意贬损商标或虚假宣传商标不仅是侵犯商标权人的权利，更重要的是对消费者的误导或欺诈，因为这些行为都人为地改变了商标和商品之间建立起来的联系。

（四）商标权来源于使用，商标的价值也体现于使用中

从商标产生的历史我们可以看出，真正的商标权只有在涉及商业活动时才存在，商标是证明某商品或服务出自某人的手段。如果该物品不是用于出售，它可能就只是一个生产标记或所有权标记，而不能称之为商标。没有商

---

① 陈榴：《商标——经营者与消费者的桥梁》，金盾出版社1995年版，第6页。
② 宋建宝："论商标权的本质及其异化"，载《知识产权》2011年第1期。

标的实际使用，就不会形成商誉，更不会产生商标权，所以仅有商标注册并不能真正产生商标权，商标注册的作用仅是公告或者备案。商标产生于商业使用，也只有在商业中的使用才是商标意义上的使用，才能拥有对该标记的权利。"商标总是和商业活动联系在一起的。……因此，不能仅仅由于选定了某个标记就取得了商标权。"① 因此，英美法系的法律规定，商标必须通过使用才能取得。一旦一个标志用于向公众指示满意的持续、统一的来源，它的所有人应该被允许用于他的商业的自然扩张的最广泛的范围，还可以进入其他行业和领域，但是不能随意卖掉或许可他人使用该标记而不把自己的生意卖给该人，因为后者可能将该商标用于生产质量不一的产品。标记不能和商品或服务相分离，"离开了所附着的产品，离开了所标示的商誉，单独的标志或图案并非商标权的客体或商标法保护的对象"。②

综上所述，本文认为，商标之所以形成，是人类将标记应用到商品或服务上，即将标记进行商业性使用的产物。离开了与商品或服务的商业性结合，单纯的标记就无所谓商标权，自然也就无保护的必要。因此，建议我国在修改商标法时，对商标权的取得采取注册和使用相结合的原则，否则必然会给恶意的商标申请人以漏机可乘，导致商标抢注等"符号圈地"现象的发生和蔓延。

---

① ［美］戴维斯、［美］米勒：《知识产权法概要》，周林等译，中国社会科学出版社 2017 年版，第 103 页。

② 彭学龙：《商标法的符号学分析》，法律出版社 2007 年版，第 59 页。

美国转换性使用转型及对我国的借鉴[*]

周贺微^{**}

摘　要： 合理使用制度是著作权保护与公共利益保护的平衡器。美国转换性使用的扩张，扩大了著作权合理使用的范围。在美国转换性使用规则膨胀的同时，一些新的商业模式和技术发展带来的著作权相关利益分配新问题，使美国从一定程度上注意到了转换性使用扩张的弊端。美国近期的案件中，对转换性使用的限制及规范对合理使用中"转换性"的边界遏制有较大帮助。我国近年来徘徊在是否引入美国转换性使用规则的边缘，虽无明文规定、司法中也较少直接引用"转换性使用"概念，但该概念仍然存在于相关司法裁判文书及法官的裁判理念中。基于美国在转换性使用方面的经验及我国国情，应慎重借鉴该制度，并着力于合理使用规则本身的完善。

关键词： 著作权　转换性使用　生产性使用

一、引言

合理使用作为著作权法中对著作权人限制的制度，能够有效平衡私权保护和社会公共利益、提升作品传播和用于二次创作中的使用效率。在减少交易成本的基础上，合理使用规则在美国 Campbell 案之后进入扩张阶段。在美国新的商业模式出现之后，作品的二次使用者如欲为自己的侵权行为开脱，

---

　* 本文为国家社会科学基金重大项目"创新驱动发展战略下知识产权公共领域问题研究"（17ZDA139）的成果。

　** 作者简介：周贺微，女，河南驻马店人，中国政法大学、美国加州大学伯克利分校联合培养博士生，研究方向为知识产权法学。

会尽量将自己的使用行为辩护成转换性使用，因为只要二次使用行为具有转换性，该使用行为就有可能被认为是合理使用，避免落入侵权范围及被要求支付许可费。随着技术发展带来转换使用的模式多种多样及美国法院对其著作权法的立法目的之促进创新的重视，转换性使用的认定变得越来越宽松，转换性使用在合理使用认定中的分量之重也饱受争议。这种转换性使用的发展实际上是否为促进新的创作提供了激励抑或只是为科技发展占据优势地位的商人借用转换性使用制度赚取利润提供机会不得而知。然而，在美国适用转换性使用原则"泛滥成灾"的同时，是否将美国转换性使用制度引入我国，无论是理论上还是实践中，人们均呈现出若即若离的态度。在我国著作权法第三次修改迟迟未能出台之际，联系当今技术发展及市场对著作权法特别是合理使用制度的功能期待，以美国转换性使用的发展历史经验为例，对转换性使用在合理使用制度中的应然分量及我国对该制度应当持有何种态度最为有利进行研究尤为必要。

二、美国合理使用功能扩张的起点：由"生产性"到"转换性"

著作权最初是政府限制人们传播印刷品手段，而言论自由原则代表对政府限制表达的限制。[①] 最初的合理使用制度就是为了缓和言论自由与著作权的紧张关系。[②] 美国合理使用制度来源于英国，1841 年美国法院 Story 法官在 Folsom v. Marsh 案中首次使用合理使用制度并将其认定表述为四个判定要素。Folsom 案建立的合理使用规则实际上只不过是重新定义了侵权，同时削减了著作权人的权利，而实际上这种更新定义却是扩大了著作权的垄断。[③] 该案中的四要素后来被重述性规定在美国 1976 年著作权法中并沿用至今。[④] 该四要素通常被表述为：第一，使用的目的和性质，包括这种使用是具有商业性质或者是为了非营利的教育；第二，有版权作品的性质；第三，同整个有版权作品相比所使用的部分的质和量；第四，使用对有版权作品的潜在市

---

① Ned Snow, *The Forgotten Right of Fair Use*, 62 Case W. Res. L. Rev. 135, 138, 2011.

② Ibid.

③ L. Ray Patterson, *Folsom v. Marsh and Its Legacy*, 5 J. Intell. Prop. L. 431, 431, 1998.

④ 17 U. S. C. § 107.

场或价值所产生的影响。该四要素不仅在美国很长一段时间被机械套用，还为世界范围内的合理使用制度的规范提供了范本。

虽然美国判定合理使用的四要素看起来应该是一起权衡使用，但是美国法院直接或间接地表明，第一要素和第四要素是最重要的。① 实际上关于美国转换性使用与合理使用的冲突也紧紧围绕这二要素的权衡展开。第一要素对使用作品的主观目的和客观性质进行的规定实际上为转换性使用的介入提供了天然土壤。对第一要素中使用目的的判定通常可以分为两个方面来考量，也即使用作品的营利性与转换性，最初的转换性只是作为合理使用构成要素的下层考虑因素之一。在 19 世纪的相关案例中，更多合理使用案例中适用的是生产性使用（productive use）概念，这一称呼后来直接被转换性使用代替。② 虽然美国最高法院在 Sony 案③中并没有对生产性使用考虑过重，但是此案判决后其下级法院在一系列案例中将生产性使用置于非常重要的位置，生产性使用在合理使用判定中的作用提升了。④ Sony 案几年后，Leval 法官提出转换性使用的概念，认为如果使用作品的行为增加了原作品的价值，创造了新的信息、新的美学、新的见解和理解，这符合合理使用制度之意图促进社会的初衷，转换性使用可以包括批评引用的作品、揭露原始作者的特点，提供事实、为了争辩或反驳原文观点而总结原始作品等，转换性使用将合理使用与著作权法促进产生思想和公共教育却不削弱对创造力的激励这一根本目的相吻合。⑤ 在这里"生产性"基本被融入"转换性"，并主要从"生产性"为中心转移到以"转换性"为中心。Leval 法官的观点极具影响力，基本奠定了转换性使用在合理使用认定过程中的基础要件，甚至被认为转换性使用是合理使用的前提要件，这也导致了后来转换性使用在合理使用中的大

① Ashten Kimbrough, *Transformative Use vs. Market Impact：Why the Fourth Fair Use Factor Should Not Be Supplanted by Transformative Use As the Most Important Element in a Fair Use Analysis*, 63 Ala. L. Rev. 625, 627, 629, 2012.

② Laura G. Lape, *Transforming Fair Use：The Productive Use Factor in Fair Use Doctrine*, 58 Alb. L. Rev. 677, 680 – 688, 1995.

③ *Sony Corp. of America v. Universal City Studios, Inc.*, 464 U. S. 417, 1984.

④ Laura G. Lape, *Transforming Fair Use：The Productive Use Factor in Fair Use Doctrine*, 58 Alb. L. Rev. 677, 704, 1995.

⑤ Pierre N. Leval, *Toward a Fair Use Standard*, 103 Harv. L. Rev. 1105, 1110, 1111, 1990.

刀阔斧式的扩张。

　　具有历史里程碑意义的 Campbell 案为转换性使用在合理使用中的地位提供了背书。该案中，地区法院对该案进行了简易审判，认为 2 Live Crew 的歌曲是对原作品的滑稽模仿，属于合理使用。① 美国第六巡回上诉法院推翻了地区法院判决，认为根据美国《著作权法》第 107 条（第一要素）的规定，戏仿作品的商业性决定了其使用的不合理性；2 Live Crew 使用了原作品的核心部分并构成了使用作品的核心部分，从量上来讲也不符合第 107 条合理使用认定的第三要素；且 2 Live Crew 使用的商业性质可以推定其对原作品的市场具有损害性，不符合合理使用的第四要素。② 但美国最高法院却认为，基于滑稽模仿就像非表面上的幽默形式的批评一样通过对原作品的阐明为社会提供效益并创作一种新作品，本案中 2 Live Crew 的歌对原作品是一种评价或批评性质的滑稽模仿，对原作品核心部分进行引用的目的也是滑稽模仿；原告也不可能准备在这种滑稽模仿作品上拓展其市场，因为每个人都想要赞扬而不是讽刺，所以被告的滑稽模仿对原告的市场没有影响，而且如果第二个作品具有转换性的话也不会对原作品的市场产生替代作用。综合以上因素，美国最高法院认为，在确定如与滑稽模仿类似的转换性使用是否是合理使用时，不应当使用没有证据的推定来确定第一因素中的使用目的和性质及第四要素中的市场损害，被告的二次使用原作品的滑稽模仿是合理使用。③ Campbell 案解决了美国法院对合理使用四要素使用的僵化性，美国最高法院在该案中判定合理使用时对被告行为的"转换性"的强调及对转换性构成定义的扩张成为该案对美国版权法的两个最重要贡献。④ 从生产性概念脱胎的转换性概念，不仅扩大了合理使用的范围，也转变了合理使用认定的中心。

三、美国转换性对合理使用范围扩大贡献过程：双重扩张解释

　　几十年前，美国法院很少把合理使用问题定性为法律问题，通常被作为

---

① *Acuff-Rose Music, Inc. v. Campbell*, 754 F. Supp. 1150, 1160, 1991.
② *Acuff-Rose Music, Inc. v. Campbell*, 972 F. 2d 1429, 1436 – 1440, 1992.
③ *Campbell v. Acuff-Rose Music, Inc.*, 510 U. S. 569, 579, 583, 588, 590 – 592, 1994.
④ Pamela Samuelson, *Possible Futures of Fair Use*, 90 Wash. L. Rev. 815, 818, 2015.

陪审团负责的事实问题；而现在大部分美国法院又将合理使用问题认定为纯法律问题，很少看到陪审团来对合理使用问题决定，因此法院可以对合理使用问题采用新的标准。① 为了公共利益的合理使用制度，其地位在美国Campbell案之后因转换性使用的渗入而更加光彩夺目。然而，转换性使用被作为合理使用的核心却是一个已经引起费解、无数争议的无定形的概念，为合理与转化、被版权法保护的衍生作品等内容带来模糊。②

（一）合理使用认定规则中的转换性中心地位解释

本来以四要素为相对稳定判定因素的合理使用制度范围被转换性使用打破。转换性使用不仅削弱了原作品二次使用行为的商业性对合理使用认定的决定性，还减弱了原作品性质、二次使用对原作品质及量对合理使用构成的影响，对市场损害的判定也逐渐转向以转换性为中心的考察。综合这些因素，似乎可以将美国著作权法上原有的合理使用判定四要素架空。

转换性使用弱化了对二次使用行为的商业性质的考察。传统的合理使用制度判定的第一要素中包含两个内容，分别为使用行为的性质和目的，作为对使用行为客观和主观的考察，将综合决定使用行为是否可能具有合理成分。若使用行为具有商业性质，则认为该使用行为性质不具有正当性，一般会被认为侵权。Sony案和Harper案对被告使用原作品商业性质的强调，更是表明商业性使用是否定"合理使用"构成的基础。Campbell案中美国最高法院认为，美国《著作权法》第107条的合理使用制度并不是一个完全否定商业性的制度，二次使用的商业性或非营利教育性质对合理使用并不是决定性的，而是用于与其他因素相结合考虑的事实。③ 这对商业性判断进行了扩张性的解释。

转换性使用将合理使用判定第一要素以使用性质考量为中心转移为以使用目的考量为中心，作为转换性使用的目的为对原作品的评价、批评目的成为侵权豁免的重要要件，而且除评论、批评之外的其他目的也同样可能构成

---

① Ned Snow, *Fair Use as a Matter of Law*, 89 Denv. U. L. Rev. 1, 1, 2011.

② Anita Modak-Truran, *Transformative Use: Tipping the Scales of Fair Use to Serve the Purpose of the Copyright Act*, 56 No. 1 DRI For Def. 66, 66, 2014.

③ *Campbell v. Acuff-Rose Music, Inc.*, 510 U. S. 569, 584–585, 1994.

转换性使用。逐渐地，二次使用的目的也不再成为限制转换的唯一要件，表达性的转换、目的性的转换、功能性的转换都开始被转换囊括。① 如在 Cariou v. Prince 案中，二审法院认为转换性使用表达出新的表达、含义和信息（expression，meaning and message）由具体的合理认知而决定的，不同的人认知不同，因此被告对原告的作品的使用大部分是具有转换性的。② 这对作品二次使用转换性的认定，不仅模糊了转换性的认定因素，同时也模糊了使用的商业性与其他因素的边界，加剧了合理使用认定相关因素的交叉杂糅。

　　传统观点也认为，由二次使用行为的商业性自然可以推断出对原作品市场的损害性，二次使用行为的商业性几乎是否决合理使用及第四要素的最重要成因。③ 商业性使用的概念也逐渐从增加收入的利他主义转向"没有对有版权作品的使用是非商业性的"泛化概念。④ 法院也会用商业性或非商业性使用来分配对市场损害的举证责任。⑤ 转换性使用一般以不同于原作品的方式使用作品，而证明二次使用作品会对原作品市场具有替代性的举证责任落在了原告的负担范围，认为转换性使用的商业价值所在的市场如果不在原作品所在市场或其准备进入的市场，则不会对原作品市场及价值带来影响。⑥ 二次使用商业性不再作为对原告权利损害性的重要来源。也即，即便被告的二次使用行为没有侵害到原作品的市场，但只要原告提供其潜在市场有被侵害的可能性，就认为对其潜在市场有损害，这里的潜在市场的认定则有赖于法官的自由裁量。有人认为，著作权法需要保护著作权人作品的相关市场，如果没有市场存在的就不应当受到保护。⑦ 这种限缩化的市场范围及损害观

---

　　① 相靖："Campbell 案以来美国著作权合理使用制度的演变"，载《知识产权》2016 年第 12 期，第 85 页。Stephen R. Wilson, *Rewarding Creativity*: *Transformative Use in the Jazz Idiom*, 4 U. Pitt. J. Tech. L. & Pol'y 2, 15 – 16, 2003.

　　② *Cariou v. Prince*, 714 F. 3d 694, 707（2013）.

　　③ *Harper & Row Publishers, Inc. v. Nation Enterprises*, 471 U. S. 539, 566（1985）.

　　④ Michael J. Madison, *A Pattern-Oriented Approach to Fair Use*, 45 Wm. & Mary L. Rev. 1525, 1671 – 1672（2004）.

　　⑤ Ibid.

　　⑥ *Campbell v. Acuff-Rose Music, Inc.*, 510 U. S. 569, 579, 583, 588, 590 – 592, 1994.

　　⑦ Ashten Kimbrough, *Transformative Use vs. Market Impact*: *Why the Fourth Fair Use Factor Should Not Be Supplanted by Transformative Use as the Most Important Element in a Fair Use Analysis*, 63 Ala. L. Rev. 625, 640, 2012.

点是转换性使用发展的"功劳"。原本默认受到著作权法保护的著作权人利益，在为第四要素的构成加上枷锁之后，转换性使用使得合理使用制度成为一个弹性无限大的侵权豁免制度。这种潜在市场影响的判断方法，除了必要的合理使用之外的转换性认定中的潜在市场否定，实际上可能会因转换性的认定而压缩原作品潜在市场的范围，是对原著作权人进入相关市场机会的一种剥夺，特别是考虑到技术发展带来的作品之衍生作品产生的多元化和衍生作品利润的可观性。

本来转换性使用已经是一个需要裁量的因素，而其衍生出来的转化程度的大小又成为影响其他合理使用认定因素的次级概念，这提升了合理使用认定的复杂性。转换性使用的程度高低影响对商业性使用的考虑程度，形成了这样一个不稳定的动态模式：商业性本身已经不能决定是否对原告作品市场的损害，转换性程度的高低影响商业性的考虑（转换性程度越高，越少考量其商业性的影响），①而转换程度高低却属于法官自由裁量权的范围。这一因素为合理使用四要素的稳定性带来了突破，四要素的每一个要素都不再成为否定侵权的必要条件，均可以被其他要素（主要是"转换性"）湮没。转换本身的多种类型也是其变幻多端原因之一，转换性可以是使用目的的转换、作品功能的转换、呈现方式的转变等。②转换性使用的类型不同，其对原作品潜在市场影响的认定也不同。削弱了对原作品市场损害认定的可期待性，不仅有违原有合理使用制度保护公共利益的目的，更是对原作品著作权保护的一种侵蚀。

此外，转换性使用被看得如此之重，以至于近乎完全可能忽略对合理使用构成要素的第二要素和第三要素的考虑，至少弱化了对此二要素的考虑。原作品的性质和使用作品的量和质已经沦落为合理使用构成认定的辅助参考因素。与之前合理使用认定中对二次使用作品的量和质的重视，转换性使用实际可突破必要性、为"转换"之目的使用超越原有"合理"使用之范围。

---

① Campbell v. Acuff-Rose Music, Inc., 510 U. S. 569, 579, 1994.

② Jason M. Nolan, The Role of Transformative Use: Revisiting the Fourth Circuit's Fair Use Opinions in Bouchat v. Baltimore Ravens, 16 Va. J. L. & Tech. 538, 538, 2011.

（二）对"转换性"使用的著作权法立法目的的"解释"

转换性使用对合理使用构成四要素的突破以及司法实践中法官对转换性的解释及依赖，严重曲解了原有著作权法的立法目的。[1] 美国著作权法立法可以理解为是其宪法中"促进科学和艺术进步"的践行，同样需要明确的是美国的著作权法对著作权的保护并未局限于对作者创作的激励，其激励还体现在能够促进、增进知识和学习知识的传播上，[2] 换言之，其不仅促进原作品的传播，还意在促进原作品的多重含义传播、多种作品的传播。[3] 美国1976 年的《著作权法》第106 条列明了著作权人享有的各种专有权，原作品对于他人利用作品的行为可以依据其第106 条的规定主张侵权。但原作品的专有权严重阻碍了重要的二次作品的开发与利用，有违公共知识促进，这导致了合理使用制度的产生。[4] 原作品著作权人的衍生作品的权利与转换性使用作品的分解模糊是转换性使用对合理使用扩张最重要因素之一。转换性使用虽然实际上可能丰富了公共知识的创作与传播，但将其分离出原有作者衍生作品权利的范围对原有著作权人是否公平值得商榷。美国法院在相关判例中的观点表明，其并没有关注从促进作品传播和最终作品的使用者产生的公共利益，而是关注使用作品创作更多的作品。[5] 实际上利用转换性使用对立法目的的发挥，使得美国实践中的著作权法在平衡公共利益和著作权人利益上有失公允。

特别是考虑到技术发展已经从一定程度上促进了作品传播、降低了社会公众对作品的接近成本，辅之以默示许可等制度已经足够实现获取授权成本低、人们接触知识容易实现等较为经济的作品创作、传播、使用生态模式。

---

[1] Neil Weinstock Netanel, *Making Sense of Fair Use*, 15 LEWIS & CLARK L. REV. 715, 717, 2001.

[2] 冯晓青："知识产权法目的与利益平衡关系的实证分析——以美国《宪法》知识产权条款为例"，载《北京科技大学学报（社会科学版）》2008 年第3 期，第64 页。

[3] Laura A. Heymann, *Everything is Transformative: Fair Use and Reader Response*, 31 Colum. J. L. & Arts 445, 466, 2008.

[4] Jeremy Kudon, *From Over Function: Expanding the Transformative Use Test for Fair Use*, 80 B. U. L. Rev. 579, 586, 20000.

[5] Jisuk Woo, *Redefining the "Transformative Use" of Copyrighted Works: Toward a Fair Use Standard in the Digital Environment*, 27 Hastings Comm. & Ent L. J. 51, 74, 2004.

在这种情况下，利用转换性使用扩张合理使用实际上是挤压权利人的可得利益空间，这并不是好的选择，也并没有实现真正的公共利益，仅是增加了二次创作人们的免费使用他人享有著作权作品的机会。对除去批评、评论外的作品商业性使用，对原有作品的市场和价值影响的人为忽略，为原著作权人的作品价值及其创作积极性带来挑战。

转换性使用为了服务于美国著作权法的"目的"，正在打破合理使用的范围，① 对合理使用规则已经带来了侵蚀。② 转换性使用的扩大解释，为作品的二次免费使用带来了鼓励，给作品原创带来经济等损失，给社会公众带来了作品合法范围的不确定性。③ 转换性使用对合理使用制度带来的扩张为著作权保护和作品的二次使用带来了新的利益分配模式，以公共利益保护为名的合理使用制度沦为作品免费使用的"借口"，美国著作权法的立法目的被扭曲。

四、美国近期转换性使用适用的扩张到控制的转型

过度的关注转换性使用已经让法官从一些更加重要的问题中不必要地分散注意力，如使著作权人控制一定的市场是否与版权政策和言论自由原则相一致。④ 转换性使用对合理使用的扩张，不仅对合理使用的稳定性、可预测性带来挑战，⑤ 更是对原作品著作权人获酬权等著作权的本质上的削弱甚至剥夺。合理使用制度本是为了平衡著作权人利益和公共利益的一种制度工具，而转换性使用在美国合理使用制度中的角色从一定程度上已经超过了保护公共利益的必要性，对转换性使用的扩张进行反思及遏制成为其合理使用制度

① Anita Modak-Truran, *Transformative Use: Tipping the Scales of Fair Use to Serve the Purpose of the Copyright Act*, 56 No. 1 DRI For Def. 66, 66, 2014.

② Matthew D. Bunker, *Eroding Fair Use: The "Transformative" Use Doctrine after Campbell*, 7 Comm. L. & Pol'y 1, 24, 2002.

③ Liz Brown, *Remixing Transformative Use: A Three-Part Proposal for Reform*, 4 NYU J. Intell. Prop. & Ent. L. 139, 1411–142, 2014.

④ Thomas F. Cotter, *Transformative Use and Cognizable Harm*, 12 Vand. J. Ent. & Tech. L. 701, 753, 2010.

⑤ Neil Weinstock Netanel, *Making Sense of Fair Use*, 15 LEWIS & CLARK L. REV. 715, 716, 2001.

规范化的必选后路。传统商业模式下，获得原作品著作权人的许可成本较大。但现在著作权集体管理类似的集体授权、网络授权、默示许可等均已经成为可以克服该问题的辅助制度和方法，转换性使用扩张的必要性及其正当性值得质疑。美国最近的相关案例，显示其转换性使用在适用范围上的控制转型。

在 Meltwater 案中，被告 Meltwater 使用计算机程序在网上抓取原告的新闻文章等，为用户提供包括原告相关故事在内的新闻报道摘要，并在每个工作日向其订阅用户发送这些信息。Meltwater 辩称其使用行为具有转换性，因为被告使用的是搜索引擎的功能，并为订阅者根据他们的查询提供非常有限的原告享有版权的内容，为合理使用。[1] 上诉法院认为被告仅抓取了原告的新闻摘要（新闻的心脏），即便其还提供了许多分析工具，但并不能使其复制和再传播行为具有转换性；[2] 而且原告一直致力于许可其享有版权的作品在网上呈现，被告提供的服务与这些提供媒体监测服务的被许可人存在同一领域，被告不支付原告许可费从一定程度上减损了原告的收入和其作品价值；综合合理使用的四个因素，Meltwater 不构成合理使用。[3]该案观点被 2014 年的 Fox News Network, LLC v. TVEyes 案部分判决否决，后者认为，媒体检测服务在可搜索数据库中使用电视新闻报道是转换性合理使用。[4]但 2018 年的 TVEyes 案的判决对之进行了进一步否定。TVEyes 公司提供一种服务让它的用户能够轻松定位和查看电视节目的片段。该公司为了达到此目的，录制了大量的电视节目，并借助于从广播复制的闭路字幕文本将录制的广播编辑成可进行文本搜索的数据库，可以使它的用户检索和观看他们感兴趣的（最多十分钟）视频剪辑。原告 Fox 公司向法院提起侵权诉讼，认为被告重新传播原告的可试听内容，从而使 TVEyes 的用户无须通过 Fox 的许可即可访问这些内容。美国纽约南区地区法院基于相关服务功能是否具有转换性目的认为，TVEyes 提供的用户通过文本搜索视频、观看检索结果视频、在 TVEyes 服务器上归档视频属于合理使用，而供用户下载视频到用户的电脑，通过邮件将

① *Associated Press v. Meltwater U. S. Holdings, Inc.*, 931 F. Supp. 2d 537, 550, 2013.
② *Associated Press v. Meltwater U. S. Holdings, Inc.*, 931 F. Supp. 2d 537, 557, 2013.
③ *Associated Press v. Meltwater U. S. Holdings, Inc.*, 931 F. Supp. 2d 537, 561, 2013.
④ *Fox News Network, LLC v. TVEyes, Inc.*, 43 F. Supp. 3d 379, 392, 2014.

视频发送给他人，按照日期、时间、频道（而不是通过关键字）搜索观看视频属于侵权行为。[1]二审法院认为，TVEyes 对 Fox 视听内容二次传播使得 TVEyes 的用户能够从 Fox 大量的内容中分离出自己感兴趣的材料并非常方便地接触这些材料，具有转换性目的；但是 TVEyes 的行为实际上提供了几乎所有 Fox 提供的内容，这剥夺了 Fox 作为著作权人的收入。[2] 对比两案，虽然 Meltwater 案不具转换性、TVEyes 案部分具有转换性，Meltwater 案新闻故事比后者的新闻具有更大的表达性，Meltwater 案中法院认为其使用的为原告作品的核心部分、TVEyes 案使用的是片段，Meltwater 案影响了其市场的许可费收入、TVEyes 案也影响了原告的收入，但存在同样的审判结论。TVEyes 案否定了 Authors Guild v. Google 案[3]，认为不断记录随后可以用于检索的电视节目的媒体监控服务功能并不是合理使用。从这两个案例可以看出相关法院正在逐渐将转换性使用的本质回归到其转换性的价值，并着重提升对合理使用第四要素的考虑。对转换性使用在合理使用长期占据的中心地位的否定，并辅之其他因素的综合考察，从一定程度上可扭转转换性使用对其他合理使用构成要素的轻视。

备受关注的甲骨文诉谷歌案也引起了人们对转换性使用规则适用的重点。2018 年 3 月 27 日，美国巡回上诉法院对该案的判决为持续八年的诉讼带来新的消息，给转换性使用在合理使用判断中的主导作用带来了挑战，几乎颠覆了之前合理使用判定中转换性使用的中心地位。该法院认为谷歌仅将甲骨文的 Java APIs 从电脑到智能手机和平板，仅是改变了格式，不足以构成合理使用。[4] 关于是否是商业性使用，联邦上诉法院认为，安卓免费并不意味着谷歌使用 Java API 包是非商业性的，商业性使用不以直接经济利益为前提，谷歌公司的广告收入同样决定了其商业性使用的性质。[5] 关于转换性使用，

---

[1] *Fox News Network, LLC v. TVEyes, Inc.*, 124 F. Supp. 3d 325, 328, 330, 33－338, 2015. 一审法院认为，Fox 的目的在于报道新闻，TVEyes 的目的在于监测媒体报道的新闻，后者具有其自己的新闻特点。

[2] *Fox News Network, LLC v. Tveyes, Inc.*, 883 F. 3d 169, 174, 2018.

[3] *Authors Guild v. Google, Inc.*, 804 F. 3d 202, 2015.

[4] *Oracle America, Inc. v. Google LLC*, 886 F. 3d 1179, 1202, 2018.

[5] *Oracle America, Inc. v. Google LLC*, 886 F. 3d 1179, 1197－1198, 2018.

联邦上诉法院认为，虽然法律未明确规定"转换性使用"，但最高法院多次强调认定合理使用第一要素的核心就是看二次使用行为是否是或者在多大程度上是转换性使用，也即，转换性使用是合理使用认定的核心，转换程度越高其他阻碍合理使用的因素（如商业性使用）重要性越小。[①] 联邦上诉法院认为针对谷歌公司对 API 的使用没有转换性给出的原因主要如下：（1）不符合《著作权法》第 107 条列明的用途，如批评、评论、新闻报道、教学、学术、研究等；（2）安卓中 API 包的用途与 Java 平台软件包的目的一样；（3）谷歌未对原告版权作品进行内容表达或信息的改变，认为"仅仅选择有版权作品的选段，这个行为本身并不构成转换性使用……谷歌自己编写实现代码与其使用 APIs 是否是转换性使用没有关系"[②]；（4）智能手机也不是一个新的环境。[③] 谷歌最初主张自己是转换性使用的原因即为其将 API 使用到了智能手机上。而实际上 Java SE 已经存在于 SavaJe 手机上，而且甲骨文已经将 Java SE 许可给包括 Danger 和 Nokia 在内的其他智能手机制造商。基于 Java SE 已经被用在智能手机上，谷歌没有将版权作品转换到一个新的环境。[④]最后法院在逐一分析合理使用四要素的基础上，认定允许谷歌商业性使用甲骨文的作品不会促进版权目的的达成，虽然谷歌可以通过开发自己的 APIs 促进版权的独创性表达和创新目标或者通过授权甲骨文的 APIs 开发新平台，但是它却选择了复制甲骨文的创造性产品；逐字抄袭他人的版权作品并以相同的目的和功能用于竞争性平台上是没有合理性可言的，因此不构成合理使用。[⑤] 美国联邦上诉法院对转换性的认定及其在合理使用中的作用并未得到所有人的认可。如在此案中担任法庭之友的 Mark A. Lemley 教授认为，该法院忽略了谷歌公司为了使得 Java APIs 能够适用于智能手机和平板所作出的转换，其次对于本案认为商业使用严重违反了合理使用的第一构成要素，法院忽略了冲突的证据和陪审团调查的结果，也即甲骨文公司可能在未来在手机

---

① *Oracle America, Inc. v. Google LLC*, 886 F. 3d 1179, 1198, 2018.

② *Oracle America, Inc. v. Google LLC*, 886 F. 3d 1179, 1200, 2018.

③ *Oracle America, Inc. v. Google LLC*, 886 F. 3d 1179, 1199, 2018.

④ *Oracle America, Inc. v. Google LLC*, 886 F. 3d 1179, 1201, 2018.

⑤ *Oracle America, Inc. v. Google LLC*, 886 F. 3d 1179, 1210, 2018.

上许可它的（免费的）Java 的可能。而且该案中法院并没有采用陪审团的意见，尽管 Lemley 教授认为，合理使用是一个事实问题和法律问题混合的问题，除非它涉及特殊的附属事实，否则对待陪审团的裁决应当当作咨询性意见进行审查。

近些年美国相关法院在认定合理使用时对转换性提出了严格要求，也即必须具有一定的"转换价值"，具有批评、评价等目的。首先，简单的转换并不符合促进独创性创新和促进著作权目的的实现。从这一角度看，转换性有向生产性为中心复原之迹。其次，转换性使用在合理使用认定中的地位也不再"一家独大"。相反，在转换性带来的第一要素和第四要素之外，对第二、第三要素更加重视，作为合理使用的最初四大因素被用来综合平衡认定合理使用或是侵权。最后，对相关市场代替理论的重要角色得以保留，对原作品著作权人可能市场的保留给予了较宽的预测空间。这种做法不仅提升了合理使用认定中转换性使用带来的过度扩张对传统合理使用制度的侵蚀，加强了对原创作品的市场保护，并对扩张中的版权免费使用合法化的趋势给予了警惕，为技术进步带来的版权利益的分配提供了更加合理和公平的方向。

著作权法的目的首先是促进新的、具有独创性的表达，其次才是允许其他基于如教育、研究、存档、新闻报道、批评和评论等目的的使用现有作品。① 以上案例笔者认为可以看作是美国对转换性使用扩张的一种有意遏制，也是对转换性使用扩张批判的一种回应。将转换性使用的认定附加以"合理"要件。美国对转换性使用的遏制转型显示出了其回归"转换性使用应当在合理使用认定中扮演次要角色"的迹象。② 技术的发展给合理使用的适用原则带来不确定性，其根源是在新商业模式不断出现的情形下，如何发挥合理使用制度的公平利益平衡作用有不同的价值观。所谓的放宽合理使用适用范围将有利于网络环境下著作权法立法目的的实现、更能促进社会的进步的观点③忽

---

① Michael D. Murray, *What Is Transformative? An Explanatory Synthesis of the Convergence of Transformation and Predominant Purpose in Copyright Fair Use Law*, 11 Chi. -Kent J. Intell. Prop. 260, 292, 2012.

② Thomas F. Cotter, *Transformative Use and Cognizable Harm*, 12 Vand. J. Ent. & Tech. L. 701, 753, 2010.

③ Joseph Tromba, *Is Fair Use Actually Fair in the Digital Age for Good-Faith Creators? A Call for a Broader Interpretation of the Fair Use Doctrine in the Digital Age*, 33 Touro L. Rev. 1283, 1299, 2017.

略了合理使用四要素下已经保留给人们足够的空间来利用前人的作品，而合理使用与授权使用之间的差距在于授权途径和支付使用费。当前技术进步带来的商业模式环境决定了作品创作与传播几乎无法被替代，经济激励的重要性不言而喻，[①] 美国对转换性使用之适用态度的转型，合乎时宜。

五、美国经验对我国合理使用制度完善的借鉴意义

如滑稽模仿等转换性使用的确会给社会带来新的创作、促进作品传播、增进文化进步。[②] 美国法官对演绎作品和转换性使用界限的辨析也加剧了转换性使用范围的扩张。[③] 这种扩张不仅实际上可能对合理使用制度带来原则性的削损、更可能降低对著作权的保护，特别是阻碍其中蕴含的人格权和获酬权的实现。虽然二次创作对繁荣国家文化发展来讲非常重要，但对原作品的著作权保护才是激励创作的最重要源头。通过转换性使用换来的对原作品转换性使用可能带来重叠内容占据市场、扎堆转换使用的现象，而且这还可能带来挤占优化的创作机会等问题。与美国制度相比，我国对合理使用制度的坚持为激励优化创作提供了机会，对合理使用制度开放的谨慎态度也表明我国对转换性的认知具有一定的边界。综合对比之下，我国采取的是侵权为一般现象、合理使用为例外的原则；在相关案例实践中，也偏向于将合理使用的四个要素认为是四要件，也即一般认为只要一个合理使用构成要素不具备则不构成合理使用。我国的这种政策偏向于对著作权人的保护，不同于美国的转换性使用对合理使用制度的实质扩张表现出强烈的亲使用人色彩的制度。

关于对转换性使用是否应当引入到我国合理使用制度中，特别是基于对数字图书馆、用户生成内容、重混文化等新型商业模式下的利益衡量，学者

---

① 熊琦："用户创造内容与作品转换性使用的认定"，载《法学评论》2017 年第 3 期，第 74 页。

② 因为从原则上来讲如果使用原作品的二次创作对原作品没有增加任何创造性的有价值的东西，则不认为具有转换性。Jeremy Kudon, *From Over Function: Expanding the Transformative Use Test for Fair Use*, 80 B. U. L. Rev. 579, 597 – 598, 20000. 如，现在流行的音乐混录、艺术创作的挪用艺术、混帖艺术等成为新的创作模式并在美国流行，离不开这些对原作品使用被认定为转换性使用进而被认定为合理使用的制度。

③ 相靖："Campbell 案以来美国著作权合理使用制度的演变"，载《知识产权》2016 年第 12 期，第 87 页。

们有不同的观点与理由。① 虽然我国对转换性使用没有明确的立法，但在司法实践中该概念在一些案例中被采用，而且相关合理使用范围也已经突破我国著作权法中规定的合理使用有限情形。② 如在"王某案"中，北京市第一中级人民法院认为：涉案信息网络传播行为所采取的片段式的提供方式，及其具有的为网络用户提供方便快捷的图书信息检索服务的功能及目的，使得该行为构成对原告作品的转换性使用行为，不会不合理地损害原告的合法利益，未与作品的正常利用相冲突，也没有不合理地损害著作权人的合法利益，属于合理使用。第二被告谷歌公司将原告的作品全文扫描为电子版，与原告的正常作品使用方式冲突，故此不构成合理使用（虽然谷歌公司声称该行为在美国为合理使用），而是侵权。③ 基于我国合理使用制度的封闭模式立法，我国相关司法中强调在我国著作权法中明确列举的合理使用情形之外应当严格把握合理使用四大构成要素。④ 再如，在"李某晖案"中，广州知识产权法院认为，被告将原告享有著作权的图片以缩略图形式用在游戏介绍文章中，具有新的指向意义和功能，其原有摄影作品的艺术美感和功能发生了转换，不会不合理地损害李某晖的合法权益，因此构成转换性使用进而构成合理使用。⑤ 这些法院对转换性使用的直接引用，说明了美国转换性使用对我国司法审判带来的一定影响。而且，相关法院在转换性的解释上也开始使用美国对"转换性"本色的解释，如新的目的、新的指向、新的功能。

然而，依据我国的现状，司法实践中直接引用转换性使用却存在一定的

---

① 关于是否在我国著作权法中引入转换性使用，学者们有不同的观点。支持者如，姚鹤徽："从美国谷歌图书馆案看网络时代版权合理适用制度的完善"，载《图书馆》2016 年第 11 期，第 90 - 91 页。罗娇、严之："著作权合理使用转换性使用理论研究"，载《人民法治》2018 年第 5 期，第 19 页。反对者如，谢琳："论著作权转换性使用之非转换性"，载《学术研究》2017 年第 9 期，第 66 页。修正性引入观点如，袁峰："论新技术环境下'转换性使用'理论的发展"，载《知识产权》2017 年第 8 期，第 57 页。

② 芮松艳："网站全文复制他人作品构成侵权"，载《人民司法》2014 年第 20 期，第 6 页。

③ 参见王某与北京谷翔信息技术有限公司等著作权权属、侵权纠纷案，北京市第一中级人民法院〔2011〕一中民初字第 1321 号民事判决书。

④ 参见王某与北京谷翔信息技术有限公司等著作权权属、侵权纠纷案，北京市高级人民法院〔2013〕高民终字第 1221 号民事判决书。

⑤ 参见李某晖与广州华多网络科技有限公司著作权、侵权纠纷案，广州知识产权法院〔2017〕粤 73 民终 85 号民事判决书。

现实困境，这些困境如若得不到妥善的解决，转换性使用在我国合理使用中或难以正常发挥作用。第一，转换性使用可以夸大合理使用范围，其规则也实际上具有较大的随意性，一定程度上要依赖于法官对相关问题的创造性解释，美国法官的造法功能给他们提供了土壤，我国在此方面存在制度欠缺。因此，如果不对转换性进行立法性规定或对法官造法提供一定的论证，直接使用转换性使用来认定合理使用或存在一定的不妥。第二，我国将传统合理使用四个构成要件不是进行综合衡量，而是四要件必须缺一不可方可构成合理使用。而转换性使用注重的转换性及其对第一、第四要素的重要性，忽略了第二、第三要素的不可或缺性。我国只有试图及解决对待四要素的态度统一之后，才能有尝试大范围引入转换性使用的可能性。而且，在此基础上或有必要妥善处理好几个要素的兼容关系。第三，我国对二次使用行为的营利性的反感，成为现实阻碍合理使用中转换性使用的介入。转换性使用的概念并没有在世界上多数国家受到欢迎，而根据我国目前的发展阶段及我国中庸性质的著作权法立法目的、美国在合理使用发展中的转换性使用制度扩张带来的经验和教训，我国或通过综合评估等方式评定我国是否适合引入转换性使用制度。以上存在的我国著作权司法实践适用转换性使用的困境，或成为我国日后对待转换性使用时应当考虑的内容。我国不适宜引入转换性使用规则，还以我国不需要引入转换性使用规则为基础。我国著作权保护水平一再提升，加强著作权等知识产权保护的政策也较为显著，我国知识产权保护文化也在逐步得以构建。转换性使用给著作权保护范围带来的冲击，或直接影响著作权保护成绩的维护。而构建的良好的著作权保护环境，也可能因对转换性使用的扩张解释而有所负向发展。更况且，我国对转换性使用的非引入性做法也并不是对合理使用的否定，更不是对公共领域保留的消极对待。相反，对转换性使用的谨慎处理，才是对著作权保护与作品传播和使用秩序提供有效保障的基础。

也正所谓，我国不需要引入转换性使用并不代表应当固守封闭性的合理使用立法模式。在技术发展给著作权授权带来挑战，甚至影响到公共利益之际，我国应当从立法层面对合理使用制度有节度地灵活化，以缓解合理使用中转换性使用理论带来的社会可得利益之正当性存在而制度不得用的困难，主要应当从以下几点出发：第一，抛弃第一要素欠缺即否定合理使用构成的模式，相反应当将合理使用四要素综合衡量，将"四大构成要件"向"四个要素"的方向平滑，采取类似只要超过 1/2 分量的要素即可构成合理使用的判断方式。第二，抛弃二次使用具有营利性即排除合理使用范围的偏见。[①]由于大部分二次使用作品的行为都具有商业性，所以只有当二次使用作品的行为对原作品市场具有替代性时才认定其对原告作品构成侵权，否则不应当因此排除合理使用范围。[②] 合理使用制度不仅是公共利益的维护者，同时也是科学文化进步这一立法目的的实践者，二次使用作品只要未对原作品著作权人的市场及价值带来可能性的替代即可。更况且，在实践中，有些使用行为虽然具有营利色彩，但是其并不能对原作品市场带来影响，或者可以预期原作品根本不会发展二次使用行为所在的市场。第三，规范合理使用制度要围绕公共利益和著作权人利益双重中心，不能因为公共利益或者赋予实际的产业私利以公共利益之名而扰乱对作品创作和传播的正常秩序。这是因为，对著作权保护的呼声逐渐增高并成功获得政策支持之际，或许会有一部分人试图通过公共利益、公共领域为外衣，来为某些特定私利的实现来做努力。这并不是真正的公共利益、公共领域维护之本意。对著作权领域的私权保护与公共利益的协调是社会自发需求体现基础上作出综合衡量的结果，任何以大范围牺牲著作权人权利的做法以试图维护另一部分人搭便车机会保留的做法确实多数欠妥。第四，加强制度的可预测性和稳定性。美国转换性使用受人诟病的最大原因即为其给合理使用构成带来的不稳定性和难以预测性。著作权人利益受保护及其与公共利益的边界应当有原则性的可预测、稳定的范围，将第四要素中的"对原作品的市场及价值"影响予以相对合理界定并着重强调，保护著作权人和相关市场的可期待利益的实现，维护著作权法制度

---

① 著作权法促进社会进步，并不反对著作权人获得利益，也不禁止二次使用者获得利益。著作权法促进学习，但是并不必要以牺牲著作权人的利益，特别是不必要的牺牲为代价。在著作权法规定的规则之下，由市场决定相应的资源分配，理应被尊重。促进学习等公共利益的实现，仍然要以著作权保护为基础，必要的合理使用为例外。同样扼杀创新、阻碍社会进步的原因不应当归结于付费使用，相反，创新成果得不到足够的保护可能对创新带来更大的打击。

② Jason M. Nolan, *The Role of Transformative Use: Revisiting the Fourth Circuit's Fair Use Opinions in Bouchat v. Baltimore Ravens*, 16 Va. J. L. & Tech. 538, 572, 2011.

的公平性、公正性。我国需要的不是转换性使用，而是在目前封闭式列举合理使用情形立法模式下，将合理使用的四要素正式引入著作权法，作为其他非列举情形被认定为合理使用的依据，至于转换性并不应当作为是否是合理使用的决定性因素抑或首要因素。

需要注意的是，不引入转换性使用并不代表所有转换性使用都被排除合理使用范围，符合条件的转换性使用仍然应当依据合理使用判断原则给予肯定，保护公共利益之对作品的使用。此外，之所以转换性使用流行，还是因为在著作权授权许可模式上的角色力量的不对等性。传统授权模式下，著作权人占据市场主导地位，而被授权人占据被动地位。优化授权许可模式及尽量合理化授权成本和二次使用成本，是平衡著作权人和二次使用人利益的重点。用合理使用解决授权问题，并不是激励作品创作和传播的最佳选择。再者，著作权法已经通过相关制度（如著作权保护期限、强制许可）预留了一定的二次使用免费空间，合理使用制度意图维护的是必要的、重要的公共利益，其保障的是社会上比著作权更重要的价值，如言论自由、信息接触、学习机会、对社会弱势群体的照顾，而不是有能力付费使用、付费可行的情况下给予使用人侵权豁免。著作权法具有面对科技进步回应供求关系和构建创作分工上的优势，[1] 合理使用制度是我国著作权相关利益分配、平衡社会公共利益与权利人利益的重要制度保障，合理使用制度应当坚持在确保私权保护基础上维护公共利益。[2] 以授权付费使用为主、涉及公共利益的免费合理使用为辅，方可促进人类知识的增进与著作权相关市场的良性循环。

---

[1] 熊琦："用户创造内容与作品转换性使用的认定"，载《法学评论》2017 年第 3 期，第 67 页。

[2] 冯晓青、谢蓉："著作权法中'合理使用'与公共利益研究"，载《河北法学》2009 年第 3 期，第 69 页。

文本与数字挖掘技术应用的版权例外规则构建*

——域外版权例外规则比较及其启示

董　凡　田宜鑫**

摘　要：在数字时代背景下，文本与数据挖掘技术已成为科研创新与丰富文化生活的重要工具。但在我国现行版权法框架下，文本与数据挖掘技术应用无法通过"临时复制""合理使用"与"版权许可协议"摆脱版权侵权的巢臼。借鉴域外相关立法制度与司法裁判经验，基于我国创新发展需要，将文本与数据挖掘技术的应用纳入版权例外范围有其正当性；同时，我国应选用"有条件的允许模式"将文本与数据挖掘技术应用纳入版权例外范围。在具体构建文本与数据挖掘技术应用的版权例外规则方面，应当将合法获取版权保护信息源的主体作为"主体要件"，将"非营利性"与"用于计算分析的科学研究目的"作为"目的要件"，允许复制与转码行为，确立保护权利人正当利益的具体规则。

关键词：文本与数字挖掘　版权法　版权例外

在"样本等于数据"的"全数据"时代背景下，数据信息的有效挖掘与利用业已成为社会经济增长的重要支撑和推动创新发展的催化剂。因此，对多元化海量数字信息进行挖掘与分析是学习、商业应用与科研创新过程中不

　* 本文为国家哲学社会科学基金一般项目"版权技术措施制度研究"（18BFX169）的成果。
　** 作者简介：董凡，男，华南理工大学法学院博士研究生，研究方向为知识产权法。田宜鑫，女，华南理工大学法学院硕士研究生，研究方向为知识产权法。

可或缺的组成部分。其中，"文本与数据挖掘技术"便是当代数据挖掘领域中极具代表性的新型技术性研究工具之一。基于不同视角与表达习惯，对于文本与数字挖掘技术的认知表述多有差异。笔者认为，文本与数字挖掘技术可以概括为"在数字环境下从大量文本数据中挖掘信息和知识发现①的计算机处理技术"。事实上，文本与数字挖掘技术作为创新科技的时代产物，其本质是一项复杂的自动化处理技术，蕴涵着巨大的经济价值与社会机会。善用文本与数字挖掘技术可以形成高效高质的研究成果，因此该项技术被社会各主体广泛地应用于社会科学与自然科学领域，尤其在制药和生物医学研究以及市场运营领域中发挥重要的技术性工具价值。②

众所周知，科技产品具有"技术中立"属性。然而，在以自然人为参与主体的社会中，各社会主体使用创新技术以达成个人目的或完成阶段性目标的过程中势必对其他社会主体的利益产生一定影响。鉴于文本与数字挖掘技术在应用过程中不可避免地需要对海量数字版权作品进行挖掘利用，势必产生对原有数字版权作品的"复制与转码"行为——可能触动和侵害数据源版权人的版权利益，从而对既有的版权制度所构建的利益平衡机制构成了明显的冲击和挑战。因此，亟须寻求解决文本与数字挖掘技术应用行为的版权法地位或性质问题的方案。本文主要以我国文本与数字挖掘技术应用的现实状况为基础，借鉴域外制度成果与司法实践经验，进而借着作权法第三次修改的历史契机，探析在我国构建文本与数字挖掘技术应用的版权例外规则的正当化理由与构成要件。

一、我国版权法视域下文本与数字挖掘技术应用情况的现实考察

文本与数字挖掘技术的采样范围主要源自受版权保护的作品与数据库以及公有领域的数据信息。囿于文本与数字挖掘技术的特殊性，该技术在我国版权制度框架内极易引发版权侵权纠纷，进而导致社会各界质疑文本与数字

---

① 知识发现，是指从数据集合中提取隐含的、事先未知的、存在潜在效用并能被人理解的模式的特定过程。其中，数据挖掘是知识发现的关键环节。

② 宋雅馨："文本与数据挖掘的版权例外——以欧盟版权指令修改草案为视角"，载《电子知识产权》2017 年第 6 期，第 42 页。

挖掘技术的合法性或版权法定位。

（一）文本与数字挖掘技术应用可能侵犯信息/数据库的复制权与改编权

一般而言，文本与数字挖掘技术可以分解为四个步骤，即增强信息检索；语言分析（实体识别）；信息提取；挖掘分析数据，直至知识发现。[①] 以上每一步骤都是挖掘程序中的必要环节，当然不排除按照其他位序形成的挖掘模式。值得强调的是，无论采用何种数据挖掘模式均需要满足两项先决要件，即对目标信息的复制与转码行为。[②] 由于我国现行版权制度尚未对文本与数字挖掘技术提供一个明确的制度指引，因而在技术应用过程中极有可能侵犯数据信息/数据库的复制权与改编权。

首先，考察文本与数字挖掘技术可能侵犯信息/数据库的复制权的主要缘由。第一，学理界与实务界认为"复制行为"须满足如下两则要件，即应当在有形物质载体上再现作品；并且作品被相对稳定地"固定"在有形载体上。[③] 在应用文本与数字挖掘技术的过程中，挖掘系统将目标信息相对稳定地复制于服务器之中，存储的信息是由特殊计算机语言组合而成，但可以通过计算机系统达到间接读取与再现目的。第二，在对数据文本目标进行复制时，数字信息挖掘系统无法清晰辨识目标对象的权利状态。考虑到识别成本过高，行为人往往不经版权人授权许可便对目标样本进行挖掘。因此，文本与数字挖掘技术中的复制行为可能侵犯版权人的复制权。[④]

其次，文本与数字挖掘技术为正常识别与处理文本数据，势必对信息进行统一转码以匹配系统运行。一般而言，"转码"行为主要是改变、编排目标对象的表达形式，从而形成新的研究样本。从某种程度而已，"转码"与"改编行为"具有一定的同质性。质言之，文本与数字挖掘技术在转码过程中难以有效规避受版权法保护作品/数据库的"改编权"。

---

① JISC, The Value and Benefits of Text Mining, https：//www.jisc.ac.uk/sites/default/files/value-text-mining.pdf, visited in Oct.10, 2018.

② 罗娇、张晓林："支持文本与数据挖掘的著作权法律政策建议"，载《中国图书馆学报》2018 年第 5 期，第 24 页。

③ 王迁：《著作权法》，中国人民大学出版社 2015 年版，第 164 页。

④ 不是所有的"文本与数据挖掘技术"均侵犯复制权。当挖掘系统仅是对目标文本进行"单个、逐个"处理，并且不固定或保留抓取痕迹，此种情形不属于版权法上的"复制行为"。

（二）文本与数字挖掘技术应用过程中所面临的多重现实困境

现实中，文本与数字挖掘技术在我国应用与发展过程中极易受到版权侵权等非技术壁垒因素的阻碍，其问题核心在于文本与数字挖掘技术无法纳入我国版权例外制度，同时版权许可协议亦不是解决此问题的适合方案，本文将分情况而述。

1. "临时复制例外"无法为文本与数字挖掘技术应用提供理论支撑

临时复制，是指数字环境下作品浏览或传输过程中所发生的短暂的存储行为。[①] 现阶段，国际版权法领域支持临时复制应当属于版权例外制度的意见占主导地位。[②] 由此可见，当文本与数字挖掘技术应用过程中可以被"临时复制"涵盖时，那么文本与数字挖掘技术将不再受版权侵权的"苛责"。

一般而言，构成"临时复制"需要满足"时间短暂性"与"复制件不具备经济价值"两项要求。在文本与数字挖掘技术中"信息提取"阶段产生的"复制行为"无法满足"短暂性"要求，即计算机系统无法自动消除存储信息，这些固定在服务器中的数据可以被计算机读取、再现。另外，"信息提取"作为文本与数字挖掘技术不可分割的一部分，其形成的数据报告必然蕴涵一定的经济、科研等多元化价值。因此，笔者认为"临时复制例外"无法为文本与数字挖掘技术提供有效规避版权侵权的论理支撑。

2. 版权合理使用制度无法为文本与数字挖掘技术应用提供制度支撑

"临时复制例外"无法为文本与数字挖掘技术提供论理支持，但并不意味着文本与数字挖掘技术一定发生版权侵权，倘若符合"合理使用制度"的规范要求，便可以获得"特权"，具备合法性。但是，我国现行著作权法的合理使用制度尚不能为文本与数字挖掘技术的合法性提供制度支撑，理由如下。

首先，实践中应用文本与数字挖掘技术的主体大抵为公司或机构，而非"个人"行为，因此无法满足合理使用制度中"为个人学习、研究或者欣赏"

---

① 崔国斌：《著作权法：原理与案例》，北京大学出版社 2015 年版，第 384 页。
② ［德］约格·莱茵伯特、西尔克·冯·莱温斯基：《WIPO 因特网条约评注》，万勇、相靖译，中国人民大学出版社 2008 年版，第 59 页。

的规范要求。其次，应用文本与数字挖掘技术将会对挖掘样本进行大量复制，并不满足我国著作权法"为学校课堂或科学研究允许少量复制作品"的数量要求。最后，以图书馆等公益机构为代表的特殊主体，在社会中起着信息检索、收集、整合与再传播的社会作用，但我国现行著作权法仅将图书馆陈列或保存藏书需要所进行的复制行为视为"版权合理使用行为"，实不符合我国现阶段图书馆的社会定位，客观上阻碍图书馆应用文本与数字挖掘技术的发展空间。

3. 版权许可协议不是有效解决文本与数字挖掘技术应用的适合方案

目前，诸多国际大型出版商认为采取"版权许可协议"的方式可以为研究人员提供便利。正如欧洲出版商协会所言，运用"版权许可协议"既可以满足合法访问者对文本与数字挖掘技术的实际需要，也可以适当地降低侵权风险。[1] 但是，笔者认为"版权许可协议"不是解决文本与数字挖掘技术合法性的适合方案，理由如下。

首先，出版商基于对自身利益的考量，可能利用版权许可协议明确排除文本与数字挖掘技术应用。其次，版权许可协议的内容可能限制被挖掘内容的基础格式，[2] 如果许可协议仅允许下载而不让其转化格式，数据挖掘系统也无法顺利读取数据信息。再次，出版商可能利用版权许可协议或技术措施限制被挖掘信息的数量，那么研究者将花费较大的时间成本。例如，Clark 认为，出版商要求网络爬虫在连续下载文章时应保持 5—10 秒的间距时间，但是实际中连续下载 1 万篇文献时需耗时 4—8 个月方可完成。最后，版权许可协议主要基于当事人间的合意所致，具有较强的灵活性、特殊性，反而限制文本与数字挖掘技术的广泛应用。

二、域外文本与数字挖掘技术应用版权例外的立法实践与司法判例

在以数据内容开放获取与分享作为主旋律的大数据时代背景下，鲜有国

---

① European Publishers Council, Copyright Enabled on the Network, https://libereurope.eu/wp-content/uploads/2014/06/LIBER-EPC-letter. pdf, visited in Oct. 19, 2018.

② 罗娇、张晓林："支持文本与数据挖掘的著作权法律政策建议"，载《中国图书馆学报》2018 年第 5 期，第 26 页。

家针对文本与数字挖掘技术进行规范安排与制度回应，仅日本、英国作出直接的立法支撑；① 另外，由欧洲图书馆研究协会发起的《数字时代知识发现海牙宣言》与欧盟委员会发布的《欧盟数字化单一市场版权指令提案》（以下简称《数字化单一市场版权指令》）亦针对文本与数字挖掘技术作出富有时代性的理性回应。与此同时，在尚未对文本与数字挖掘技术进行法律确性的美国与德国，法院亦通过司法判决作出有利于文本与数字挖掘技术应用与发展的司法支撑。因此，我国有必要熟悉域外规范文本与数字挖掘技术的制度安排与裁判态度，以此作为我国制度设计的经验镜鉴。

（一）域外文本与数字挖掘技术应用版权例外的立法实践

以日本、英国和欧盟为代表的国家或区域相继对文本与数字挖掘技术应用与发展给予关注。立法者尝试从版权制度层面为文本与数字挖掘技术定性，认为在特定情形下可以将其纳入版权例外的范畴。因此，本文以日本、英国与欧盟规范文本与数字挖掘技术的制度内容为鉴，将各类规范进行比较，以揭示要旨。

首先，从各类规范的主体要件观察，立法者均要求是合法获取版权作品/数据库的实施者；其中，仅《数字化单一市场版权指令》明确要求主体为"研究机构"，《数字化单一市场版权指令》将是否包括"商业性研究机构"的选择权交由欧盟各成员国自行决定，至于日本与英国尚未对实施主体作出明确界定。其次，各类规范中目的要件不甚统一。日本强调仅限于数据信息解析目的，并不强调行为是否涉及商业利益；英国强调非商业性应用目的；然而，欧盟采用"科学研究目的"的立法措辞，关于是否包括商业性目的则留给各成员国自行决定。再次，各类规范允许的客观行为亦各具特色，英国仅允许复制行为；欧盟扩展至提取行为；日本法的客观行为甚至包括改编行为。然后，观察各类规范对文本与数字挖掘技术版权例外制度的限制性要件，日本强调文本与数字挖掘技术仅能适用于计算机信息技术分析的具体情形，而英国强调限制文本与数字挖掘技术实施后的交易行为，欧盟则未对限制条

---

① 部分欧盟成员国相继对文本与数据挖掘技术提出修法性梳理，仅是目前尚未确定正式文本，如德国、法国、爱尔兰等国家。

件作出明确规定。最后，英国和欧盟均支持版权例外制度可以排斥限制文本与数字挖掘技术正当应用的约定。

（二）域外文本与数字挖掘技术应用版权例外的司法判例

美国与德国法院在未有成文法或立法政策支持的前提下，通过司法裁判承认文本与数字挖掘技术的合法性。正如美国学者所言，版权边界划定的决定主体不在于立法者而是在于司法机关。[①]

1. 美国法院的裁判态度：作家协会诉谷歌案和作家协会诉 Hathitrust 案

在"作家协会诉谷歌案"中，谷歌公司推行"Google Books 项目"，即将美国著名大学提供的书籍进行数字化处理，并以 snippets 模式向社会公众提供图书数字化检索服务。值得注意的是，文本与数字挖掘技术是"Google Books 项目"的核心支撑技术。尔后，2005 年 9 月美国作家协会对谷歌公司发起停止版权侵权诉讼，双方当事人于 2009 年 11 月达成《Google Books 和解协议》[②]，此种推定权利人先于授权的模式被称为"默示许可方案"。但是，该案在后续发展过程中，主审法院放弃"默示许可方案"。[③] 2011 年 11 月，纽约南区地方法院对"作家协会诉谷歌案"作出初审判决，认定"Google Books 项目"为用户提供高效且完善的文字搜索服务具有较强的"转化性目的"，属于"合理使用"的范畴。[④] 2015 年 12 月，美国第二巡回法院维持初审法院的裁判，并补充"开展商业营利模式不能成为构成否定'合理使用'的绝对标准；并且'片段检索'模式不会替代版权人的版权市场，因此不会减损版权人的实质利益"。[⑤]

在"作家协会诉 Hathitrust 案"中，Hathitrust 数字图书馆允许谷歌公司

---

① 张陈果："解读'三步检验法'与'合理使用'——《著作权法（修订送审稿）第 43 条研究》"，载《环球法律评论》2016 年第 5 期，第 10 页。

② 《Google Books 和解协议》的核心内容：谷歌公司可以不经版权人的事前授权而对受版权保护的图书进行数字化处理与内容整合，并对社会公众提供图书检索服务。版权人可以决定检索服务中图书内容展示的程度与售价，也可以通过明示的方式撤出"Google Books 项目"。

③ 唐思慧："大数据环境下文本和数据挖掘的版权例外研究——以欧盟《DSM 版权指令》提案为视角"，载《知识产权》2017 年第 10 期，第 111－112 页。

④ Authors Guild, Inc . v. Goole, Inc. 770F. 2d 666, S. D. N. Y. 2011.

⑤ Authors Gulid v. Google, Inc. 804F. 3d 202, 2nd Cir. 2015.

对其收藏的作品进行数字化，以换取对相关电子复制品的许可使用；Hathitrust 数字图书馆允许其用户在作品数据库中进行全文检索，但检索结果仅显示搜索关键词所在的页码以及在该页上出现的频率。[①] 初审法院认为 Hathitrust 数字图书馆提供卓越的检索服务不再是单纯使用作品，而是衍生出新的学术研究方法与径路，因而具有较强的"转化性目的"。最终，美国第二巡回法院亦认为 Hathitrust 数字图书馆实施文本与数字挖掘技术行为构成合理使用。[②] 值得注意的是，美国法院认为文本与数字挖掘技术具有合法性并未止于上述两则案例，而是经过多年裁判经验总结而致。

2. 欧盟法院的裁判态度：谷歌预览图片案

在"谷歌预览图片案"中，谷歌搜索引擎具有文本导向的图片检索功能，用户可以通过输入关键词检索与其相关的缩略图片，该商业模式正是采用了文本与数字挖掘技术。德国某位美术家以谷歌搜索引擎提供的缩略图侵害其版权为由提请诉讼。2010 年 4 月，德国联邦法院判定谷歌搜索引擎提供缩略图的行为不构成版权侵权。[③] 值得注意的是，德国尚未对文本与数字挖掘技术的法律性质作出明确规定，因此法院无法援引"合理使用"条款进行裁判；然而，法院适用传统民法中"推断默许"理论作出不构成版权侵权的裁判意见。法院认为，版权人上传作品并作否定使用图片作品的意思表示时，较之网络平台服务商逐次获得版权人的许可授权更能节约社会成本，法律的天秤应倾向于网络及其背后的公众利益。[④]

（三）域外文本与数字挖掘技术应用版权例外构建的经验镜鉴

第一，文本与数字挖掘技术应用的合法性逐步受到各国、各区域的立法认同与司法判例支撑。日本、英国与欧盟为深度拓展文本与数字挖掘技术的现实应用，已经在各自的立法文件与草案中明确肯定文本与数字挖掘技术属于版权例外规范的映射内容；与此同时，无论是在坚持司法判例的美国，还

---

① Authors Guild, Inc. v. Hathitrust, 902F. Supp. 2d 445, S. D. N. Y. 2012.

② Authors Guild, Inc. v. Hathitrust, 755F. 3d. 87, 2nd Cir. 2014.

③ 刘晓海：《德国知识产权理论与经典判例研究》，知识产权出版社 2013 年版，第 135 页。

④ 张陈果："解读'三步检验法'与'合理使用'——《著作权法（修订送审稿）第 43 条研究》"，载《环球法律评论》2016 年第 5 期，第 12 页。

是沿袭成文法传统的德国，法院所作出的裁判结论均承认文本与数字挖掘技术的合法性。换言之，各国以直接或间接的方式认可文本与数字挖掘技术的制度经验与裁判态度，为我国制定文本与数字挖掘技术版权例外制度提供了较好的研究样本。

第二，各国或各区域通过设计、构建文本与数字挖掘技术应用的版权例外规则，旨在平衡、协调数字环境下版权人、使用者以及社会公众间的动态利益。一般而言，版权法的立法目的可以分为直接目的与最终目的。保护版权人合法利益系版权制度的首要目的，仅当个人私权阻碍社会科技、文化进步与创新等公共利益时才会让位于公众利益。可以发现，日本、英国与欧盟在其立法文件中均对文本与数字挖掘技术版权例外规范作了多项限制，其目的除了达到促进创新发展的终极制度目标外，还有最大限度地维护版权者的合法利益。因此，我国在设计文本与数字挖掘技术版权例外规范时一定要以平衡版权者、使用者以及公共利益为出发点与落脚点。

第三，基于各国实际需要与利益考量，在针对文本与数字挖掘技术属于版权例外规范的具体设计中存在一定差异。尤其体现在主体要件、目的要件、客观行为要件，以及限制性要件等内容。事实上，上述各国或区域的规范内容为我国在研究或制定文本与数字挖掘技术版权例外规范提供丰富的立法资料。我国可以基于国家版权产业、科教事业的发展需要，系统地设计数字环境下文本与数字挖掘技术版权例外制度的规范构成要件。

三、构建文本与数字挖掘技术应用的版权例外规则的正当性理由

毋庸置疑，文本与数据挖掘技术的广泛应用可以为社会产生多元的积极价值；与此同时，域外规范"文本与数字挖掘技术"版权例外制度亦为我国创设相关版权例外制度提供丰富的研习素材。鉴于此，本文将着重围绕版权法的制度核心，诠释构建"文本与数字挖掘技术"版权例外规范的正当性。

（一）文本与数字挖掘技术版权例外规则自恰于现行版权制度的立法宗旨

立法宗旨作为创设法律规定的总纲，其在部门法中具有重要的指引作用。我国版权法的立法宗旨是在维护版权者正当利益的前提下，追求与实现增进

公众社会信息自由、教育利益和知识传播与效用等多元化利益的制度宏愿。随着版权私益保护强度的提升，公众获取作品、后续使用作品的难度与社会成本亦不断增加，反而削弱版权保护的道德性。因此，基于版权利益平衡的考量，必须在新技术出现和应用时不断平衡版权者、使用者与社会公众间的动态利益。在文本与数字挖掘技术版权例外规则的构建中，其核心就是在保全版权者正当利益前提下，通过设计有助于公益目的实现的特殊规则，进而更持久有效地促进文学、艺术、科学作品的创新产出，更好地增进版权相关的社会公共福祉。本质而言，这也属于版权立法宗旨的题中之义。

（二）文本与数字挖掘技术版权例外规则符合"成本—效益"的经济理性

一般而言，"成本—效益"作为法经济领域的经典范畴，其背后蕴涵效益法律观，即通过法律对权利、义务的确立、分配与救济，实现社会资源的最佳配置，彰示着法律二元互补的价值范畴：公平与效率。① 本文认为，创设文本与数字挖掘技术版权例外规则，本质是将版权的一部分权能转移给特定公众，以避免高昂的交易成本、诉讼成本。因此，文本与数字挖掘技术版权例外规则符合"成本—效益"的效益法律观与经济理性。第一，创设文本与数字挖掘技术版权例外规则势必会对权利人产生一定损害或影响，但损害小于由此产生的积极效益。毋庸置疑，为科学研究等公益目的允许特定主体使用受版权保护的作品或数据库信息，确实减少了作品的市场需求，但是通过文本与数字挖掘技术形成的研究成果实则有助于提高知识的质量，增进社会智识总量并使之传承。对此，创设文本与数字挖掘技术版权例外规则能够减少培养知识创造者和创造、传承知识的成本，增加对知识生产保存和知识创造培养的激励，其产生的效益大于版权人的损失。第二，选用其他方案替代文本与数字挖掘技术版权例外规则将产生较高的交易成本。以"默示许可方案"为例，若采用此方案，可以满足版权者的正当利益不受减损，但是数字环境下文本与数字挖掘技术将会产生大量的复制行为，如果每一次复制行为都要获得版权者的许可或者复制行为需要延时才可进行，那么创作新作品的约谈成本则相当高昂，新作品或研究报告的创作创新激励就会减少，社会

---

① 冯玉军：《新编法经济学》，法律出版社 2018 年版，第 107 页。

公共知识的总量亦积极或消极的减损。因此，创设文本与数字挖掘技术版权例外规则节约谈判成本，并且在不损害版权者正当利益的情形下激励新作品的产生。

（三）文本与数字挖掘技术版权例外规则符合"三步检验法"的认定要件

我国"合理使用"制度源自国际"三步检验法"①，属于大陆法系著作权法中的权利限制与例外范畴，即由立法者创设著作权例外类型，司法机关仅能遵循既有的法定类型进行法律诠释与适用。② 我国学者和资深法官通过阐释"三步检验法"，发现《中华人民共和国著作权法》（以下简称《著作权法》）第22条和《中华人民共和国著作权法实施条例》（以下简称《著作权法实施条例》）第21条可以构成一套复合型、层次性的规范组合，分别对应"三步检验法"的三项认定要件。③ 质言之，判断一项行为是否属于合理使用需要经过两个阶段，即需满足《著作权法》第22条规定的12种具体情形后再适用《著作权法实施条例》第21条进行实质判别，如不属于12种具体合理使用行为之一，则构成非法行为。

我国现行版权例外规范属于封闭式的立法，难以将文本与数字挖掘技术的"复制与转码行为"纳入合理使用范畴。因此，本文对于文本与数字挖掘技术"合法性"的论证将采用假设法，即假设《著作权法》创设了文本与数字挖掘技术版权例外规则，检视该规则是否满足"三步检验法"的判定要件。若文本与数字挖掘技术版权例外规则无法满足"三步检验法"的认定要件，则我国不存在文本与数字挖掘技术版权例外规则发展的制度土壤；反之，则具备正当性的理据。

首先，文本与数字挖掘技术版权例外能够满足"三步检验法"的首要条件应当"局限于特定的特殊情形"。承继上文可知，立法者为平衡版权者、

---

① "三步检验检法"的基本内容：合法设定的著作权例外应当符合如下要件：（1）应局限于特定的情形；（2）不与作品的正常使用相冲突；（3）不得不合理地损害权利人的正当利益。

② Martin Senftleben, Bridging the Differences Between Copyright's Legal Traditions-the Emerging EC Fair Use Doctrine [J]. Journal, Copyright Society of the U. S. A., 2010: 522.

③ 熊琦："著作权合理使用司法认定标准释疑"，载《法学》2018年第1期，第182页；朱理：《著作权的边界》，北京大学出版社2011年版，第204-206页。

使用者与社会公众间的动态利益，为文本与数字挖掘技术版权例外规则设计清晰的主体要件、目的要件和允许客观行为等限定条件，旨在维护版权者的正当利益。其次，文本与数字挖掘技术版权例外规则满足"不与作品的正常使用相冲突"的认定要件。事实上，创设文本与数字挖掘技术版权例外规则势必对现有版权形成限制，但是域外各立法例分别创设特定的限制性条件以规避同作品正常使用相冲突的情形。例如，英国、欧盟分别在其立法文件中限制文本与数字挖掘技术复制件的交易行为。最后，文本与数字挖掘技术版权例外可以满足"不得不合理地损害权利人的正当利益"的实质性判别要件。只要我国制定文本与数字挖掘技术版权例外规则在满足促进科学文化创新的版权制度目标前提下，可以最大范围地保护权利人的正当利益，便符合了第三项认定要件。综上所述，构建文本与数字挖掘技术版权例外规则能够满足"三步检验法"的认定要件。

四、我国文本与数字挖掘技术应用版权例外规则的路径选择与构建内容

（一）我国构建文本与数据挖掘版权例外规则的路径选择

现阶段，国际规制文本与数字挖掘技术应用的版权法主要有四种模式或路径，即"默示许可模式""明示许可模式""无条件允许模式"与"有条件允许模式"。本文认为，现阶段我国版权法律制度应当采用"有条件允许模式"。

首先，"默示许可模式"无法充分保护版权者的正当利益。"默示许可模式"系《Google Books 和解协议》的核心内容，实施主体可以在版权人以明示方式退出协议之前，不经授权复制受版权保护的作品/数据库。从协议内容观察，"默示许可模式"尊重版权者的意思自治，但"先使用"的方式仍无法恢复版权人业已受到的侵权损失，而且可能受到版权制度的道德责难。其次，"明示许可模式"也存在诸多障碍与困境。"明示许可模式"是由国际出版商提出的解决方案，其有助于作品使用者规避版权侵权的法律风险。但是，限于版权许可模式无法穷尽所有作品使用情形；出版商所设置的限制性条件，无益于社会主体拓展文本与数字挖掘技术；该模式亦会伴随其他高昂的交易

成本。质言之,"明示许可模式"实质上限制文本与数字挖掘技术的创新性应用,不利于实现社会公共财富的最大化。最后,"无条件允许模式"不符合我国的司法情势。"无条件允许模式"是以美国法院适用"合理使用四要素"支持文本与数字挖掘技术形成的司法裁判态度。"合理使用四要素"的规范内容具有一定的原则性与开放性。众所周知,我国是坚持成文法传统的国家,法院在适用法律时具有较强的规则限制,如果效仿美国法院的模式实则有悖于我国司法实际,使得判决容易招致"法官造法"的质疑。同时,采用"无条件允许模式"可能直接破坏我国业已构建的版权利益平衡生态,对版权者利益形成实质损害。

然而,"有条件允许模式"是在预设特定限制要件的前提下,有限度地承认文本与数字挖掘技术应用的正当性。"有条件允许模式"本质上不同于上述三种范式,该路径的设计宗旨与现行版权制度的立法主旨契合度高。同时,也有学者通过适用"比例性考察"的方法对现有文本与数字挖掘技术版权例外的规范模式进行考察,认为采用"有条件允许模式"更能达到版权利益的最佳平衡目的。[①] 因此,基于我国版权制度的现状与版权文化产业发展的需要,把"有条件允许模式"作为我国构建文本与数字挖掘技术版权例外规则的模式相对是比较适合的。

(二) 我国构建文本与数据挖掘版权例外规则的构建内容

在《著作权法》第三次修改的背景下,通过借鉴域外制度的相关经验,提出构建我国文本与数字挖掘技术应用的版权例外规则建议,并在《著作权法》修改稿中专设文本与数字挖掘技术版权例外条款。

第一,明确合法获取受版权保护作品/数据库的主体作为主体要件。这里未采用《数字化单一市场版权指令》中"科研机构"的主体范围,其原因在于非科研性质但具备科研条件的社会主体也可以成为规范的适用主体。例如,图书馆、博物馆等公益机构。另者,"合法获取"主要是指依法获取作品的权利或者征得权利人的许可同意,途径包括订阅图书、期刊、购买数据库以

---

① 唐思慧:"大数据环境下文本和数据挖掘的版权例外研究——以欧盟《DSM版权指令》提案为视角",载《知识产权》2017年第10期,第112-113页。

及遵循创作共同协议等。①

第二，明确"非营利性"目的与用于数据与文本计算分析科学研究目的作为规范的目的要件。本版权例外规范未以"公益性目的"作为其核心要件，其原因在于"公益性"内涵范围较大，不利于保护权利人的正当利益；并且"公益性"不排斥"营利性行为"；适用"非营利性"措辞意旨避免商业公司利用版权例外规范进行"搭便车"行为。另外，实施者必须是出于数据与文本计算分析的科学研究目的，该目的映射了数字环境下文本与数据挖掘技术的核心内容；亦限制实施者利用文本与数字挖掘技术不当地开展其他行为，进而侵害权利人的正当利益。

第三，文本与数字挖掘技术版权例外规则允许复制和转码行为。复制行为是文本与数字挖掘技术应用过程中的关键步骤，通过明确赋予文本与数字挖掘技术复制行为的合法性，有利于技术的拓展与应用。《数字化单一市场版权指令》与日本版权法分别允许提取行为和转码行为，本文认为提取行为包括转码行为，转码行为可以视为提取行为的具体表现形式，两类行为实质上具有某种程度上的同质性。值得强调的是，本文建议采用"转码行为"，理由如下：我国制定法中未涉及"提取行为"，径直援引《数字化单一市场版权指令》的立法内容相当于新设权利类型，有失妥当。然而，"转码行为"不同于复制行为，该行为是将受版权保护的作品/数据库信息进行格式转化，本质为一种外在表现形式的变化，与在原有作品基础上改变作品表现形式的"改编权"具有相似性，因此转码行为可能受"改编权"的限制。有鉴于此，本文认为我国在创设文本与数字挖掘技术版权例外规范时应当允许复制与转码两类行为。

第四，确立保护权利人正当利益的具体规则，具体如下：（1）实施者应当标明数据库版权持有人的版权信息与数据库来源，而挖掘分散的文本与数据时则不需强制标注作品的版权信息。（2）不适用于未发表的作品。作者在作品创作完成后到发表之前的这段期间内具有对作品绝对的控制权，实施者

---

① 徐轩、孙益武："英国数据挖掘著作权例外条款研究及其启示"，载《图书馆建设》2015 年第 9 期，第 11 页。

在应用文本与数字挖掘技术时应当绕开尚未发表的作品，否则不满足"合法获取"的前置条件。（3）允许免费公开文本与数据挖掘的研究成果，但研究成果不能与挖掘数据来源形成实质性替代；同时，禁止将研究成果进行商业性交易。允许"免费对外公开"主要是考虑研究成果不再体现原作品的表达方式，因此研究成果不再受到版权法的束缚；加之，"非营利性"作为版权例外规范的目的要件之一，必然要求研究成果不能开展商业性交易行为。①

第五，明确版权许可协议不得排除文本与数字挖掘技术版权例外规范的正当适用。英国与欧盟立法者一致认为，文本与数字挖掘技术版权例外规范可以排除当事人间关于限制使用文本与数据信息的意思表示。倘若没有明确合同与版权例外规范的关系，那么创设文本与数字挖掘技术版权例外规范的价值与意义将可能会被全盘否定。

五、结语

文本与数字挖掘技术作为大数据时代科学研究、商业营业中重要创新技术，有其重要的工具价值，妥适地应用文本与数字挖掘技术可以更有效率地提高社会智识的"质与量"，亦可以丰富社会公众获取知识的途径。受限于我国现行的版权制度，特定主体应用与发展文本与数字挖掘技术容易引发版权侵权风险。然而，域外国家或区域已经探索通过直接立法或司法诠释把文本与数字挖掘技术融入现行版权法制度架构。我国在规制文本与数字挖掘技术版权例外时可以采用"有条件允许模式"，通过明确文本与数字挖掘技术版权例外的主体要件、目的要件、客观行为等内容，构建起稳定的文本与数字挖掘技术版权例外规则，从而在保护版权相关主体利益的同时，促进文本与数字挖掘技术等新技术的创新、应用和产业化发展。

---

① 唐思慧："大数据环境下文本和数据挖掘的版权例外研究——以欧盟《DSM 版权指令》提案为视角"，载《知识产权》2017 年第 10 期，第 116 页。

流量劫持竞争行为的正当性研究

张军强[*]

摘　要： 依据流量劫持非正当性严重程度可将流量劫持分为黑色流量劫持和灰色流量劫持。认定流量劫持行为是否具有正当性应当采用多因素分析法并进行多维度利益衡量和价值比较。"将得流量"是认定流量劫持的前提，认定时要考虑用户使用习惯、心理预期及互联网行业惯例等。在互联网竞争空间狭窄、依附巨头开展业务模式成为主导的竞争格局下，任何网络经营者均应忍受一定的干扰。通过考量正当技术接触边界、是否具有区别对待、风险提示设置标准是否科学等认定流量引导行为的正当性。最终通过保护真正的技术创新、保护消费者合法利益、具有良好竞争效果等价值因素，对流量引导行为正当性进行终极评价。

关键词： 流量劫持　互联网　不正当竞争

一、流量劫持的特征与分类

（一）流量劫持的概念

在互联网时代，流量是网络用户访问网络服务时产生的数据交互量，主要表现为用户点击量、浏览量、下载量、活跃用户量等。在内容免费时代，流量就是互联网行业的利益支柱。流量大小和高低关系着网络服务的排名、交易机会、关注度、行业声誉和网站估值等实际利益。因此，流量的争夺，

---

　　* 作者简介：张军强，男，河南焦作人，天津市高级人民法院知识产权庭法官助理，中国政法大学知识产权法博士研究生。

是互联网竞争行为的着力点。

要对流量劫持进行概念界定是比较困难的，因为互联网竞争行为不断变化、层出不穷。流量的争夺日益白热化，相应的流量劫持行为也会日益演化、不断翻新，因此很难用一个清晰的概念对流量劫持的外延和内涵进行界定。但流量劫持的本质就是通过技术手段或商业模式进行技术接触使得本应属于他人的网络流量被迫流入特定对象且具有不正当性的情形。因此，流量劫持主要有四个特性：截获他人"将得流量"；流量进入其他特定对象；劫持者与被劫持者之间存在"干扰"技术接触；具有不正当性。流量劫持对竞争的负向效果大于正向效果，属于不正当竞争的范畴。

流量劫持既是不正当竞争结果，亦是不正当竞争行为。在互联网行业，流量为王已成为竞争法则，很多竞争行为无论正当与否，其最终目的往往是争夺互联网中的流量。在这种情况下，流量损失和流量劫持往往是不正当竞争的结果。"现实中，劫持流量往往是不正当竞争行为导致的结果，但这并不影响此种行为可以成为一种独立的竞争方式，构成不正当竞争行为。"[1] 有些竞争行为本身就直接作用于流量和渠道，其表现方式也是对流量的直接引导和劫持，因此流量劫持本身也是一种竞争行为。

（二）流量劫持的类型

因为流量的重要性，流量的争夺已经与互联网企业的技术、经营融为一体，流量劫持的方式也日益增多。有法官撰文将流量劫持分为"软性"流量劫持和"硬性"流量劫持，[2] 这一分类具有一定的合理性，但仅从技术角度进行了区分。本文认为应依据流量劫持不正当性的严重程度进行分类，以此为标准可以将流量劫持分为黑色流量劫持和灰色流量劫持，前者必然构成不正当竞争甚至违法犯罪，后者是否具有正当性需要综合多种因素进行考量。

1. 黑色流量劫持

依据目前已有的技术方式，黑色流量劫持主要有两种技术。（1）通过域

---

① 张今："互联网新型不正当竞争行为的类型及认定"，载《北京政法职业学院学报》2014 年第 2 期，第 9 页。

② 袁博："流量劫持应当如何追责"，载《中国知识产权报》2015 年 12 月 9 日。

名劫持网络流量。用户登录网站时需要在地址栏输入网址，此时发出了一个HTTP请求，DNS需要对其进行域名解析。DNS劫持就是修改用户路由器DNS设置，将原本要登录的目标域名恶意解析成其他地址，将用户引导到其他网站，因此这种劫持也叫域名劫持。（2）通过用户端插件或代码修改数据。其技术原理也是在用户计算机内存中对目标程序指令所调用的运行数据进行动态修改，只是它针对的客体不是计算机软件，而是他人的网页内容。[①] 用户使用浏览器访问某网站的过程中，被他人安装插件或隐藏代码，使得页面内容被修改或强行插入各种广告，并且这些广告具有虚假性，点击这些广告会被引导到其他不相关的网站。

以上两种流量劫持方式故意侵犯消费者的知情权和选择权，强行将用户引导至无关网站，严重损害目标网站的利益，这种流量劫持行为性质严重，甚至会构成破坏计算机信息系统罪。除此之外，还会泄露个人信息、危及网络账户安全。[②] 这两种技术在实践中主要有两种表现方式，一种是在移动互联网中通过运营商端口插入或修改数据，因为手机端的数据在非WiFi环境下都是通过运营商端口进行传输；另一种是淘宝购物过程中淘宝客的违规行为，淘宝客是帮助淘宝商家进行推广并收取费用的特殊群体，淘宝客很有可能使用病毒、木马、恶意插件、非必要软件捆绑、域名劫持、篡改用户信息等方式截取正常的流量。为防止上述行为，阿里巴巴公司开发了反作弊系统，可以对有上述行为的商家进行处罚或断开链接。由此引发的诉讼在司法实践中亦数量不低，这类案件案由多为网络服务合同纠纷。[③] 这类案件中的流量劫持行为不正当性较为明显，承担法律责任并无太大争议，司法实践中对此类案件的处理亦比较成熟，此类案件不是本文关注的重点。

2. 灰色流量劫持

灰色流量劫持是指其引导流量的技术和方式具有一定的正当性，对消费者具有一定的正向价值，但也会对行业竞争引发一定的负向价值，并且最终

①　宋亚辉："网络干扰行为的竞争法规制——'非公益必要不干扰原则'的检讨与修正"，载《法商研究》2017年第4期，第92页。
②　孙益武："流量劫持的法律规制与司法实践"，载互联网法学公众号2017年8月27日。
③　杭州市余杭区人民法院〔2015〕杭余民初字第171号民事判决书。

结果仍是对本属于他人的将得流量进行劫持。这类流量劫持行为是否具有不正当性应当进行多因素考量，不能仅依据技术方式简单得出结论。此类流量劫持主要有以下几类：（1）比价软件流量劫持；（2）输入法搜索候选流量劫持；（3）应用市场 App 下载流量劫持；（4）安全软件流量劫持；（5）导航网站流量劫持。这几类流量劫持因为具有技术创新、方便消费者、清除安全隐患等正向价值，因此对其进行定性要进行复杂的价值考量和伦理判断。

除此之外，通过设置关键词搜索、竞价排名等方式，① 将他人的商标或字号设置为商业推广关键词，消费者在进行搜索时，排名靠前的链接信息与搜索关键词并无关联，从而将消费者导流至其他网站，也具有流量劫持的特性。垂直搜索案件的定性规则亦比较明确，即"垂直搜索"网站对特定行业网站信息的使用，不得对该网站造成市场替代的后果，否则，其提供的具体形式的"垂直搜索"服务可能被认为不具有合法性。② 关键词搜索和垂直搜索行为虽亦属于流量劫持，但对这类行为的司法规制较为成熟，本文不再进行探讨。

灰色流量劫持虽然案件数量较多，但依据其为消费者提供的服务类型，可以将其总结为以下三类。

（1）基于比价软件的流量劫持。主要案例是"淘宝网诉帮 5 买网站案"③；（2）基于搜索候选的流量劫持。主要案例是"百度诉搜狗案"④；（3）基于安全风险提示的流量劫持。典型案例是"百度诉奇虎 360 插标案"⑤。

二、流量劫持行为的特征

灰色流量劫持行为一般具有以下特征。

---

① 上海市第二中级人民法院〔2007〕沪二中民五（知）初字第 147 号民事判决书、北京市海淀区人民法院〔2017〕京 0108 民初 20645 号民事判决书。

② 王迁："'垂直搜索'的著作权侵权问题研究——兼评'大众点评网诉爱帮网案'及'携程网诉趣拿网案'"，载《电子知识产权》2009 年第 11 期，第 54 页。

③ 上海知识产权法院〔2017〕沪 73 民终 198 号民事判决书。

④ 北京知识产权法院〔2015〕京知民终字第 2200 号民事判决书、北京知识产权法院〔2015〕京知民终字第 557 号民事判决书。

⑤ 北京市高级人民法院〔2013〕高民终字第 2352 号民事判决书。

（一）被劫持方均是基于免费模式开展业务

从互联网进入我国开始，向全社会普及的过程几乎都是采用免费的商业模式。① 这种免费模式既吸引了亿万网民，同时也培养了网民免费的消费习惯。无论淘宝网站搭建的免费购物平台，还是网址导航网站免费对网址进行搜集、排行、导航，以及搜索引擎提供免费的搜索服务。这些业务均形成了免费提供服务并通过广告等其他方式进行盈利的商业模式。法院在判决中，通常也会对被劫持方的商业模式进行分析，并论证这一商业模式具有正当性，应当受到保护。

有学者指出，法益是中性的，因此法益不能财产化，不能因为该商业模式、商业机会是合法的，所以认为侵犯该商业模式就构成不正当竞争，这样保护的落脚点就不是竞争本身而是该法益，会使得法益变成"准财产"。② 这一观点有一定的合理性，有竞争就会产生损害，一味限制损害的发生，只会限制竞争，甚至打击良性竞争。但是并不意味合法的法益或者商业模式就不能成为认定不正当竞争的因素，该法益之所以合法，是因为其具有一定的正当性，是被劫持方在付出较大成本的基础上实现的，如淘宝在付出较高成本后才能使其成为购物优选网站。商业模式不能被财产化，不等于流量不具有财产属性。当然，这并不是说其付出巨大成本获取的流量就应当永久固定并被持续保护。如果社会技术进步，商业模式更迭，无论其之前积累的流量资源和市场知名度多高，均可被市场竞争淘汰。即便法益是中性的，法益也具有动态正当性，不合理的引导流量，也是认定构成不正当竞争的考量因素。

（二）劫持者和被劫持者在细分领域存在流量差距

此类案件，一般被劫持者已经积累了一定的市场知名度、市场声誉，处于某细分领域的翘楚，具有较强的流量能力。而劫持者往往是既有模式的挑战者，尚处于市场开拓期。因此劫持者需要借助被劫持者的强大流量能力，

---

① 张今："互联网新型不正当竞争行为的类型及认定"，载《北京政法职业学院学报》2014 年第 2 期，第 9 页。

② 孔祥俊："论反不正当竞争法的基本范式"，载《法学家》2018 年第 1 期，第 58 页。

增加自己的访问量或交易机会。如果将被劫持者比作大树，劫持者更像藤蔓，既依靠大树，也与大树争夺养料。流量劫持是一种跳过流量原始积累过程，通过劫持进行的"走捷径"行为。

（三）两者之间存在技术接触

劫持者与被劫持者之间的竞争并不是互相分离、无不干扰、各自发展的竞争，而是存在技术接触或者某种技术联系。因为劫持者与被劫持者是藤蔓与大树，两者之间必然会产生接触。如帮5淘在淘宝网站页面插入比价软件和减价按钮，搜狗输入法用自己的搜索等候关键词覆盖原百度的下拉提示词，网址导航网站通过安全软件将自己的网址导航网站覆盖之前的网站。因此被劫持者与劫持者之间存在引导、覆盖、风险评价、比较等具有技术接触的行为。

为了争夺流量进行互相影响是不可避免的，只要不违背诚实信用原则和公认的商业道德，就属于正当竞争的范畴，如果采用互相之间非因公益和必要"不干扰"的立场，则限制了相当一部分原本正当的竞争行为。[①] 本文在这里并没有使用干扰一词，而是使用较为中性的技术接触。因为一方主动依附在另一方流量之上，并存在技术接触，对劫持方的行为应当进行较为严格的正当性方面的考察。如果劫持者与被劫持者之间不存在任何技术接触，而利用用户体验、内容、创新等方式进行争夺流量，则一般属于正当竞争的范畴。

（四）劫持方的技术或商业模式对社会有一定的益处

灰色流量劫持不同于黑色流量劫持，其本身对社会有一定的益处，好坏兼具的特性导致对其行为或商业模式进行评价时会乱花渐欲迷人眼。如帮5淘比价软件，可以帮助消费者搜集全网的商品价格信息，既可以找到最低价，同时为用户节省了货比三家的时间。安全软件虽然通过评价引导了流量，但是其发挥着安全卫士的作用，帮助消费者过滤了大部分的网络风险。利用搜索等候功能，覆盖其他搜索引擎的下拉提示词，可以方便用户进行检索，提

---

① 宋亚辉："网络干扰行为的竞争法规制——'非公益必要不干扰原则'的检讨与修正"，载《法商研究》2017年第4期，第95页。

升用户体验。因此灰色流量劫持均对社会整体福利具有一定益处。若劫持流量没有任何正向价值，则直接构成不正当竞争。这一特性决定了，在认定某行为是否构成不正当竞争行为时，必须综合考察其正向价值和负向价值，依据比例原则进行判断。

三、流量劫持行为的认定因素

如何确立互联网竞争领域的秩序规则，有法官总结了"非公益必要不干扰"原则，其内容为只有处于保护公共利益的需要，在特定情况下可以干扰他人互联网产品或服务的运行，但是，应当确保并证明干扰手段的必要性和合理性。① 这一原则的创立，为互联网竞争秩序作出了一定的贡献，同时也引发了较大的争议，不断有文章批评这一原则。针对流量劫持行为认定，本文认为应当以鼓励创新、鼓励竞争、倡导网络活力为价值导向，采用多因素考量法和利益衡量原则进行综合认定。

（一）"将得流量"是认定流量劫持的前提

"将得流量"是指按照用户使用习惯和互联网商业惯例，互联网产品或服务的提供者因其提供的产品或服务行为即将获得的准流量。流量劫持就是将他人的"将得流量"通过技术手段或商业模式引流到劫持者名下，并且引流行为具有不正当性。如果在流量被夺走前，被劫持者的网络服务行为尚未开展，则这部分流量不属于其"将得流量"而属于自由流量，对自由流量的争夺不属于流量劫持。将得流量的认定应当考虑下列因素。

1. 被劫持者已经提供或部分提供了互联网产品或服务

被劫持者提供了互联网产品或服务是其获得"将得流量"的正当性基础。依据激励理论，付出劳动方应当获得由此产生的流量。有些被劫持者仅提供了部分产品或服务，比如在淘宝诉帮 5 淘案件中，淘宝提供了购物平台，但是最终的用户因点击减价按钮而在帮 5 买网站完成交易。在这个过程中，淘宝为用户提供了平台准入和获取商品信息的服务。尽管淘宝仅提供了部分

---

① 石必胜："互联网竞争的非公益必要不干扰原则——兼评百度诉 360 插标和修改搜索提示词不正当竞争纠纷案"，载《电子知识产权》2014 年第 4 期，第 30 页。

服务，但这部分流量应被认定为其"将得流量"。

2. 依据用户的使用习惯和心理预期，"将得流量"应流入被劫持者

在百度诉搜狗输入法案中，法院认定在搜索框中输入关键词，出现搜索候选提供方式，在用户不知情的情况下，基于用户已经形成了使用百度下拉提示词列表的使用习惯，用户以为点击提示词进行的搜索仍是在百度中进行搜索，点击后却打开了搜狗搜索，因此这部分流量应当属于百度的"将得流量"。当然，用户的使用习惯并不是一成不变的，随着技术的发展，用户的使用习惯和心理预期也会随之调整。因此，对这一因素的把握应结合当时的互联网行业状况。

3. 依据互联网行业惯例，将得流量应流入被劫持者

依据基本的行业惯例和行业的普遍认知，提供了某种产品或服务的提供者，或者作为具有市场优势地位的服务渠道的准入者，用户首先从该渠道接受服务，一般该流量可以认为属于其"将得流量"。互联网行业惯例也不再是宏大虚无的规则，行业组织已经制定了一些自律性规范。2017 年 11 月，中国互联网协会正式对外发布了《移动智能终端应用软件分发服务自律公约》。腾讯、华为、阿里、小米、百度等 16 家成员单位在北京共同签署了该公约。有法官亦指出，人民法院在判断该自律公约相关内容合法、公正和客观的基础上，可以将互联网行业协会组织其会员起草并签署的行业自律公约的相关约定作为认定互联网行业惯常行为标准和公认商业道德的参考依据。[①]

但需要注意的是，"将得流量"是认定流量劫持的前提，但不是最重要的要件，更不是唯一要件，是否构成不正当竞争还需要结合其他因素进行综合考量。

（二）客观上，流量引导行为具有不正当性

前文已经分析了流量劫持行为必然有引导、覆盖、插入标识、风险评价、比价等技术接触行为，互联网竞争并不是互相独立、互不干扰的竞争。只有超过了正当边界的流量引导行为才具有不正当性。

---

① 王艳芳："《反不正当竞争法》在互联网不正当竞争案件中的适用"，载《法律适用》2014 年第 7 期，第 5 页。

1. 对干扰不应作负面评价

在互联网时代，竞争行为产生了一些新的特点：（1）移动互联网的发展，使得流量争夺空间日益狭小，许多竞争甚至仅集中在手机屏幕的方寸之间。（2）互联网行业互相导入流量、互相依存、互相借助对方产品界面开展服务已经成为常态，互联网产品的依附性逐渐增强。（3）互联网商业模式创新频繁，新的商业模式容易侵占传统模式的利益。（4）跨界竞争、跨产品类别竞争日益增多，比如搜狗输入法也提供搜索引擎服务。（5）行业巨头已经形成，小型科技企业缺失发展壮大的机会，只能开展依附性业务。这些大型企业在国内互联网各领域内的地位已经难以被撼动，颠覆当前这种市场格局的替代性竞争力量非常薄弱。[1] 基于现在我国的互联网竞争格局，对互联网产品或服务之间的互相干扰不应作负面评价，亦不能对其进行严格限制。

首先，竞争伦理标准以盈利和效率为价值导向，不同于生活道德标准。有学者指出商业伦理标准是经济人的伦理标准，必须以市场效率为基础和目标。[2] 事实上，任何竞争行为都难免会给对方造成一些事实上的不利影响，使得对方顾客减少、盈利能力下降等，这种情况是正常的竞争，不能说是一种"干扰"对方的行为。[3]

其次，在互联网竞争空间狭窄、依附巨头开展业务模式主导的情形下，流量的争夺必不可少。在互联网争夺流量的时代，创新更多地来自经营者技术或商业模式之间激烈的撞击，而非各自在自己"地盘"上互不干扰的和平共处。[4] 在这种情况下，干扰是互联网竞争的常态，只有特殊情况下的干扰才能被认定为不正当竞争。如果将互不干扰上升为法律原则，那么势必减损互联网行业活跃程度和创新能力，过多干预必与市场经济的价值理念背道而驰。因此，干扰是常态的，是中性的。

---

① 张今："互联网新型不正当竞争行为的类型及认定"，载《北京政法职业学院学报》2014 年第 2 期，第 9 页。

② 孔祥俊："论反不正当竞争法的竞争法取向"，载《法学评论》2017 年第 5 期，第 29 页。

③ 薛军："质疑'公益必要不干扰原则'"，载《电子知识产权》2015 年 21 期，第 68 页。

④ 范静波："互联网环境下干扰行为是否构成不正当竞争的判断"，载上海知识产权法院公众号 2018 年 3 月 29 日。

2. 要考虑正当技术接触的边界

引导、覆盖、插入标识、风险评价、比价等技术接触行为，正当的有之，不正当的亦有之。在认定流量引导行为是否具有不正当性时应当考察正当技术接触行为的合理边界，超出合理边界则具有不正当性。如在淘宝诉帮5淘案件中，法院认定比价软件对消费者有益，因此其在技术上修改页面代码、插入多种标识是正当的。但是帮5淘的减价帮购行为构成了不正当竞争行为，因为对比其他比价软件，均没有利用淘宝的流量增加自己的交易机会。因为这种流量劫持行为，在客观上会使得消费者发生"分流"，从而在减少他人商业机会的基础上增加自己的出场概率。① 因此认定帮5淘的行为超出了比价软件的合理边界。对比其他同类产品的经营模式进行判定，其本质是在参考行业惯例和行业一般认识对该行为的评价。

3. 是否具有区别对待和歧视性待遇

针对任何主体、在任何环境下，无歧视的提供互联网服务是互联网行业的基本准则。相反，如果针对不同主体，实施干扰程度不一的区别对待，则有可能构成不正当竞争。实践中，有些技术接触行为是专门针对某些竞争对手而研发的，对特定对象市场优势的限制性干扰会降低该特定对象参与公平市场竞争的机会。在2345网址导航诉金山毒霸案中，法院查明金山毒霸在猎豹浏览器和搜狗浏览器中未采取更换、覆盖用户网址导航首页的技术措施，这一行为也成为认定金山毒霸具有不正当性的重要因素。

4. 正确考量安全软件的风险提示

因为安全软件提供的服务关系到网络安全、数据安全等公共利益，以及广大消费者的利益，因此安全软件具有一定的网络特权。安全软件的功能具有独特性，其拥有可以充分干扰、评价、拦截、屏蔽其他网络产品和服务的技术优势和权利优势。

但是部分安全软件利用其风险提示进行流量引导，超出合理边界，并形成了"风险提示 + 导流至自身"的模式。根据调研，目前的风险提示主要有以下三类。

---

① 袁博："流量劫持应当如何追责"，载《中国知识产权报》2015年12月9日，第008版。

（1）正当性提示，即检测出客观真实的网络风险并对用户进行提示。

（2）诱导性提示，即通过夸大特定主体或网页的风险系数，或对用户进行恐吓性提示，逐步引导用户至其自己提供的产品或服务。其中诱导性服务仅使用诱导性语言，但并未对竞争对手提供虚构的风险提示。如在 2345 网址导航诉金山毒霸案中，金山毒霸仅表述其他网址导航可能存在风险，点击一键升级即可避免。

（3）欺诈性提示，通过提供虚假不实的风险提示，甚至是诋毁性提示，逐步引导用户至其网站。

诱导性提示和欺诈性提示，具有不正当性。安全软件的非客观真实的风险提示具有客观上引导流量的绝对作用，因此，基于这两类风险提示进行的流量引导具有不正当性。

接下来需要探讨正当性风险提示的设置标准。安全软件企业是否可以依据自己内部标准设置安全风险提示，即该安全软件企业是否可以以其自己的标准和认知水平定义"风险"？答案是否定的，基于安全软件的特殊职能及其在流量引导方面绝对优势地位，特别是其进行风险提示的方式具有较强的干扰性，如插标、高亮感叹号等明显标记，因此安全软件的风险提示标准必须符合真实客观性。本文认为风险提示的设置标准应当符合以下三个条件：（1）客观的重大风险及重大风险可能。（2）依据国际惯例或行业普遍标准。互联网行业的基本准则作为互联网行业领域普遍认知和接受的行为标准，实际上就是互联网行业的商业道德[①]。（3）最低特权性。

在考量安全软件的行为是否具有正当性，应当以最小特权为主要原则对其进行考察。衡量其因设置风险提示对被干扰者、消费者产生的正向效果与同时带来的负向效果进行比较。因为面对复杂的互联网安全环境而负有独特功能的安全软件，应当赋予其为保护用户上网安全等"实现其功能所必需为前提"的最小特权，安全软件提供方不能借以获得过度的、譬如在搜索引擎

---

① 张平："《反不正当竞争法》的一般条款及其适用——搜索引擎爬虫协议引发的思考"，载《法律适用》2013 年第 3 期，第 49 页。

特定搜索结果中添加安全警示之"插标"的不当特权。[①]

（三）保护真正的技术创新

互联网领域之所以发展迅速、更迭频繁，是因为其具有较强的创新能力。这与互联网环境鼓励创新、崇尚自由、不故步自封有很大的关联。真正的技术创新能够促进社会进步、经济发展和消费者生活水平的提升。因此，保护真正的技术创新亦是互联网行业的重要秩序规则。新的技术、新的商业模式一经问世，必然会对传统技术和模式产生冲击。此时，就会有一些灰色流量劫持行为打着技术创新的幌子，进行不正当竞争。注意区分技术进步、科技创新与不正当竞争的界线，而不是仅有某些技术上的进步即应认为属于自由竞争和创新。[②] 否则，互联网企业均会在进行流量劫持时，进行微小的技术调整和创新，从而戴着技术创新的帽子，扰乱互联网竞争秩序。任其发展，互联网领域必将乱象丛生、规则全无。

判断是否具有真正的技术创新时，应当综合考虑以下因素：（1）具有较强的创新性，具有明显的技术进步或模式更新。（2）是否有助于提升社会经济效率，促使某领域内的经济结构优化。（3）能否促进社会整体福利的增加。当然，真正的技术创新并不像专利审查一样，对其创新性进行客观的审查，而是一种价值判断，在充分认识和考量该技术（模式）背景、特征、运行机制、作用、效能之后，进行整体性的价值判断。对于真正的技术创新，要包容呵护；对于假借创新之名的行为要进行及时调整。

（四）保护消费者的合法利益

从世界各国的立法情况来看，保障消费者选择权或保护消费者权益通常是反不正当竞争法的终极目标，力求实现消费者福利的最大化。[③] 我国反不正当竞争法修改之后，在立法宗旨中增加了保护消费者的合法利益。因此，

---

① 陶鑫良："非公益必要不干扰原则与反不正当竞争法一般条款适用"，载《电子知识产权》2015年第3期，第30页。

② 王艳芳："《反不正当竞争法》在互联网不正当竞争案件中的适用"，载《法律适用》2014年第7期，第7页。

③ 张素伦："互联网不正当竞争行为的判定应引入消费者权益因素"，载《电子知识产权》2014年第4期，第28页。

消费者的合法利益是在规制流量劫持行为时的价值追求。

首先，要保护消费者的知情权和选择权。很多流量劫持行为，是在用户不知情的情况下进行流量引导，并且不给用户选择的机会。比如帮5淘的减价帮购功能，并未充分告知用户，已将页面跳转至帮5网进行商品买卖；金山毒霸进行更换、覆盖原网址导航首页时，是通过笼统的一键升级功能，就实施了对网址导航页面的覆盖；搜狗输入法下拉提示词，点击后直接跳转至搜狗的搜索引擎页面，并未给用户选择百度搜索还是搜狗搜索的机会，直接强行将用户转入搜狗搜索。随着网络技术的发展，许多链接技术并不显示跳转过程，这有助于效率和用户体验的提升，流量引导过程的简化应当保护，但应保障最起码的用户知情权和选择自由。因此，是否充分保护消费者的知情权和选择权是认定流量劫持的重要参考因素。

其次，要保护消费者的长远利益。在互联网环境下，消费者指的是自然人消费者，并不是公司消费者，换言之，保护的是广大具体的网民。对消费者利益的判断也是抽象性、整体性的判断，而非具体性的判断，即在价值选择上，并不保护特定消费者或少数消费者的利益。最终，要保护消费者的长远利益而非短期利益。

（五）具有良好的竞争效果

随着反不正当竞争法互联网专款的制定，以及针对部分灰色流量劫持行为的司法判决的出台，互联网企业之间的竞争行为也在不断调整。被法律评价为不当的竞争行为，会立刻消失。互联网企业会绕过旧的行为，开发新的技术和模式进行新一轮的流量争夺，因此互联网竞争行为具有动态调整性。由中心侵权变成边缘侵权，由黑色流量劫持变成灰色流量劫持。在这种情况下，灰色流量劫持行为的判断更加复杂，需要进行利益衡量和价值比较。这也决定了正当性判断时刻要把握好比较利益和比例原则，这使得判断标准具有很强的相对性。[①]

互联网竞争行为具有良好的竞争效果，是指该行为尽管给被劫持者造成了一定程度的流量损失，但这种流量劫持行为并没有损害互联网行业的竞争

[①] 孔祥俊："论反不正当竞争法的基本范式"，载《法学家》2018年第1期，第66页。

机制。无论采用何种不断翻新的流量劫持行为，只要不损害竞争机制，则属于正当竞争。这种竞争机制是指可以在良性竞争的框架下开展的有效竞争，而非开展恶性循环竞争。例如，比价软件会显示某一商品的价格高低差别，会将消费者引导至价格低的网站，但这种比价可以促进购物网站之间开展提升用户体验、降低价格的良性竞争。但通过减价按钮，将流量引导至自己的网站，且让消费者误认两个网站之间存在特定关联，这样就会损害竞争机制。这种竞争只会导致淘宝网开发拦截比价插件的技术，最终将竞争引向拦截和反拦截的技术装备竞赛，形成恶性竞争。考察时，重点对竞争效果进行正向效果与负向效果的分析和对比，如果负向效果大于正向效果，则该行为很有可能损害竞争机制。

反不正当竞争法作为行为法，其终极目标是保护竞争和良性竞争机制，使得互联网主体可以在良性的竞争机制中开展有效竞争。基于这一定位，法院在裁量时，不应采用"商业模式是正当的——破坏该商业模式就是不正当竞争行为"的分析思路，这种思路只会使得某种商业模式或法益"财产化"。同时基于鼓励竞争的价值理念，亦不用对被告的主观意图进行过多的分析和考量，因为任何竞争都是围绕流量开展的，都有一定的趋利避害性。依据其主观上具有劫持流量的目的，而认定其行为客观上具有不正当性，会导致司法过多干预市场竞争，将本来中性的流量竞争行为非法化，最终降低市场竞争活力。

另外，关于网络竞争领域是否有防卫权，即针对劫持方在先的不正当行为开展报复性的技术行为进行互相干扰是否正当。本文认为在良性的竞争机制中，合理合法的开展技术防御措施具有正当性，但技术防御措施不能超越正常的边界，即便对方不正当在先，但"以暴制暴、以恶灭恶"的报复性技术行为具有不正当性。报复性技术行为只会导致在私力救济中产生恶性循环竞争，大大损伤良性竞争机制。

四、结语

互联网领域中，随着流量劫持等网络竞争行为的不断自我调整，流量劫持行为日益向灰色地带发展，大多数劫持流量行为对社会也有一定的益处。对其正当性的评价，应采用多因素考量法和利益衡量原则进行综合认定。应综合考虑网络竞争空间、用户的使用习惯和心理预期、是否符合行业惯例、是否有歧视性待遇、是否是真正的技术创新、是否符合消费者利益、是否具有良好的竞争效果等因素进行利益衡量和价值比较。技术是常新的，司法在调整互联网竞争秩序时应保持谦抑性，应当在技术背景高度熟悉、同类案例广泛积累、理论研究深度挖掘后，才可以突破个案调整进行定论式调整和原则提炼。

类集体管理组织诉权问题研究

张俊发 *

摘　要： 类集体管理组织以自己的名义起诉面临两大理论困境：一是类集体管理组织与著作权人签订的合同效力，二是类集体管理组织诉权基础。由于《著作权集体管理条例》第6条并非效力性强制性规定，类集体管理组织与权利人签订的合同在满足合同其他有效要件的前提下应为有效。类集体管理组织与著作权人的关系是一种行纪关系，因此其诉权基础并不是来自实体权利，而是源于任意的诉讼担当。从提升著作权许可效率以及完善著作权集体管理组织有效性而言，应承认类集体管理组织的合法性，但是对其集体管理行为也应有所限制。

关键词： 类集体　诉权　诉讼担当

一、引言

无救济则无权利，当事人提起诉讼是其获取救济的重要方式之一。一般来说，诉讼标的之权利义务或法律关系所归属之主体，就涉及该权利义务或法律关系的诉讼，通常有进行诉讼的权能，就有当事人资格。① 例如，在著作权侵权纠纷中，第三人未经许可使用著作权人作品，在没有法定理由的情形下构成侵权，著作权人有权向人民法院起诉行为人以获取救济，著作权人是正当当事人。但在某些情况下，基于权利人的意思或法律的规定，一些主

---

　* 作者简介：张俊发，男，南京师范大学2017级博士研究生，研究方向为知识产权。
　① 刘学在："著作权集体管理组织之当事人适格问题研究"，载《法学评论》2007年第6期。

体可就他人之间的法律关系以自己名义起诉而成为适格的当事人。但基于权利人的意思授予一些主体以自己的名义起诉是否均能成为适格当事人则存在争议。

近年来，一些著作权人与类集体管理组织签订授权协议从著作权人处获得集中行使著作权人的权利并以自己的名义提起诉讼的权利。所谓类集体管理组织是指未经行政机关审批成立，但从著作权人处获得与著作权集体管理组织无实质性差异权利的市场主体称为类著作权集体管理组织。[①] 然而，这种类集体管理组织提起诉讼的情形，在实践中遭遇了困境。

首先，不同的法院对于著作权人与类集体管理组织签订的授权合同中有对著作权的独家管理权，并有权以自己的名义向侵权使用者提起诉讼的内容是否属于《著作权集体管理条例》规定行使著作权集体管理的行为存在不同认识。有法院认为：从授权合同以及当事人之间《授权证明书》等证据可以证实，基于著作权人的许可和授权，类集体管理组织享有对涉案作品的权利，且有权以自己的名义向侵权使用者提起诉讼。其行为不属于《著作权集体管理条例》规定行使著作权集体管理的行为。[②] 有的法院则持相反观点。在"深圳市声影网络科技有限公司与南京光阳娱乐有限公司著作权侵权纠纷再审申请案"中，法院认为：就授权内容来看，此类版权代理公司实质上是在行使著作权集体管理组织的相关职能及权利，违反《著作权集体管理条例》关于除著作权集体管理组织外，任何组织和个人不得从事著作权集体管理活动的禁止性规定，因此，在《中华人民共和国著作权法》（以下简称《著作权法》）与《著作权集体管理条例》未赋予非集体管理组织与集体管理组织相同的法律地位和权利的情况下，深圳声影公司对涉案音乐电视作品进行集体管理，并以自己的名义提起诉讼，没有法律依据。[③]

其次，在认定合同有效的前提下，不同的法院对于类集体管理组织获得权利性质存在争议。有的法院认为：著作权人与类集体管理组织所签订的授权许可合同中，既授予了专有许可权也授予了信托财产权。在"广州市旭森

---

① 陈小珍："类著作权集体管理组织的诉权"，载《人民司法》2017 年第 25 期。
② 安徽省合肥市中级人民法院〔2018〕皖 01 民终 2228 号民事判决书。
③ 江苏省高级人民法院〔2016〕苏民申 2496 号民事裁定书。

餐饮娱乐有限公司与深圳市声影网络科技有限公司著作权侵权纠纷上诉案"中，法院认为：在当事人之间的合同中既有实体性授权，也有管理性授权。原告深圳市声影网络科技有限公司依据前述实体性授权有权提起本案诉讼，是诉讼中的正当当事人。① 也有法院认为：著作权人与类集体管理组织所签订的授权许可合同中没有信托财产权的授予内容，只是实体权利的授予。在"广州酷狗计算机科技有限公司诉看见网络科技（上海）有限公司等侵害表演者权纠纷案"中，② 法院认为：看见网络科技（上海）有限公司经姚某蓓的授权取得了包括涉案乐曲在内多首乐曲的表演者的信息网络传播权及以自己名义依法维权的权利，故看见网络科技（上海）有限公司有权提起本案诉讼。

因此，问题的关键在于类集体管理组织与著作权人签订的合同是否有效？若有效且获得诉权，那么诉权的基础是什么？此外，类集体管理组织行使诉权是否真的是集体管理行为，集体管理行为的判断标准是什么？上述问题的回答，无论对于司法的统一性，还是对于著作权集体管理制度的完善而言都有着重要的意义，本文拟对上述问题进行研究。

二、类集体管理组织与权利人签订的合同并非无效

目前的司法实践中，一个具有争议的问题是，类集体管理组织与著作权人所签订的合同是否因违反《著作权集体管理条例》关于除著作权集体管理组织外，任何组织和个人不得从事著作权集体管理活动的禁止性规定而归于无效？在实务中，出现了对此问题肯定的回答。

在"北京三面向版权代理有限公司与湛江日报社侵害作品信息网络传播权纠纷案"中，法院认为：根据《著作权法》第8条的规定，著作权人和与著作权有关的权利人可以授权著作权集体管理组织行使著作权或者与著作权有关的权利。北京三面向版权代理有限公司作为企业法人，显然并非《著作权法》所规定的非营利性著作权集体管理组织，因此，詹某将其著作权授予

① 广州知识产权法院〔2017〕粤73民终1006号民事判决书。
② 上海知识产权法院〔2017〕沪73民终203号民事判决书。

北京三面向版权代理有限公司的行为不符合法律的规定，不产生该法所规定的授权行为的效力，故不能据此以其自身名义为涉案文字作品的作者主张权利或以其自身名义进行诉讼。①

这实际上是认为，类集体管理组织与著作权人签订的著作权许可合同因违反《著作权集体管理条例》第 6 条的禁止性规定而无效，因此类集体管理组织不是著作权被许可人，不享有在著作权侵权纠纷案件中的诉权基础。在合同效力问题上，既有学说判断合同有效性的最主要根据是意思自治或者合意。双方当事人按照自己的真实意思订立了合同，法律基于鼓励缔约目的通常承认该合同为有效。② 当然合同也可能因违反《中华人民共和国合同法》（以下简称《合同法》）第 52 条第 5 项规定而归于无效。

然而，对于违反上述条款的合同是否一律认定为无效，却存在争议。这是因为法律规范区分为强行性规范和任意性规范、强制性规定与禁止性规定、效力规定与管理性规定，并非违反强制性规定的合同都必然无效。《中华人民共和国民法总则》（以下简称《民法总则》）第 153 条规定：违反法律、行政法规的强制性规定的民事法律行为无效，但是该强制性规定不导致该民事法律行为无效的除外。事实上，该条款赋予了法官在审理某一条款是否属于强制性规范的自由裁量权。也就是说，法官在审理涉及合同效力问题时，若合同内容违反了法律、行政法规的强制性规定法官是存在自由裁量权的，并非违反强制性规定就一律导致合同无效。一般而言，强行性规范分为强制性规范和禁止性规范。而禁止性规范划分为效力性的禁止性规范和管理性的禁止性规范。③ 前者是导致合同绝对无效的情形，而后者并非导致合同必然无效。④

因此，问题在于，类集体管理组织与著作权人签订的著作权许可合同中规定了著作权集体管理的内容是否因违反《著作权集体管理条例》第 6 条而

① 广东省湛江市中级人民法院〔2016〕粤 08 民初 139 号民事裁定书。
② 孙良国："再论公务员违反禁止性规定订立营利性合同的效力——以学界通说和法院判决为评判对象"，载《浙江社会科学》2011 年第 8 期。
③ 王轶：《民法原理与民法学方法》，法律出版社 2009 年版，第 208 – 222、245 – 252 页。
④ 同上书，第 251 页。

归于无效，换言之，该条是否属于效力性禁止性规范。对于这一问题的回答需要回到效力性禁止性规范的认定标准中。

对此，王利明教授认为，效力性规范可以采取以下标准：第一，法律法规明确规定违反禁止性规定将导致合同无效或不成立的，该规定属于效力规范；第二，法律法规虽没有明确规定违反禁止性规定将导致合同无效或不成立的，但违反该规定以后若使合同继续有效将损害国家利益和社会公共利益。① 也有学者从类型化的角度分析认为，效力性强制性规定可以分为涉及合同资质缺乏类和合同行为禁止类。前者类型中，若缺乏职业、行业以及企业组织等一般市场准入资质不会影响合同效力，只有涉及重大公共利益的国家限制经营、特许经营以及法律、行政法规禁止经营的市场准入资质缺乏才会影响合同效力。后者类型中，只有涉及法律对行为对象的禁止、行为本身的禁止以及行为超过特定限量的禁止是效力性强制性规定。②

在市场经济条件下，合同的重要作用在于，通过当事人的合同行为达成某种交易，进而实现资源交换，以促进市场经济的发展。其作为私法主体自主型构法律关系的基本工具，在某种意义上具有"私人立法"的品格，但这种个别私法规范欲在整个私法体系中产生效力，又须以其不违反强制规范为前提。③ 合同当事人的一些行为若违反社会公共利益，则不应被法律所允许，例如，人体器官买卖、毒品买卖等行为均被法律所禁止。这些行为之所以被法律所禁止，是因为这种禁止的目的旨在排除法律所不愿的某种后果出现。法律不愿某种对法律秩序和重大社会公共利益相抵触的行为后果出现，因而通过效力性强制性规定致使合同无效从而防止该类行为的发生。④ 可见，若当事人之间的合同违反了法律明确规定强制性规范时，当事人之间设立的合同应当归于无效。法律未明确规定时，若继续履行该合同将严重损害国家和社会公共利益时也应当归于无效。

---

① 王利明：《合同法研究》，中国人民大学出版社 2002 年版，第 658 页。
② 石一峰："效力性强制性规定的类型化分析"，载《武汉大学学报（哲学社会科学版）》2018 年第 2 期。
③ 姚明斌："效力性强制规范裁判之考察与检讨"，载《中外法学》2016 年第 5 期。
④ 石一峰："效力性强制性规定的类型化分析"，载《武汉大学学报（哲学社会科学版）》2018 年第 2 期。

诚然，类集体管理组织与多数著作权人签订的合同内容中包含著作权集体管理的内容，但这并不违反强制性规定中的效力性规定，其内容只是违反了管理性规范。管理性规范旨在管理和处罚违反规定的行为，但并不否认该行为在民商法上的效力。效力性规定是指法律及行政法规明确规定违反该类规定将导致合同无效的规范，或者虽未明确违反之后将导致合同无效，但若使合同继续有效，将损害国家利益和社会公共利益的规范。[①]

按照上述标准，《著作权集体管理条例》第 6 条所规定的内容不属于效力性禁止性规范。因此，类集体管理组织与著作权人所签订的合同并不因违反禁止性规定而归于无效。

首先，效力性强制性规定设置的目的旨在排除法律所不愿的某种后果出现而设立，这种后果一般是严重违反社会公众利益，例如，毒品买卖、人体器官买卖。类集体管理组织行使著作权集体管理行为，其不仅不违背法律的宗旨，造成对法律秩序和重大社会公共利益相抵触的行为后果出现，相反类著作权集体管理组织实施集体管理行为还有助于提升著作权的许可效率，促进版权产业的发展。例如，以网络服务提供者作为音乐著作权集体管理者不仅能提升网络传播的效率，而且有助于打击网络盗版和版税的计算。[②]

其次，这种主体资格性规范按照合同法学界的观点，其不属于效力性强制性规范。正如《中华人民共和国公务员法》（以下简称《公务员法》）第59 条第 16 项所规定，公务员必须遵纪守法，不得违反有关规定从事或者参与营利性活动，在企业或者其他营利性组织中兼任职务。若公务员违反纪律在营利性组织中兼任职务并且签订了合同，合同是否因其是公务员而归于无效，司法实践对此作出了否定的回答。在"杨某等诉李某荣等合伙纠纷案"中，法院认为，我国公务员法中关于公务员不准经商办企业的规定属于管理性规定而非效力性规定，根据最高人民法院相关司法解释的规定，其行为并不影响原被告之间民事行为的效力。[③] 对此合同法学界也予以认可，有学者

---

① 董万程、王继君："《民法总则》中的效力性强制性规定立法问题研究"，载《法律适用》2017 年第 11 期。

② 熊琦："音乐著作权许可模式的转型路径选择"，载《法学家》2014 年第 1 期。

③ 重庆市涪陵区人民法院〔2008〕涪民初字第 450 号民事判决书。

认为"有些主体资格限制的规定确实只是针对特定主体的管理行为，无碍公共利益，则应当认定其不属于效力性强制规定。比如，《公务员法》第59条对于公务员经商的限制，就是一种对主体得以从事的法律行为的限制，它并不影响相应法律行为的效力，只是导致对相应行为人的纪律处罚"。① 同理，类集体管理组织只是在主体上未符合法律的规定，但这并不影响其合同的效力。

最后，从著作权集体管理组织设立的目的以及历史而言，《著作权集体管理条例》第6条的规定缺乏合理性。集体管理组织最早可追溯到1791年，当时法国著作剧作家博马舍倡议成立"戏剧立法办公室"，随后经过一系列改组，在1829年成立法国戏剧作家及作曲家协会，被认为是世界上第一个著作权集体管理组织。② 逐渐地，根据每个国家文化环境而形成的各作者协会形成网络，遍及全球。集体管理组织有时是在政府机关的支持下建立的。但大多数都是私营实体。③ 作为权利再分配领域的制度创新，著作权集体管理区别于其他制度的本质特征，是将集中许可建立在私人自治的基础上。在功能上，私人自治表现为集体管理组织自治。在合法性上，私人自治应表现为存在多数集体管理组织。④ 从著作权集体管理组织的发展以及国际著作权集体管理组织的设立来看，《著作权集体管理条例》不应当阻碍其他市场主体参与著作权集体管理。特别是在互联网环境下，应允许其他市场主体组成新的集体管理组织，创制符合互联网商业模式和网络用户需求模式的许可模式。对此也有学者指出，应当取消我国《著作权集体管理条例》对集体管理组织唯一性、全国性和非营利性的设立要求，允许存在多个相互竞争的音乐著作权集体管理组织。⑤ 因此，按照"举重以明轻"的类推解释，当《著作权集

---

① 沈德咏、奚晓明主编：《最高人民法院〈关于合同法司法解释〉（二）理解与适用》，人民法院出版社2009年版，第111 – 112 页。

② David Sinacore-Guinn, Collective Administration of Copyright and Neighboring Rights: International Practi-ces, Procedures, and Organizations. Boston: Little, Brown and Company, 1993, pp. 81 – 82.

③ 丹尼尔·热尔韦编著：《著作权和相关权的集体管理》，马继超、郑向荣、张松译，商务印书馆2018年版，第5 – 7 页。

④ 熊琦："论著作权集体管理中的私人自治——兼评我国集体管理制度立法的谬误"，载《法律科学（西北政法大学学报）》2013年第1期。

⑤ 熊琦："音乐著作权许可模式的转型路径选择"，载《法学家》2014年第1期。

体管理条例》第 6 条存在的合理性基础不复存在时，那么其所规定的内容就不应成为阻碍合同效力的规范。

可见，著作权人与版权代理公司所签订的合同，在符合合同法有效的一般要件下，并不因违反效力性强制性规范而无效。类著作权集体管理组织因授权许可获得了著作权许可使用权。

三、类集体管理组织诉权基础源于诉讼担当

在分析了著作权人与类集体管理组织签订的合同有效的情形后，随之而来的问题是，类集体管理组织的诉权基础是什么？《中华人民共和国民事诉讼法》（以下简称《民事诉讼法》）第 108 条规定的"直接利害关系"是判断原告适格的标准。学界在借鉴大陆法系当事人适格理论的基础上将"直接利害关系"分为两类：一是对请求法院审理的法律关系拥有实体法上请求权的主体；二是诉讼担当。① 因此，要判定被许可人的诉权即应分析其诉权基础是在于享有实体法上的请求权，还是为诉讼担当人。

（一）集体管理行为应当是一种行纪

从现有的一些判决看，法院之所以在一些类集体管理组织与著作权人签订的合同的效力上存在争议，原因之一在于对于著作权集体管理行为的法律属性不清，这是因为《著作权法》和《著作权集体管理条例》皆未告知集体管理行为的法律属性，不但著作权人在未授权集体管理组织时，授权他人代理的行为在何种程度上与集体管理相冲突难以定性，而且著作权人在授权集体管理组织后能否保留部分作品或权利自行行使，亦成为互联网商业模式下越来越受关注的问题。②

事实上，集体管理行为的法律属性的认定也即作者与集体管理组织之间的关系是什么的问题。作者与著作权集体管理组织在法律上的关系，大体上有三种观点：代理关系说、信托关系说、行纪关系说。民事代理则要求代理

---

① 上海市第一中级人民法院课题组："知识产权被许可人的诉权研究"，载《东方法学》2011 年第 6 期。

② 熊琦："非法著作权集体管理司法认定的法源梳解"，载《华东政法大学学报》2017 年第 5 期。

人以本人名义实施法律行为，且法律行为的效果直接归属本人，视同本人自为。① 然而，若要发挥集体管理的优势，有一先决条件，集体管理组织应当是以组织自己的名义开展业务，承担法律责任，提起诉讼。所以两者之间的关系不能定位为代理。② 信托制度中存在三方法律关系：委托人、受托人和受益人，这和著作权集体管理组织同作者的关系基本相同，但是在信托关系中委托人需将信托财产转移给受托人，信托一旦有效成立，受托人就取得了信托财产权。③ 这是因为，信托的设立必须将信托财产的所有权由委托者手中转移到受托者手中，由受托者享有所有权，这是其成立的必要条件。然而，在作者与著作权集体管理组织所签订的合同中，其并不是将著作财产权转移给集体管理组织。在早前，最高人民法院也是认为集体管理行为是建立在信托的基础上，但最高人民法院现如今已不再认同这一定位。④ 可见，将集体管理行为的法律属性界定为"信托性质"的法律关系，难免存在一定的混乱和牵强之处。⑤ 从集体管理与行纪的关系看，两者在法律关系界定和权利行使方式上具有诸多一致性。与信托不同，行纪人对由其占有的委托人的财产则不享有所有权。作为以自己名义为他人利益考虑从事商业贸易而获得报酬的行为，行纪与集体管理的相同之处在于，两者都是以自己的名义实施法律行为，而且通过该法律行为所获得财产也首先归于集体管理组织与行纪人的名下，然后再移转至原权利人所有，包括诉权在内的请求权也皆由管理人来直接行使。行纪制度的如此安排，完全符合集体管理制度中对著作权人、集体管理组织与使用者之间的法律关系设定。⑥ 因此，集体管理组织与作者之间的关系应当是一种行纪合同关系。

（二）类集体管理行为的诉权基础是任意的诉讼担当

如上文所述，作者与集体管理组织之间的关系是一种行纪关系，由此可

---

① 朱庆育：《民法总论》，北京大学出版社 2013 年版，第 329 页。

② 湛益祥："论著作权集体管理"，载《法学》2001 年第 9 期。

③ 周玉华：《信托法学》，中国政法大学出版社 2001 年版，第 16 页。

④ 《最高人民法院关于废止 1980 年 1 月 1 日至 1997 年 6 月 30 日期间发布的部分司法解释和司法解释性质文件（第九批）的决定》。

⑤ 孙松："论著作权集体管理行为的司法适用"，载《电子知识产权》2018 年第 3 期。

⑥ 熊琦："非法著作权集体管理司法认定的法源梳解"，载《华东政法大学学报》2017 年第 5 期。

见，类集体管理组织并没有获得作者享有的实体权利，其并不是实体权利法律关系当中的适格当事人。那么是否可以基于诉讼担当而成为适格主体。诉讼担当分为两类：一类是法定诉讼担当，另一类是任意诉讼担当。法定诉讼担当，是基于实体法或诉讼法上的规定。继承法和破产法规定，遗嘱执行人和破产管理人负有管理被继承人遗产或破产财产的职责，可以在发生遗产或破产财产被侵占等事由时，以自己的名义提起诉讼。① 此举的目的是寻求纠纷的有效、迅速解决及充分保护当事人的合法权益。② 任意诉讼担当是指权利主体通过自己的意思表示，赋予他人诉讼实施权，其主要特点是，它是由原来的权利主体授予担当人以实施诉讼的权能，而不是依据法律的明文规定而获得诉讼实施权。③

任意诉讼担当还可分为法律规定的任意诉讼担当和扩大适用的任意诉讼担当。法律规定的任意诉讼担当如代表人诉讼。不管是法定诉讼担当还是任意诉讼担当中法律规定的任意诉讼担当，由于著作权法及著作权法相关实施条例以及司法解释均规定类集体管理组织是诉讼担当者。因此也就不予讨论。那么类集体管理组织是否属于扩大适用的任意诉讼担当者。一般而言，扩大适用的任意诉讼担当，需要满足担当者有自己的固有利益，并被授予诉讼实施权，就可以为他人的利益担当诉讼。但如果没有参与某一法律关系而仅被授予诉讼实施权，则不被允许。④ 著作权与类集体管理组织之间签订的许可合同，在法律认定上是一种行纪关系。行纪是指一方（行纪人）接受他方（委托人）委托，以自己的名义为他方利益，从事物品的卖出和买入等行为并收取报酬的营业行为。⑤ 可见，行纪的特点在于：一是一方接受他方委托；二是委托方以自己名义从事营业行为；三是受托方向委托方收取报酬。

在法律关系上，类集体管理组织与著作权人是一种行纪关系。但这只是指著作权人与类集体管理组织签订的许可合同为专有许可合同的情形下。著

① 肖建华："诉权与实体权利主体相分离的类型化分析"，载《法学评论》2002 年第 1 期。
② 李晓："论诉讼担当的制度缘由"，载《法学杂志》2016 年第 3 期。
③ 肖建华："诉权与实体权利主体相分离的类型化分析"，载《法学评论》2002 年第 1 期。
④ 同上。
⑤ 中国信托业协会：《信托法务》，中国金融出版社 2012 年版，第 47 页。

作权许可分为不同情形。许可类型著作权被许可人分为独占许可、排他许可以及普通许可。版权许可的概念从根本上是属于产权而非合同，产权将资源使用的控制权分配给所有者，同时将所有其他人置于不干涉的对象之下。[①]

笔者认为，独占许可以及排他许可若作为诉讼担当者，在著作权纠纷案中有自己的固定利益，而普通许可则无固定利益。首先，独占许可人以及排他许可人之所以签订独占或排他许可，是因为其目的是避免其他市场竞争主体与其竞争，而签订普通许可只是为了能够使用作品，因为普通被许可人知道，著作权人仍然可以授权其他人使用其作品，可以预见会存在许多的竞争者与其竞争。其次，在普通许可中，类集体管理组织与著作权人的关系不应是一种行纪，其不满足行纪的特点，普通许可人仅使用著作权人作品，其并不会为了著作权人利益而进行营利行为，这是因为若著作权遭受侵犯时普通许可人一般不会遭受损失，也就没有激励去提起诉讼。但是对于独家许可、排他许可而言，若著作权遭受侵犯，对于类集体管理组织而言，一方面提起诉讼是其版权代理活动业务的一部分；另一方面，著作权遭受侵犯，其权益也会遭受损失。这就是在实践中著作权人与类集体管理组织签订独家许可协议的原因之所在。最后，普通许可以看作著作权人对其权利设定了某种负担，被许可人仅取得债权。而专有许可才是著作权人对权利的处分，被许可人在合同约定的范围内取得被授予的权利，成为特定著作权利的实际享有者和使用者。[②] 在英美法系中，专有许可构成权利让与，认为专有许可是一种更为精准和灵活的处分行为，更注重专有许可的后果，[③] 也正因如此，美国司法实践认为普通许可不应享有诉权，在 "Minden Pictures, Inc v. John Wiley & Sons, Inc"[④] 一案中，法院认为，Minden 公司既非相关著作权作品的专有被许可人，也非受益所有人，因此不享有诉权。可见，类集体管理组织的诉权来源任意的诉讼担当，但是诉讼担当限于独家许可以及排他许可的情形，并

---

① Christopher M. Newman, A License Is Not a Contract Not to Sue: Disentangling Property and Contract in the Law of Copyright Licenses, 98 Iowa L. Rev. 1101, 2013.

② 董美根："英美法系与大陆法系中版权被许可人诉权问题比较研究"，载《知识产权》2011 年第 8 期。

③ 董美根："专利被许可人使用权之债权属性"，载《电子知识产权》2008 年第 8 期。

④ 10 F. Supp. 3d 1117. United States District Court, N. D. California.

不延及普通许可。

四、类集体管理组织著作权管理行为的合理性与有限性

集体管理是为了解决权利人难以与使用者商谈与发放许可而存在的。① 著作权集体管理组织具有较低交易成本、"润滑"交易市场的功能，不仅能够降低著作权人的信息成本与维权成本，而且可以降低使用者的搜寻成本、谈判成本。② 因此，对于著作权的集体管理，一方面要解决权利人大规模的授权许可以保障权利人的权益，另一方面要维护使用者的利益，最终维护集体管理的有效性。类集体管理组织的出现尽管在一定程度上维护了著作权许可市场的公平竞争秩序，但是这也给集体管理行为的有效性带来了挑战。这是因为，若作者将其著作权许可给类集体管理组织，使用者向集体管理组织交付使用费而未向类集体管理组织交付使用费，类集体管理组织向作者提起侵权诉讼，如果这种情形广泛发生，集体管理的有效性将丧失殆尽。因此，类集体管理组织的管理行为即应当予以承认也应有所限制。

（一）应承认类集体管理组织管理行为的合理性

著作权集体管理是通过集体管理组织实现的。可以说，集体管理组织是著作权集体管理制度的核心。《著作权集体管理条例》对于著作权集体管理组织的性质、设立条件、程序都作出了明确的规定。③ 然而，由于对著作权集体管理组织的定位和性质认识不清，将集体管理组织更大程度上定位为行政管理单位，并且片面借鉴国外立法例，我国著作权集体管理相关立法中，充满了行政干预色彩，对著作权集体管理组织的交易限制得过死。④ 与此同时，随着其会员规模的增加，其市场控制能力逐渐增强，最终走向了垄断，这种垄断性的集体管理行为有损公平竞争的市场秩序和社会公众福利。⑤ 在

---

① 王迁：《著作权法》，中国人民大学出版社 2015 年版，第 393 页。
② 向波："著作权集体管理组织：市场功能、角色安排与定价问题"，载《知识产权》2018 年第 7 期。
③ 《著作权集体管理条例》第 3、7–16 条。
④ 卢海君："论我国著作权集体管理组织的法律地位"，载《政治与法律》2007 年第 2 期。
⑤ 王洪友："著作权集体管理的反垄断预防机制"，载《出版发行研究》2018 年第 3 期。

这种情形下，一些类集体管理组织应运而生。类集体管理组织的出现迎合了市场的需求，一方面，版权产业的发展与繁荣，给著作权许可交易的效率提出了越来越高的要求，不管是著作权人还是使用者，都希望能够提升效率、降低成本，以便既可帮助著作权人减少损失，也可帮助使用者便捷获取和接触作品。① 另一方面，以行政为主导的我国著作权集体管理组织的利益诉求受到质疑。这表现在行政机关对于集体管理组织的介入很大程度上决定了作品使用费的分配与流向，在此分配过程中，有些行政机关以控股方式运营文化集团，并以集体管理组织"委托该集团代收作品使用费"作为幌子，为自身谋取利益。而行政机关这种强势"利益分配主体"的加入，势必会影响权利人和使用者的既有利益。② 正是在这样的背景下许多权利人转而将其著作权授予类著作权集体管理组织。

然而，司法实践中，法院对类集体管理组织的著作权管理行为是持消极态度的。笔者认为，在现有的法律框架下，应当承认类集体管理组织行为的合理性，赋予其以自己的名义管理他人著作权的权利。首先，作品不是自然资源或者国家战略资源，也不是危害公共利益需要强制管控的物品，法律不应该为了强化著作权集体管理组织的垄断地位赋予其专营权。其次，通过认可类集体管理组织的法律地位，以引入市场竞争，其不仅可以解决当前著作权集体管理组织的唯一性带来的垄断担忧和实际垄断问题，而且可以解决非会员作品的集体管理问题。再次，著作权是一种私权，权利人如何行使自己的权利以及如何维权并不涉及公共利益。在尊重公权利的同时也需要尊重私权利，要尊重法律赋予市场主体即经营者的权利。最后，允许类集体管理组织开展著作权管理业务，是集体管理之外的另一种竞争形式，既有利于更好地维护著作权人的利益，也有利于提升著作权集体管理组织的服务效率和服务质量，促进公共利益增长。最终通过市场竞争，由市场自身整合管理组织的力量，再通过立法确立著作权集体管理组织的准入和退出机制，形成有限

① 熊琦："非法著作权集体管理司法认定的法源梳解"，载《华东政法大学学报》2017 年第 5 期。

② 黄先蓉、常嘉玲："我国著作权集体管理机制的发展困境与对策研究"，载《中国编辑》2017 年第 1 期。

竞争的著作权集体管理格局。①

（二）类集体管理组织的管理行为的有限性

著作权集体管理组织存在的意义就是帮助著作权人有效地管理其权利。如果著作权人基于某种原因希望自己亲自管理所有权利，应当有自由退出集体管理组织的权利。但是在著作权人授权集体管理组织管理其特定权利期间，集体管理组织应当是该特定权利的唯一管理者，否则就会出现著作权人和集体管理组织同时管理一项权利的情况，使得公众无所适从。同理，著作权人的一项权利不能由两家以上集体管理组织进行管理。

本文认为，承认类集体管理组织的集体管理行为并意味着其具有完全的著作权集体管理权限。首先，类集体管理组织的权利行使范围有限。著作权有国界，但是优秀作品却没有国界，为了更好地保护本国作者在国外的著作权，参加国际著作权集体管理组织协会，进行国际合作就显得尤为必要。类集体管理组织并不能代表我国参与国际著作权组织，只有著作权集体管理组织才能参与。其次，类集体管理组织行使管理行为的范围有限。集体管理组织的另一个作用是为版权悖论提供一个答案。所谓版权悖论是指法律选择为最大限度地创作、传播和获取以艺术和智力作品表达的人类新知识，给予创作、出版、制作或传播这些知识的人专有权，但却阻止了以多种形式对知识进行利用。集体管理组织在一定程度上，可以回答这一悖论，这是因为集体管理组织的宗旨还是组织而不是拒绝授权。但对于类集体管理组织而言，其作为市场主体，不可避免地受市场需求所支配，在回答版权悖论这一问题上，答案可能不是很完美。并且集体管理组织可能还需要从事其他活动，例如，推动文化发展、奖励，这是类集体管理组织所不具有的。最后，著作权只有不是著作权集体管理组织会员时，才能将其权利许可于类集体管理组织，这样有利于提高集体管理有效性。著作权集体管理组织以集中许可的方式，也即所谓的"一揽子许可"方式。然而，集体管理组织不可能具有百分之百的代表性，这种"一揽子许可"方式却给使用者使用作品造成了困境。例如，若使用者向类集体管理组织交付了使用费，但其使用的作品的权利人既加入

---

① 陈小珍："类著作权集体管理组织的诉权"，载《人民司法》2017 年第 25 期。

了类集体管理组织也加入了集体管理组织，集体管理组织则以未经许可使用其管理的作品起诉使用者，则集体管理的有效性就大打折扣。

五、结语

在市场经济下，市场主体从事的经营活动在不违反法律、社会公共秩序的情形下应当受到法律的保护。法律不应过多地干预市场主体的经营行为，作为市场主体，应对类集体管理组织著作权管理行为予以保护而不是限制，这有助于版权代理、版权运营等版权相关产业的发展。当赋予类集体管理组织以合法地位时，同集体管理组织以及其他著作权被许可人一样，也面临着诉权基础不明的问题，这也导致了司法实践混乱局面的产生。这种混乱局面不仅影响了著作权人权益的保护，而且对于版权相关产业的发展带来不利。这一问题的解决，一方面有助于版权相关产业的发展，另一方面类集体管理组织的诉权问题研究对于诉权理论的完善也有着重要的价值。当然，若赋予类集体管理组织著作权以合法地位时，出于著作权集体管理的有效性考虑，其管理范围也应有所限制。总之，虽然著作权人有权将其权利许可他人行使与管理，但被许可人的诉权问题，司法实践与理论界并未达成共识，还有许多问题仍需要解决。

知识产权出资的规制

——以专利使用权出资弊端为视角

李　骏[*]

摘　要：知识产权在知识经济中的重要地位决定了知识产权资本化将成为 21 世纪引人瞩目的法律和经济现象，知识产权资本化作为知识产权利用方式的一种创新，体现了知识经济发展的内在要求，亦是知识资本运作的重要组成部分。但 2008 年爆发的金融危机告诉我们，该金融危机的爆发与金融衍生产品的过度创新不无关联。创新与风险并存，任何一种创新总是伴随风险的增加，知识产权的特性同时决定了其作为投资手段比用有形财产投资更具复杂性。因此，出于接受知识产权投资公司的安全运行及知识产权自身发展考虑，需对知识产权资本化进行科学分析、判断，防范其在实践中可能发生的风险。本文从知识产权出资的可行性及相应规定出发，以专利使用权出资为例，对其特点、缺陷及与现行法律的冲突等进行分析，提出解决方案和建议。

关键词：知识产权　出资　专利使用权

知识产权资本化的过程，实际上就是在法律的保护下，在承认发明人、设计人拥有知识产权权利的基础上，将该知识产权的"无形价值"转化为"有形价值"，然后将该部分有形价值分配给知识产权权利人，使之拥有股权、股份或者出资比例，并分享相关收益的整个过程。在此过程中，知识产权权利人没有因此获得该知识产权转移的现金对价，而是因此获得了所投资

---

* 作者简介：李骏，男，江苏无锡人，江苏省无锡市中级人民法院知识产权庭审判员。

企业的一部分股权，同时其也未全部丧失对该知识产权的所有权，该知识产权权利人可以以股东或者合伙人的身份享有企业财产的共有权，并享有企业经营中的收益或股息红利；企业可以不必通过向知识产权权利人支付使用费或者转让费的方式直接获得该知识产权的所有权或使用权。伴随着 2013 年12 月 28 日对《中华人民共和国公司法》（以下简称《公司法》）的再次修订，改"法定资本制"为"认缴资本制"，删除第 29 条中"验资的规定"，特别是删除第 27 条中对于"全体股东的货币出资金额不得低于有限责任公司注册资本的百分之三十"条款，彻底放松了法律对于知识产权出资比例的羁绊，使得知识产权资本化的发展更为迅猛，而专利权作为知识产权家族中的重要一员，其更是迎来了大发展的契机。截至 2016 年，发明专利拥有量达到177.2 万件，同比增长 20.4%。每万人口发明专利拥有量（不含港澳台）达到 8.0 件。① 专利日益成为现代经济竞争的最重要筹码，成为企业打破垄断，参与越来越激烈的国际竞争，提升竞争力的核心武器。

但是，我们也注意到，现行《公司法》只是对包含于知识产权中的专利技术作为股东的出资方式给予了原则上的确认，而对于专利权作价入股的可依据和可操作的配套法律、法规却是空白。虽然部分地方层面的政策性文件的出台②使专利使用权出资有了明确依据，推动了专利技术成果的资本化、产业化，为在国家层面设计专利使用权出资制度提供了可供参考借鉴的范例，但在法律、行政法规层面，我国仍然缺乏统一的法律细则保障和制约。实践中以专利使用权出资正逐步成为一种普遍的经济和法律现象，纠纷不断出现。本文重点在认可专利使用权可以出资的前提之下，进一步探讨专利使用权出资的弊端、风险及其规制，以作参考。

---

① 国家知识产权局：《2016 年中国知识产权保护状况白皮书》，2017 年 4 月 25 日发布，第 4 页。

② 主要为上海市工商局《关于积极支持企业创新驱动、转型发展的若干意见》（2011 年），浙江省舟山市定海区工商局为对接海洋综合开发试验区建设而推出的十项登记新政（2012 年），湖南省科技厅、湖南省工商行政管理局、湖南省知识产权局联合出台的《关于支持以专利使用权出资登记注册公司的若干规定（试行）》（2014 年）等。

一、专利使用权出资之弊端

（一）专利使用权出资之经济风险

专利使用权究竟有多少价值，是进行金融财务行为所必须首先确认的基础与前提。因此，如何对专利使用权进行正确的评估，成为知识经济时代利用专利权的一项新兴课题。有学者指出，良好的知识产权估价，可以产生有形与无形的利益。所谓有形利益，是指正确的估价结果将可提供知识产权在利用时的重要参考；而无形的价值则是指正确的估价结果，可作为有效的参考指针，增强对知识产权实质价值的信心，以及为将来制定发展策略作参考。所以对于专利权的评估，越来越受到重视。如何评估，有无现行标准以及现行标准是否适用都成为我们必须面对的问题。

1. 知识产权基本价值评估标准不确定

目前现行的知识产权评估方法主要有以下几种：市场价值法、重置成本法和现值收益法。无论是市场价值法、重置成本法还是现值收益法，都存在难以被克服的局限性。

就市场价值法而言，由于知识产权具有独创性、新颖性、唯一性的特征，主体一旦获得知识产权便具有相关领域的垄断权，其他主体即便通过自主研发获得同样的技术成果，亦不享有知识产权，因此几乎无法找到与被评估的知识产权相近似的知识产权，市场价值法因此受到极大的限制。对于成本法，简单是其最大的特点，但是成本法的过于简单往往会导致在某些知识产权评估过程中低估了重制或是替代成本，其并非完美的估价模式。对于收益法，由于知识产权的价值取决于其能够带来的经济利润，将成本与收入都予以量化，并且考虑到时间因素而利用一定的比例加以调整，使得收益法成为知识产权价值评估中最为适当的方法。但未来存在变数，多种因素可能影响到知识产权的未来收益，特别是经济寿命短于或等于法律寿命的专利权。例如，已经历的专利权保护期限越长，专利权的贬值的程度越大；新技术发展推动极有可能使得专利权在其法律寿命尚未终结的情况下提前结束其经济寿命。对于专利使用权，则其还要受到被许可使用的类型、范围、时间等因素的影响，在普通许可使用的情况下，许可一个单位所能带来的经济效益与同时许可十个单位所能带来的经济效益明显不同。

综上，由于知识产权与其他有形财产存在显著的不同，目前流行的价值评估方法在套用于知识产权价值评估时都会发生很大的问题。在法律上建立一套用来针对知识产权评估的标准作业程序规范尚有可能，但是要想建立一套针对知识产权价值评估的统一计量标准或许就有些不切实际了。

2. 专利使用权状态不确定性

专利权之申请、取得、使用的过程，均充满了高度的不确定性。首先，我国专利法为已经获得的专利权规定了"无效"程序，这意味着在专利存续期间，始终存在因他人申请而被宣告无效的风险。一旦"噩梦成真"，专利权被相关部门宣告无效，其结果必将导致该专利使用权出资无效，这成为专利使用权出资所无法忽视的巨大风险；其次，由于技术创新的复杂性，极有可能出现专利共有的情况，对于用作出资的专利权可能会有第三人提出权利要求，若该第三人的要求在法律上成立，就同样产生出资无效的后果。最后，由于地域性是知识产权的重要特征，若将产品定位于国际贸易的企业在接受专利使用权投资时，其产品所包含的专利权只有在专利申请国才受到法律的保护，一旦出国则另当别论，极有可能由于与产品销售地国他人享有的专利权相冲突。

3. 专利使用权商业化程度不确定

用作投资的专利使用权商业化程度，直接决定该项专利使用权在本企业能否应用、作用大小等，这其中需要考虑到的以下因素。

第一，用于投资的专利使用权在技术上是否实用。虽然我国专利法要求申请专利的发明创造应当在具备新颖性、创造性的同时具备实用性，但是该实用性要求只是强调申请专利的发明创造体现为具体方案，具备实施的可能性即可，并不要求能够立即制造或使用，即仅规定了理论上的实用性而非实践中的实用性。

第二，用作投资的专利使用权市场前景如何。我们一般认为发明创造都是先进的，有可观市场前景的，但是实际情况却是先进并不等同于有市场前景。依照我国现行专利法规定，一般发明专利从申请日到授权日可能长达三四年，某项发明创造在申请专利时很有潜力，但很可能在取得专利权时其市场潜力已经大打折扣甚至不复存在。另外，专利技术的先进性及其市场前景也只是与已经公开的技术比较而言，许多更加先进且更具市场前景的技术往往由所有者以商业技术秘密的方式加以保护，平时并不显山露水，但是一旦展露于人前则往往代表着更为先进的技术以及巨额的利益，并且可以有效突破其他权利人的阻击。

第三，用作出资的专利使用权经济寿命长短如何。前面已经提到专利权的经济寿命与其法律寿命不同。对于有效期即将届满的专利使用权其经济寿命无疑是日落西山、好景不长，但是有效期较长的专利使用权的经济寿命未必就长。由于专利制度在保护发明人、设计人利益的同时，对其获得专利的发明创造给予一定时间的"独占"性法律保护，但是如同硬币带有两面一样，专利制度的公开特点同样使得专利权人的"独占"具有一定的相对性。专利文献的公开，使得人们在原有专利技术上的再开发成为可能，从而使得技术淘汰的频率不断加大，许多专利技术在法律寿命终结前早已被更先进的技术终结了经济寿命。如联发科技股份有限公司对于 Turnkey 模式芯片的研发成功就使得市场上原本极度"高、精、尖"的手机芯片技术成为"平民技术"，导致摩托罗拉、诺基亚等巨头所掌握的手机芯片技术经济寿命快速缩短，经济价值迅速贬值。

第四，用于出资的专利使用权在技术和法律上有无其他制约因素。一方面，在将普通许可专利使用权出资的情况下，相关专利在专利使用权出资之前是否已经许可他人使用，许可多少人使用以及许可他人使用的类型、范围、时间等因素，都是决定该专利使用权能否用作出资以及出资作价大小的十分重要的考虑因素；另一方面，以使用权出资的专利是否为从属专利也是需要详细考察的因素，一旦属于从属专利，企业在使用后一专利的情况下必然构成对前一专利的侵犯，其必须支付一定的使用费，这样的专利使用权必然大打折扣。

（二）专利使用权出资之法律风险

专利权作为重要的知识产权类型，具备财产无形性和权利授权性。财产无形性导致资产价值量化的难度，权利授权性导致权利转移必须经过行政审批。同时，专利权是一种典型的法定垄断权，具有强烈的自我支配性和排他性，专利权人在行使权利时，往往希望保持权利运作和流转的绝对控制。一切有权力的人都容易滥用权利，这是万古不易的一条经验。① 如果不对其权力进行制约，专利权人利益必然会与包括其他主体利益在内的社会公共利益发生冲突。因此，专利权使用出资的情况下，专利权人出于其权利性质，仍本能地控制着权利，而在公司组织体系中，专利使用权出资人的利益如"凌驾"于其他出资人及公司利益之上，会使双方利益产生直接的冲突，也使公司法维护的公司组织体系陷入"危机"。

1. 专利使用权出资与公司资本三原则的冲突

在资本制度上，公司法贯穿了资本确定、维持、不变的基本原则，规定了公司资本变化的严格法律程序。这一严格的制度设计，其立法用心十分明显，就是以公司资本奠定公司的经营能力和责任能力，以公司资本作为公司债权人利益的基本保障。而专利使用权诸多不确定性又与资本三原则格格不入，互相冲突。

第一，与公司资本确定原则的冲突。

所谓资本确定原则，是指公司设立时应在章程中载明的公司资本总额，并由发起人认足或缴足，否则公司不能成立。该原则要求公司资本总额应当记载于公司章程，并在公司成立后按期足额缴纳，由此决定了注册资本应当是公司的实收资本。公司法此要求一方面是迫使公司的经营活动有与其外观相同的物质基础，另一方面是为债权人提供必要的保障和评判交易对手经济实力的依据。但是在专利使用权出资入股的情况下，其价值评估的不确定性以及目前无形资产评估市场的不规范导致了作为出资的专利使用权可能失真。

第二，与公司资本维持原则的冲突。

所谓资本维持原则，又称资本拘束原则，即要求公司维持与资本总额相当的财产，在公司成立后的动态过程中要保持实有资本额的相对稳定。② 但

---

① 孟德斯鸠：《论法的精神（上）》商务印书馆1961年版，第154页。
② 范健：《商法》，高等教育出版社、北京大学出版社2002年版，第130、131页。

专利使用权出资与上述原则存在冲突，具体表现在以下几个方面。

（1）专利权的保护期限与公司经营期限的冲突。与商标权、著作权相比，专利权的保护期限较短。发明专利的保护期限为 20 年，实用新型、外观设计专利的保护期限为 10 年，并且保护期限从申请日开始计算，而非从授权公告日开始计算，一旦短于公司的经营期限，则实质上相当于专利权人变相抽回了其出资。此外，"皮之不存，毛将焉附"，一旦专利权被宣告无效，任何人均可以使用该专利，专利使用权当然失去利用价值。

（2）专利权的权利不稳定性与公司资本确定性的冲突。专利权的权利不稳定性表现在专利无效审查制度对专利权的影响。实用新型、外观设计专利只需通过专利审查部门形式审查后即可获得授权，而非实质审查，其很容易便被申请无效宣告而导致无效；发明专利虽经过实质审查，在被申请无效宣告后仍有无效的可能性。据国家知识产权局统计，每年被请求宣告无效的专利在 2000 件以内，被宣告的无效专利的比例达到 50%。① 而美国全部专利侵权案件中，专利被宣告全部无效、部分无效的比例一度超过 46%。② 专利权一旦无效，则视为自始不存在，其对公司的资本维持构成较大的威胁。但是若专利使用权出资前投资人之间并未对专利无效后资本补足作出相关的约定，那么我们面临两难的选择：一方面专利使用权出资人对于专利无效主观上并无恶意，若要求其在规定期限内以现金形式补缴相同数量的股金，逾期不缴纳则要承担违约责任，甚至在专利无效给公司造成损失的情况下还要对损失承担赔偿责任，这样的要求未免不近人情。因为专利权人仅是在红利与许可使用费之间选择了红利，两者孰高孰低并无定论，然而其却需要承担差额填补责任、违约责任和赔偿责任。相比专利许可使用，其风险未免过大，不利于专利权资本化的发展。另一方面，如果专利权无效之后，在公司资本大量减少的情况下，依然允许出资股东占有股份获取红利，而公司则摇摇欲坠，则对于公司以及其他股东则显示公平。笔者认为，美国公司法在这方面对我

---

① "知识产权局局长田力普谈发挥专利制度重要作用"，载中华人民共和国中央政府网，http：//www.gov.cn/zwhd/2006 - 01/09/content_ 151769_ 3. htm，2017 年 12 月 5 日访问。

② "辉瑞维权突显公益诉讼校正专利制度偏差"，载知识产权实验室网，http：//www. newiplaw. com/html/2007 - 07/520. htm，2017 年 12 月 5 日访问。

们有借鉴意义：普通法系中有两条规则：一是"真实价值"规则，据此，在转让时财产不得低于股票的票面价值，而不考虑当事人的想法；二是"善意"规则，据此，只要在估计财产至少等于股票的票面价值时当事人是诚实的，那么他们就没有任何风险。① 这样的规定，既可以起到保护专利权人权益，降低其出资风险的作用，又可以严格股东审查义务，最大限度保证公司资本稳定。

（3）专利权的价值不稳定性与公司资本确定性的冲突。专利技术易受市场发展和技术革新的影响而出现价值贬损。在技术迅猛进步的今天，一项专利所代表的技术往往会在一定的时间内被新技术所代替或淘汰，其市场价值就会发生贬损，从而导致专利产品价格的降低。如众所周知的山寨手机，正是由于手机核心技术的被破解而导致手机价格的大幅度降低。一旦作为出资的专利价值波动致使其实际价值低于，甚至远低于其出资入股时的评估价值，势必会对公司的资本维持产生重大影响。

第三，与资本不变原则的冲突。

所谓资本不变原则，是指公司资本总额，非依法定程序变更章程，不得改变。其目的，一是防止资本减少而损害债权人的利益；二是防止资本过剩而使股东承担过多的风险。② 然而，前面所提及的专利权的各项特点都使得当投资人以专利使用权出资入股时，由于专利保护年限的临近以及市场技术的革新，公司注册资本只能在字面上保持确定，其真实的状态始终是逐年降低，但是这种价值贬损却无法通过提取折旧费等财务处理手段进行资产填补；而对于公司其他股东，出于节约营业成本考虑，其亦不会同意每年一次对公司资本中知识产权部分进行重新评估，甚至在明知公司所拥有的知识产权可能发生价值贬损的情况下，为避免股东承担《公司法》第30条所规定的连带责任而漠视该情况的发生，甚至加以隐瞒，毕竟其仅是第二责任人。

2. 专利使用权出资与公司法在公司承担责任要求方面的冲突

按照《公司法》第3条的规定，公司是企业法人，有独立的法人财产，

---

① ［美］罗伯特·C. 克拉克：《公司法则》，胡平等译，工商出版社1999年版，第592页。
② 江平主编：《新编公司法教程》，法律出版社1994年版，第106页。

享有法人财产权。公司以其全部财产对公司的债务承担责任。但是在企业经营不善，需要变卖资产对外清偿债务时，公司所享有的、作为出资纳入公司资本总额的专利使用权的出卖亦必须经过专利权人的同意，否则亦是违约行为；即便是在公司破产时，其所拥有的专利使用权的变现亦受到专利权人的制约。对于公司而言，其资产包括作为出资的专利使用权应当能够变现抵偿债务；对于债权人而言，其希望公司所有有价值的资产都能用于抵偿债务；但是这两者美好的愿望却可能遭遇《专利法》第 12 条、《合同法》第 346 条的无情阻击，专利使用权的移转成为可望而不可及的"海市蜃楼"。因为在出资人以专利使用权出资的情况下，专利权人为出资人，公司仅为专利使用权人，依据《专利法》第 12 条的规定，被许可人无权允许合同规定以外的任何单位或者个人实施该专利。也就是说，公司在未得到专利权出资人同意的情况下，无权转让专利使用权，也无权许可他人使用专利，当然更不可能将专利使用权作为其财产对外偿债。因此，对于公司而言，其对于该专利并不享有最终处分权，而仅享有使用权。这与公司以投资形成的全部财产对外承担责任的公司法要求形成了悖论。

3. 专利使用权出资与公司法在公司转投资方面的冲突

《公司法》第 15 条规定，公司可以向其他企业投资。但是，根据《专利法》第 12 条，《合同法》第 346 条的规定，公司不得许可约定以外的第三人实施该专利，否则，公司许可他人使用所涉专利的行为属于超范围实施专利权的违约行为。即在某些情况下，专利权所有人在公司对外转投资方面的决定权凌驾于公司股东会或董事会，无论其股份大小，出资多少。也就是说，公司所享有的专利使用权也并非完全的使用权，被投资的专利使用权虽名为公司资产，实际上却不受公司控制，即便公司要按照公司章程、董事会决议进行使用，亦需要经过专利权人的许可，所谓的出资行为与许可行为对公司而言并无不同，仅是将使用费变成了红利，公司对其并无如其他有形资产一样享有完全的控制权。

4. 专利使用权出资与公司法在公司股份转让方面的冲突

按照《公司法》第 71 的规定，有限责任公司的股东之间可以相互转让其全部或者部分股权。股东向股东以外的人转让股权，应当经其他股东过半数同意。股东应就其股权转让事项书面通知其他股东征求同意，其他股东自接到书面通知之日起满 30 日未答复的，视为同意转让。其他股东半数以上不同意转让的，不同意的股东应当购买该转让的股权；不购买的，视为同意转让。经股东同意转让的股权，在同等条件下，其他股东有优先购买权。两个以上股东主张行使优先购买权的，协商确定各自的购买比例；协商不成的，按照转让时各自的出资比例行使优先购买权。公司章程对股权转让另有规定的，从其规定。而按照《专利法》第 10 条的规定，专利权可以转让。专利权人以专利使用权出资后，依法仍具有专利转让权。那么这就引出一系列问题，第一，如在公司经营期间专利权人转让专利权，其转让行为是否应当得到其他股东的事先许可，其他股东能否行使优先购买权；第二，其转让专利权之后，其是否必然丧失股东资格；第三，如果专利权人因转让行为而丧失股东资格，那么受让人是否自动成为公司的新股东。上述问题使我们陷入两难境地。

首先，对于专利权人在转让专利权是否必须得到其他股东的事先同意并允许其行使优先购买权这一问题，笔者认为，专利权人用于出资的仅是专利使用权，对专利占有、处分、收益等权利并未脱离专利权人作为投资成为公司资产，专利权人行使自己的处分权在法律上并无限制。对于其他股东的优先购买权，由于我国法律上对于优先购买权的适用范围仅限于承租人对于所租赁房屋、股东对于其他股东所持有的公司股份、共有权人对于共有物、国内企业或其他经济组织对于外资企业清算时的资产、合伙企业中联营方对对方资产等方面，专利使用权人对于专利权行使优先购买权于法无据。但是若允许专利权人可以擅自处分其专利权，则实实在在会对公司产生重大影响，直接影响公司所占市场份额的前景与经济效益的预期。特别在所投资专利使用权为普通许可或者非独占许可的情况下，专利权人自身利用专利生产专利产品的能力直接影响到专利使用权的市场价值和相关市场竞争的激烈程度。同样一项专利技术由乡镇小厂实施与由国际巨头实施所能对市场带来的冲击是完全不同的。若不在专利权人转让专利方面加以必要的限制，坐视专利权人肆无忌惮地转让对公司经营极其重要的专利权，显然对接受专利使用权入股的公司极为不利，对其他股东亦显失公平。

其次，若明确专利权人在转让专利后自动丧失股东资格，则与公司法相违背。专利权人转让的仅是专利权而非公司股份，其投入公司的专利使用权并未受到影响，公司依然能够在规定的期限内使用专利，专利权受让人对于先前存在的专利使用权必须给予承认和尊重，从这个层面看，并不能当然的认为前专利权人丧失了股东身份。但是，专利使用权的存在基础是专利权的有效存在，而专利出让人对于专利权有效存在的保证责任则明确列明在其与公司其他股东的合同中，专利使用权投资人受法律约束。一旦专利权发生转移，根据合同相对性，专利受让人并无保证专利权有效的法律义务，其完全可以通过主动放弃专利权、不缴年费等手段放弃专利权。在此情况下，公司对于专利出让人无法追究责任，对于专利受让人亦无从追究责任。若继续由专利出让人担任公司股东，专利实施权就脱离了专利权，这又与专利法的规定相悖。

最后，若专利受让人自动成为公司股东，则意味着专利权转让的行为直接等同于公司股份转让，其他股东对于专利权应当具有优先购买权；当受让人为股东以外的人时，该转让行为还必须得到其他股东过半数的同意。就像前面的分析，这种处理方法与现行法律规定格格不入。但是，若专利受让人不能当然成为公司股东，则公司盈利与否以及盈利多少对其并无意义，其对于公司并无任何控制权。由于其对于公司经营所倚重的专利权没有完全的支配权，当再次对外许可使用能为其带来额外利益，而保持专利使用许可现状却无法为其创造任何价值时，我们完全有理由相信其肯定会再次进行对外许可，而这样的结果便是直接影响公司的市场占有率。

5. 专利使用权出资与公司法在公司忠实义务方面的冲突

（1）在篡夺公司商业机会方面的冲突。《公司法》第148条规定除非公司明示放弃该商业机会，否则董事、高级经营管理人员不得擅自篡夺公司商业机会，一旦违反，其所得收入将归入公司所有。在高度竞争的市场经济条件下，商业机会稍纵即逝，只有抓住商机才能拥有财富。而董事、高级管理人员作为受任人，如果篡夺公司商业机会，无异于侵吞公司财产，所以现代各国公司法中对于董事、高级管理人员篡夺公司商业机会均作了禁止性规定。但是，在专利使用权出资入股的情况下，专利权人极有可能保有自己使用或者继续许可他人使用专利权的权利。一旦专利权人对外许可或者自己利用专利权，由于所涉专利相同，其专利产品必然形成竞争，如果专利权人抓住了一个商业机会，那么我们该如何计算这个商业机会，是作为公司的商业机会还是作为专利权人的商业机会。这意味着专利使用权出资人不得不在成为董事、高级管理人员仅赚取红利与自己利用专利权获取利益之间作出选择。当其试图"鱼与熊掌"兼得时，公司这一使用权人将利用公司法行使归入权，不劳而获的赚取专利权人所获利益。

（2）在竞业禁止方面的冲突。《公司法》第148条规定了公司董事、高级管理人员不得自营或者为他人经营与所任职公司同类的业务，这是公司董事、高级管理人员竞业禁止义务的规定，是各国公司法均予以确认的上述公司人员应承担的义务。① 公司其他股东之所以同意专利权人以其专利使用权出资，无非是肯定专利权价值，并认可专利产品对于公司营利的重要性，因此，公司一般均会生产、销售该专利产品，以实现其专利使用权所产生的收益。出资的股东也往往出任公司董事、经理等高级管理人员。依据上述规定，以专利使用权出资的专利权人如任公司董事、经理，其就不能自营或为他人经营公司同类业务，这意味着专利权人不仅自己不能实施专利，也不能再许可他人实施专利，而依据专利法的规定，专利权人如未给予公司独占或排他使用专利的权利，其仍有权自行实施专利或许可其他人实施专利。同时，根据相关司法解释，专利权人对于专利权的使用包括了自己使用或者再次将专利权入股。显然，在竞业禁止方面，专利权人可能会面对在合法行使专利实施权时，却违反对公司忠诚的公司法义务的"窘境"。

综上，《公司法》第148条如同大山横亘在那些想成为公司董事或者高级管理人员的专利权人，迫使其作出二选一的抉择，间接地将专利使用权入股演变为实质的专利权入股，使得专利权人在当初利用专利使用权入股时的期望完全落空，使得其最终只能成为专利权形式上的所有人，但是却无法再次利用专利权获取其他利益。

---

① 赵旭东主编：《新公司法条文释解》，人民法院出版社2005年版，第292页。

二、知识产权出资缺陷的解决以及建议

专利使用权出资有其存在的可行性以及必要性，其所存在的弊端同样亦存在其他知识产权资本化的过程中。知识产权权利人、股东、企业、市场对于知识产权及其使用权的资本化均有迫切的需求。正如新生事物的发展总是经历从无到有、从弱到强、从不完美到完美，其始终呈现不断成长、不断进步、不断完善的过程。我们所需要做的是不断完善相关理论，健全相关制度，拓展相关领域，使其在实践中不断发展成熟。笔者认为，可以从以下方面进行努力，逐步解决知识产权资本化过程中所遭遇的困难。

（一）公司运营制度方面

1. 进一步强化披露制度

由于公司法的新规使得公司注册资本可以不用货币出资，而知识产权则是最易被高估的资产之一，所以我们必须强化披露制度，公司必须将其注册资本中关于知识产权出资的基本情况进行具体详细的表述，特别是对于专利权这类存在期限限制的知识产权，其突出的不稳定性直接关系到公司资产的稳定情况。严格的披露制度可以使得利害关系人、债权人能在充分了解公司资本和资产状况的基础上作出理性决策，逐步降低利害关系人、债权人对于公司注册资本的关注程度，而将注意力转移到公司资产情况。

2. 进一步建立社会信用体系

现代化的资本制度与整个社会高度发达的信用体系是分不开的。如果在公司的设立时采用宽松的资本制度，在公司的运作过程中，公司自己没有遵守信用的意识，交易相对人又无法通过第三方的信用体系来了解公司的真实财务经营状况，这个社会的商业交易将会充满投资与欺骗。[①] 知识产权的不确定性对于信用体系的建立尤为迫切，一旦在企业经营过程中其用作出资的专利权权利本身被撤销，而企业又没有将这一情况主动对外披露，交易相对人所能知悉的只能是企业资产的账面价值或者仅是营业执照、财务报表上的

---

① 周勤："采用授权资本制所必须调整的公司法制度"，载《商场现代化》2008 年 2 月总第 530 期，第 289 页。

一串数字而已。

3. 进一步健全法人人格否定制度

取消货币出资比例限制的目的是刺激投资者的投资积极性，为公司提供更大的自由空间，而非为了股东、公司滥用权利逃避债务提供方便。因此，必须从立法以及审判实践方面建立健全"揭开公司面纱制度"，在股东投资不充分或者只有名义投资或者抽逃出资以及不遵守公司章程等现象的情况下，否定公司法人独立人格，直接要求股东对公司债务承担责任。

（二）知识产权评估方法方面

知识产权的巨大经济价值性和资源稀缺性决定了其可以作为资本创造剩余价值，但是其资本化的前提则是可以对知识产权本身进行评估，力求精确地反映知识产权价值，使得我们可以确定其在公司资本结构中的地位，这不仅与知识产权出资人以及以其他方式出资的股东、公司的利益息息相关，而且对保护债权人的利益具有特别重要的意义。笔者自知才疏学浅，无法真正创立新的知识产权评估方法，但是认为从以下几个方面入手或许对于知识产权评估科学体系的建立有所帮助，权当抛砖引玉。

1. 树立知识产权出资评估中实际确定原则，即在对用于出资的知识产权进行评估时应当坚持三个相适应

（1）所出资知识产权与公司需求相适应，股东在决定以某项知识产权出资时，必须保证该知识产权为公司之所营事业所必需。公司的经营对象和范围不但决定公司资本规模的大小，而且决定公司的资本结构。[①]（2）所出资知识产权与公司经营规模相适应，知识产权需要与一定的有形资产相结合，才能发挥其资本功能，知识产权在公司注册资本中的所占比例过高，对货币、实物等有形资产的要求更多，一旦知识产权所占比例很高无疑会加大公司的融资压力，影响公司的正常经营和发展，甚至造成公司的经营困境。（3）所出资知识产权自身的性质、种类、技术新旧程度、实用程度与知识产权的出资比例相适应。在知识产权出资评估时，必须考虑该知识产权是专利权、商

---

① 侯东德："知识产权出资的比例界定和评估作价研究"，载《学术论坛》2007 年第 4 期，第 129 页。

标权、著作权、技术秘密还是其他类型的知识产权；是专利权还要区分为发明、实用新型或外观设计；是专利使用权还是专利所有权；是专利使用权的还要区分是独占许可、排他许可还是普通许可以及该专利权的年限如何。不同性质、不同种类的知识产权对货币等有形资产的要求不同。而该技术的先进性，有无新技术、替代技术的出现等因素对于知识产权的评估都有显著的影响。在知识产权价值评估时，必须考虑上述三个因素，将整个评估作为一个系统的工程进行操作，避免将对于企业目前阶段毫无用处或用处不大的知识产权高估以致稀释了资本对债权人的担保功能和知识产权本身的价值性，造成不必要的浪费。

2. 树立知识产权出资评估中专业机构评估为主、股东评估为辅的原则

我国应坚持由具有评估资格的资产评估机构对知识产权评估为主的评估制度，上述中立的专门机构作为评估的主体，可以充分发挥其专业性、独立性、客观性、公正性，对于客观确定知识产权的价值，保护公司债权人、中小股东的利益极为有利。对于规模较小的有限责任公司，如果知识产权出资比例没有超过注册资金的一定比例，则可以借鉴法国、日本的做法，简化程序，直接由股东或发起人评估作价。这样可以克服专业机构评估所带来的公司设立成本和程序的复杂性问题，有利于迅速筹资和公司的快速设立。至于小规模有限责任公司的确定标准、知识产权价额低于注册资本的限额都可以由立法者根据市场情况灵活确定。

3. 树立知识产权出资评估中区别对待原则

对于待评估知识产权的种类进行区别对待。著作权、专利权、商标权、技术秘密虽然同处知识产权的范围内，但其特点各不相同，最显著的就是寿命长短不同，最短命的是专利权，最长寿的是商标权，而最不确定的则是技术秘密。如果全部套用一种评估方法对其进行评估，必定"差之毫厘，谬以千里"。

4. 树立知识产权出资评估中的三结合原则

评估专业人员与相关行业专家相结合、评估价格与权利质量相结合、文献检索与研究分析相结合。[1] 知识产权的评估不仅是个经济问题，亦是一个

---

[1] 杨松堂："知识产权质押融资中的资产评估"，载《中国金融》2007年第5期，第17页。

技术问题，同时也是一个法律问题，在没有形成单独的、具有可操作性的、标准的评估体系之前，其评估水平难以衡量，必须尽可能考虑一切应当考虑的因素，以求得出的评估结论具备真实性、有效性。

（三）知识产权出资程序、条件方面

1. 明确可以以用益出资的知识产权的范围

通过对于专利使用权出资所带来的一系列问题、冲突的详细分析归纳，我们可以得出结论：以用益出资的知识产权应当是独占实施许可权，普通许可使用权在禁止之列，而排他许可使用权则需要出资人与其他投资人进行充分协商，在所有投资人一致同意接受排他许可使用权出资的情况下才能将该知识产权用益作为出资用于设立公司。因为在排他许可使用权出资的情况下，权利人仍保留自己实施该知识产权的权利，而这种实施方式不仅包括权利人自己实施，同时也包括权利人与他人合资设立公司实施该知识产权。一旦允许权利人以排他许可使用权出资，则可能发生以后权利人通过与他人合资设立公司的方式形成与接受排他许可使用权出资的公司之间的竞争，损害公司和其他股东利益。因此，排他许可使用权出资的接受与否必须由全体股东一致讨论决定，使得全体股东对其所隐含的风险有深刻的理解与足够的防范，其可以通过对权利人实施范围、时间、知识产权数量等方面进行必要的限制这一方式加以调整。

2. 明确可以以用益出资的知识产权的条件

为了维护接受知识产权用益出资企业和其他股东的合法权益，权利人必须作出以下保证：首先，其必须保证用于用益出资的知识产权在权利上具有合法性，承诺自己所交付的知识产权是第三方不能根据知识产权法提出任何权利要求的；其次，其必须保证用于用益出资的知识产权必须是可靠的，即在出资方承诺以知识产权用益出资后，其必须依约提供相关配套服务以及必要的便利，如专利使用权出资中相关技术资料的完整交付，相关备案手续的办理；再次，其必须保证所投资的知识产权价值在所投资企业经营期限内相对稳定，资本化了的知识产权不可能在企业经营期限内永恒不变，权利人应当进行及时的更新、补充、完善，使得资本化了的知识产权价值相对维持和延续；最后，其必须保证知识产权用益出资不得附加不合理条件，保证知识产权投资对出资和接受出资的各方都是公平合理的，避免损害其他利益相关方的合法权益。

3. 明确对以知识产权用益出资的权利人的限制

作为权利人，其有权按照法律规定将自己所有的知识产权进行占有、使用、收益、处分，但是一旦其将知识产权用益作为出资投入企业，其权利的行使必须受到限制，以保护企业和其他股东的合法权益。首先，未经公司股东会同意，权利人不得转让其权利，如其他股东同意权利人转让其所有的知识产权，在同等条件下有优先购买权；其次，经股东会同意，公司可许可或者转让用于用益出资的知识产权，该行为无须经权利人的许可；最后，权利人在知识产权用益出资期间，无权放弃该知识产权。

4. 完善知识产权用益出资登记备案制度

至今我国对于知识产权用益能否出资、如何出资都没有明确具体的法律规定和相应的配套措施，其始终处于模糊不定的状态。同时，专利法、著作权法、商标法对于许可使用都规定了备案制度，但是并非强制性要求。知识产权用益出资规定的模糊性，使得准备以知识产权用益出资设立公司的投资者经常无所适用，其在选择知识产权用益出资时，必须承担一些因法律不确定而增加的额外交易成本。[①] 如由于缺乏知识产权用益出资相关法律规定而带来的获取必要法律信息的成本，缺乏关于知识产权用益出资标准合同条款而带来的契约成本以及由于缺乏知识产权用益出资登记或备案制度所带来的排他成本。高额的知识产权用益出资交易成本一定程度上挫伤了投资人的投资积极性，阻碍了知识产权资本化的迅速发展，迫切需要在制度层面为其松绑放行。要鼓励创业和促进知识产权用益出资，就必须通过制度创新降低交易成本。主要措施之一就是在明确允许知识产权用益出资的前提下，建立知识产权用益出资的登记备案制度，制定相应的知识产权用益出资登记管理办法，规定申请受理机构、申请程序和登记或备案事项。

[①] 袁晓东、李晓桃："论我国知识产权用益出资"，载《科学学与科学技术管理》2007 年 8 月，第 7 页。

（四）完善出资人、董事责任方面

我们应当通过立法手段逐步细化出资人资本填补义务，强化董事连带责任，使得公司的经营者、操纵者成为愿意负责任、能够负责任、必须负责任的诚实市场人，在维护公司利益的同时，保护知识产权出资者、公司债权人的合法利益。

1. 过分强调知识产权出资人对于知识产权有效性的保证责任对于知识产权权利人以及知识产权的资本化发展不利

笔者认为在公司存续期间，如果以用益出资的知识产权资本价值发生波动，则应当区分以用益出资知识产权的股东是否存在出资不实的问题。如果属于出资不实，则应严格按照公司法相关规定，由以该知识产权用益出资的股东补交其差额，其他股东对其承担连带责任，而该股东亦应当对其他已经足额缴纳出资的股东承担违约责任。如果不属于出资不实，仅是知识产权本身因技术进步而导致的贬值，则只能将其视为知识产权用益出资之合理风险，在上述情况下的知识产权贬值成为了公司风险，同时各股东在设立公司时对此亦有明确的认识，理应由公司承担相应责任。

2. 在公司法中增加股东出资不实或不当的"董事连带责任"

即在以用益出资投入到企业的股东存在出资不实或不当的情况时，对于该出资不实或不当有过错的其他股东、董事、经理均负有连带责任，而经理承担赔偿责任的数额则可以以其报酬为基础确定一个范围。之所以这样规定，完全是为了促使公司成立时的股东审慎对待知识产权用益出资，恪尽职守，防患于未然。同时，亦可以使得公司高级管理人员在企业日常经营中关注公司资产变化情况，增强责任心，在发现公司股东可能存在出资不实或不当的情况时，及时处理。

（五）公司股利分配制度方面

在公司股利分配制度中增加股利托管机制。在美国，为避免股东滥用权利，根据董事会决定，以无形财产或者利益为对价取得股份。但其条件为：（1）董事会必须遵循《美国示范公司法》§8.30、§8.31的要求，决定所接受作为股份对价的某一特定财产的价值是否充足；（2）依据《美国示范公司法》§16.21 的规定，如果公司发行股份的对价是期票和未来服务的承诺，那么公司应以书面形式向股东报告发行股份的数额，公司接受的对价、对价的价值，该报告可在发出下一次股东大会通知书的同时或之前作出；（3）对于以提供未来服务的合同、利益或者是期票为对价而发行的股份，公司可设置托管账户，或进行其他限制股份转让的安排，且可以根据支付的股份的购买价格，将分配利益贷记，直至该服务履行完毕、期票支付、利益实现。如果服务并未履行、期票并未支付、利益并未实现，那么托管或受限制的股份，以及贷记的分配利益，可能全部或部分的消除。[①] 以此为鉴，我们亦可以采取相近的措施：对于以知识产权用益出资的股东，可以在公司分配股利时，将其中部分暂存于公司，交由公司托管，待所投资知识产权用益期限到期日后一次性支付给股东。这样做，一方面，可以促使知识产权权利人主动对所投资知识产权再开发，并将再开发知识产权提供给公司使用以保证其所投资知识产权使用权的价值；另一方面，可以形成一定的制约，防止权利人因种种原因而提前终止所投资知识产权，将权利人的利益与所投资知识产权的价值、公司的利益紧密联系在一起。

综上所述，知识产权出资代表的是一种全新的知识产权利用方式，虽然知识产权本身特性决定了这种出资方式必定会存在诸多缺陷，与现行法律存在格格不入的情况，但是究其原因无非是相关法律规定的缺失。法的宗旨是通过价值得以极大化的方式来分配和使用资源，一切法律制度和法律活动都是以有效利用资源，最大限度地增进社会幸福为目的。[②] 存在即合理，存在即需要。知识产权出资这一方式不仅不能因为其缺陷而举步不前，相反，我们必须通过完善相关配套法律制度、经济制度等方式加快其发展进程，在确保效率与安全双赢的基础上实现专利权价值的最大化，为智慧之火加上利益之油。此举势必将推动更多的科技成果向生产力转化，这对我国经济建设与发展来说有着极为重要的意义。

---

① 参见《美国示范公司法》相关条文 §8.30、§8.31、§6.21、§16.21 的内容。
② 王泰铨："欧洲公司法导论"，载《台大法学论丛》第 25 卷第 1 期。

青 年 论 坛

我国著作权集体管理组织
管理行为性质探究

李兰花[*]

摘　要：将著作权集体管理关系定性为信托关系并不准确，著作权集体管理与信托关系在法律关系当事人和法律关系成立目的、委托人合同解除权、受托管理财产或财产性权利的独立性、诉权行使等方面存在明显不同，定性为信托关系不利于保护权利人的权利。著作权集体管理关系定性为行纪关系也存在不妥，两者在法律关系适用范围、受托人是否有介入权、诉权行使等方面存在不同，行纪关系无法涵盖集体管理关系。集体管理行为应当定性为隐名代理关系，并按照隐名代理关系来处理相关诉讼。

关键词：集体管理　信托　隐名代理

随着中国综合国力的不断提高，中西方在知识产权领域的竞争越来越激烈，在工业产权方面的竞争已进入白热化阶段，充分体现了现代社会知识产权对于提升国际竞争力的重要性。但不同性质的知识产权面临不同的国际市场的格局，在另一个没有硝烟的知识产权领域——著作权领域，尚不存在这种卡位现象。由于文化产业市场无限包容性，这个市场的创造活力源源不断，成为一个不仅能给人们提供精神享受，还能创造巨大价值的产业。以英国为例，在 2017 年仅代表性音乐著作权集体管理组织的总版税收入就达 7.17 亿

---

* 作者简介：李兰花，女，法学硕士，河北师范大学法政与公共管理学院讲师，研究方向为知识产权法。

英镑;① 在我国，根据中国音乐著作权协会的数据，2018 年度音著协许可总收入达到人民币 3.16 亿元，比 2017 年增长约 46.23% ,② 再创历史新高。且近十年来都呈现大幅上升趋势，音乐著作权所带来的效益正在不断显现。相信随着人们权益意识的不断提高，付费使用的习惯不断积累，此种收益将会越来越壮大。

各著作权协会的统计数据表明，自著作权集体管理组织成立以来，对著作权许可使用及著作权维护起到了巨大作用。国外经验也充分证明了这一点，很多国家都非常有效地利用了这一体制,③ 使作品创作与效益形成了良性循环。我国的著作权集体管理制度在取得重大成就的同时，理论上不清晰、制度上过于僵化，没有起到充分保护著作权人的权利、激发创作潜能等作用。本文拟在著作权集体管理组织的管理行为定性这一模糊的问题上，提出管见，以资探讨。

根据《著作权集体管理条例》的规定,④ 著作权集体管理行为应当具备以下基本特征：第一，集体管理权利来源于著作权人。集体管理组织（在我国即各著作权协会）通过制定协会章程、招募会员、要求权利人签订格式化的集体管理合同等做法，确保获得权利人的独家授权；第二，进行集体管理活动时以集体管理组织自己的名义，包括与作品使用人订立许可使用合同和行使诉权；第三，集中行使权利人的有关权利。集体管理包括著作权来源于多个权利人、集中行使某个著作权人的多项权利、集中行使多个作品的某一项或多项权利等内涵；第四，集体管理活动的内容为订立合同、收取使用费、向权利人转付使用费及进行维权。为了行文方便，本文中将《著作权集体管

---

① 冯思雨：“英国音乐著作权集体管理组织运作梳解及其启示”，载《出版参考》2019 年第 1 期，第 70 页。

② 中国音乐著作权协会官网：http://www.mcsc.com.cn/imS－13－1794.html，访问日期：2019 年 4 月 13 日。

③ 孙新强、姜荣：“著作权延伸性集体管理制度的中国化构建——以比较法为视角”，载《法学杂志》2018 年第 39 卷第 2 期，第 37 页。

④ 《著作权集体管理条例》第 2 条规定：“本条例所称著作权集体管理，是指著作权集体管理组织经权利人授权，集中行使权利人的有关权利并以自己的名义进行的下列活动：（一）与使用者订立著作权或者与著作权有关的权利许可使用合同（以下简称许可使用合同）；（二）向使用者收取使用费；（三）向权利人转付使用费；（四）进行涉及著作权或者与著作权有关的权利的诉讼、仲裁等。”

理条例》第 2 条中规定的前三项管理活动统称为行使管理权力，第四项统称为行使诉权。

一、著作权集体管理关系不同于信托关系

长久以来理论和实务界多将集体管理认定为信托关系，此种认识来源于最高人民法院民事审判庭 1993 年发出的一个复函，"音乐著作权协会与音乐著作权人（会员）根据法律规定可就音乐作品的某些权利的管理通过合同方式建立平等主体之间的带有信托性质的民事法律关系"[①]，理论界也有学者持此观点[②]。各著作权协会在章程或集体管理合同中也都使用此种表述。笔者认为，著作权集体管理关系不是信托关系，认定为信托关系不利于保护著作权人的利益，在实践中会产生不良的影响。根据信托法律关系的基本原理，以及《中华人民共和国信托法》（以下简称《信托法》）的有关规定[③]，两者的本质区别体现在以下几个方面。

（一）法律关系的当事人和目的不同

集体管理关系是著作权人与集体管理组织之间形成的关系，著作权人加入且与集体管理组织签订集体管理合同，著作权管理法律关系即告成立。集体管理关系约束的是权利人和集体管理组织两方当事人。信托法律关系分为自益信托和他益信托，自益信托是委托人以自己的财产为自己利益而设立的信托，此类信托中委托人和受益人同一，实际上只有两方当事人，这是与集体管理关系最为相似的一种关系；他益信托是为了受益人的利益而设立信托，这类信托关系包括三方当事人，委托人、信托人、受益人，此类信托完全不同于著作权集体管理。能够以非营利社团组织身份充当受托人的只能是各著作权协会，且每一著作权领域只能有一个这样的机构；信托机构可以是营业

---

① 1993 年 9 月 14 日发布的法民〔1993〕第 35 号《最高人民法院关于中国音乐著作权协会与音乐著作权人之间几个法律问题的复函》已于 2013 年被法释〔2013〕2 号废止，废止原因为"被著作权法及著作权集体管理条例代替"。

② 来小鹏：《知识产权法学》，中国政法大学出版社 2015 年版，第 161 页。

③ 《信托法》第 2 条规定，信托是指"委托人基于对受托人的信任，将其财产权委托给受托人，由受托人按委托人的意愿以自己的名义，为受益人的利益或者特定目的，进行管理或者处分的行为"。

的商事主体。

集体管理组织设立的目的是"规范著作权集体管理活动，便于著作权人和与著作权有关的权利人（以下简称权利人）行使权利和使用者使用作品"，是为了便利著作权人行使权利和使用者的使用，在权利主体和使用人之间成为桥梁。集体管理完全是为了权利人也即委托人的利益而设立，通过集体管理，降低交易成本，使著作权人和使用人之间的沟通渠道更为畅通。委托人建立信托关系的目的是满足受益人的利益或特定目的，信托关系多数用在家族财产的管理和传承上，家族财富的开创者为了使继承人合理使用财产不至挥霍浪费，往往会选择信托机构或管理财产。某著名歌星离世前，因为担心受益人（其母）挥霍财产导致年老无依，将其财产委托给某信托公司管理。根据委托人的授权，每月向受益人支付固定的生活费。令人伤感的是，在其身后，受益人屡生事端多次与受托人对簿公堂，要求收回信托财产，受托人则始终坚持遵从委托人的意愿。另一类信托是为了特定目的，如各类基金会的颁奖基金，多来源于权利人生前的捐赠，通过设立基金会对捐赠基金进行资产运作，所产生的收益用于颁奖。因此，除了自益信托外，信托关系与集体管理组织的管理行为在目的上完全不同。

（二）委托人的解除权不同

著作权集体管理关系的权利人享有随时解除集体管理合同关系的权利，而信托关系中委托人只有在特定情况下才享有信托关系的解除权。各著作权协会章程中均有"会员入会自愿、退会自由"的规定①，退出协会后，集体管理关系即告终止。信托关系的委托人撤销信托的权利受到诸多限制。② 委托人为了实现预定的财产目的，将对信托财产的支配权交受托人行使，其初始目的就带有预防包括来自自身权利的干扰。信托关系成立后，信托财产成为独立于委托人和受托人特殊财产，不仅排斥委托人和受托人以外的人对财产的支配，同时也排斥委托人自身的权利。尤其在遗产信托的情况下，受托

---

① 参见各协会章程。

② 除委托人是唯一受益人的情形外，委托人只有在法律规定的事由出现后才能解除信托关系（《信托法》第52条），信托关系的终止事由法律有明确规定（"信托法"第53条）。

人在委托人去世后行使信托权利，此时完全不存在委托人与受托人在财产权利上的冲突。只有在自益信托的情形下，即委托人自己是唯一受益人时，才有权终止信托关系。即便如此，委托人自行解除信托关系也有一个法定的前提，即"信托文件无其他规定"①。如信托文件中设定了解除信托的条件，即使委托人自己也无权终止信托关系。

（三）财产或财产权利的独立性不同

受托管理的财产或财产权利的独立性不同。著作权集体管理关系中，法律法规并未对受托管理的著作权进行特别安排，无独立于权利人的特性。著作权与权利人的其他财产性权利一样，著作权人生前由著作权人行使，死亡后由继承人继承；当著作权人不能清偿已有债务时，著作权可以列入强制执行的范畴，通过评估变现等方式，作为个人资产清偿债务。而信托财产完全不同，法律赋予了信托财产独立性的特征。信托财产的独立性表现在两个方面：第一，信托财产独立于委托人和受托人。在信托关系期间，委托人丧失对财产的所有权，只有在特定情况下，通过行使信托关系的解除权才能收回财产所有权；信托财产当然也独立于受托人的固有财产，受托人有义务按照法律规定，对受托财产实行单独管理，如设立信托账户管理信托资金。第二，更为重要的是，信托财产的独立性还表现在独立于委托人的其他财产，除自益信托的情形，信托财产不列入委托人的遗产，不因委托人的其他债务而被强制执行②，这一点是任何其他法律关系所不具备的。而著作权集体管理关系并不产生此种法律后果，如果著作权人产生对他人不能清偿债务的情形，著作权作为无形资产应当经评估计入债务人的财产，清偿其债务。

（四）在诉权行使方面的不同

首先，行使诉权维护权利的客观需要不同。著作权集体管理组织的工作

---

① 《信托法》第50条规定："委托人是唯一受益人的，委托人或者其继承人可以解除信托。信托文件另有规定的，从其规定。"

② 《信托法》第17条规定："除因下列情形之一外，对信托财产不得强制执行：（一）设立信托前债权人已对该信托财产享有优先受偿的权利，并依法行使该权利的；（二）受托人处理信托事务所产生债务，债权人要求清偿该债务的；（三）信托财产本身应担负的税款；（四）法律规定的其他情形。对于违反前款规定而强制执行信托财产，委托人、受托人或者受益人有权向人民法院提出异议。"

中，行使诉权、维护著作权占相当比重。根据《著作权集体管理条例》和著作权管理组织的章程、集体管理合同，著作权集体管理的主要内容可以包括维护权益行使诉权。由于著作权是无形资产，作品完成后一经发表，著作权即处于开放环境之中，任何人都能非常容易地接触到，极易产生第三方侵权。因此，集体管理组织必须时刻关注著作权的使用情况，利用技术手段及时甄别侵权行为，采取法律行动。信托关系中受托人的主要职责是完成信托事务，实现委托人的信托目的，诉权仅是受托人的附随义务。信托财产处于受托人管控之下，受托人为了完成委托人的托付，通常都会谨慎处理信托事务，不易产生第三人的侵权，因而信托关系中较少产生信托关系以外的当事人与受托人之间的纠纷。事实上由信托引起的纠纷往往是发生在信托关系当事人之间，而非信托关系以外的人之间。

综上所述，信托法律关系的紧密性远比集体管理关系更强，信托关系中委托人行使解除权受到限制，信托财产具有独立性，在诉权的行使等方面，信托关系与集体管理关系也有明显的不同；而集体管理关系的解除并不存在法律上或事实上的障碍，受托管理的著作权也没有信托财产的独立性特征；以自己的名义行使诉权是著作权集体管理关系中受托人的主要职责，在信托关系中只是附随义务，且在两类关系中遇到的诉讼情形也完全不同。集体管理组织需要对侵权的第三人发起大规模的维权行动，而信托关系不具备这一特性。将集体管理关系定性为信托关系既不符合客观事实，又不利于著作权人权利的有效行使，在司法实践中也易造成判决标准不一致的后果。因此，有必要厘清两者的关系。

二、著作权集体管理关系也不应认定为行纪关系

有学者将著作权集体管理行为定性为行纪行为，主要原因有三个，即两者都是以自己的名义为他人为民事行为、都是向委托人转付利益、都以自己的名义行使诉权。[①] 著作权管理组织集中转付版税，使集体管理组织管理行

---

① 熊琦："非法著作权集体管理司法认定的法源梳解"，载《华东政法大学学报》2017 年第 20 卷第 5 期，第 88 页。

为的法律效果无法直接归属于每个著作权人，① 即代理行为的后果不能直接归属于委托人，因而不适用代理。笔者认为此种观点有待商榷。行纪行为与著作权管理行为存在如下不同点。

（一）两者适用范围不同

集体管理行为针对的是无形的知识产权的许可使用和权利维护，与行纪关系在适用对象上有明显区别，因此，其相关制度不相契合。行纪人以自己名义完成委托人的委托事务，这一点与集体管理行为相似。但行纪关系多发生在贸易领域，② 因而行纪关系中有关制度多是针对有形货物买卖而作出的规定，如未按定价买入或卖出、货物提存、紧急处理等制度。我们日常生活中可能接触到的房产交易，也可归入行纪关系。房产中介提供的即为行纪服务，但是为了规避责任，也有中介将自己设定为居间人的角色。另外，在国际国内商品贸易领域，也存在行纪关系。委托人信任行纪人在贸易领域的专业性，相信行纪人对交易机会的判断能力，将事务委托给行纪人完成。

（二）受托人是否有介入权不同

集体管理组织作为受托人管理著作权时，因为其非营利社团组织的身份所限，不能够从事营利行为，不存在利用受托管理的财产性权利为自身谋利的情形。其身份永远只能是代理人，而不可能成为实际交易的当事人。行纪人的身份在行纪关系中是可变的，可以以自己的名义完成委托人交办的事务，此时，行纪人实为代理人；也可以以自己的身份介入委托人的交易活动，此时，行纪人成为交易合同的相对方。根据行纪法律关系，在行纪人认为交易条件适合时，可以按照委托人的交易条件自行与委托人进行交易，并由此获得利益，这一点与代理关系有根本区别。行纪人既可获得行纪报酬，也可获得交易的差价；如与自己交易，即使行纪人获得了交易的差价，仍然不影响其获得行纪服务报酬的权利。传统的代理关系中代理人不能代表委托人与自

---

① 熊琦："非法著作权集体管理司法认定的法源梳解"，载《华东政法大学学报》2017 年第 20 卷第 5 期，第 88 页。

② 《合同法》第 414 条规定："行纪合同是行纪人以自己的名义为委托人从事贸易活动，委托人支付报酬的合同。"

己订立合同，否则构成自己代理，而导致代理无效。因此，行纪关系不同于集体管理关系。

附带说明，上述介入权也使行纪与信任区分开来。有学者认为，行纪即是信托，如"行纪合同又称信托合同，是指一方根据他方的委托以自己的名义为他方从事贸易活动，并收取报酬的合同"①。笔者认为行纪关系与信托关系有本质的区别，如前所述，信托关系的受托人受托管理委托人的财产，应谨守财产独立性原则，除处理委托事务获得报酬外，不得利用信托财产为自己谋利②，受托人不得获得酬金以外的利益；而行纪关系的行纪人除获得行纪服务的报酬外，还可通过与委托人交易获利。因此，行纪和信托存在明显区别。

（三）在诉权行使方面的不同

有学者认为，行纪关系中，包括诉权在内的请求权也皆由管理人来直接行使，因而集体管理行为是行纪行为，③ 笔者认为此种认识似有不妥。首先，与信托关系相同，行纪人的主要工作职责不是行使诉权，集体管理组织的重要工作内容是行使诉权。集体管理行为的主要任务除行使管理权外，就是以自己的名义向众多的侵权人发起维权行动。其次，行纪人替委托人完成受托事务，与第三方进行交易的行为恰恰是行纪人以自己名义所为，即使产生与第三人的诉讼，也应由行纪人自行解决，所产生的后果也与委托人无关；如造成委托人损失，还应当向委托人承担赔偿责任。④ 最后，行纪关系的纠纷多在委托人与行纪人之间产生，行纪人与第三人之间较少发生纠纷。如与第三人产生纠纷，也只能构成一般买卖合同纠纷。

另外，将行纪人和著作权集体管理组织都是以自己的名义收取费用，然

---

① 郭明瑞、房绍坤：《合同法学》，复旦大学出版社 2016 年第 3 版，第 353 页。
② 《信托法》第 26 条规定："受托人除依照本法规定取得报酬外，不得利用信托财产为自己谋取利益。"
③ 熊琦："非法著作权集体管理司法认定的法源梳解"，载《华东政法大学学报》2017 年第 5 期，第 88 页。
④ 《合同法》第 421 条规定："行纪人与第三人订立合同的，行纪人对该合同直接享有权利、承担义务。第三人不履行义务致使委托人受到损害的，行纪人应当承担损害赔偿责任，但行纪人与委托人另有约定的除外。"

后向委托人转付利益作为两者同一的依据之一，① 也不够恰当。费用的支付方式，并非某种法律关系的本质特征。集体管理组织是以自己的名义进行集体管理行为，并不违反代理关系的原理，因为代理关系中的隐名代理即代理人以自己的名义为委托人的利益为法律行为。凭借是否以代理人的名义行使诉权，也不足以区分行纪和代理。集体管理组织按固定的标准收取版税，在扣除固定费用后集中向委托人支付收益，正是集体管理的代理关系性质的体现。

行纪本质上仍然是代理，但有别于传统代理的特征，因而法律对此作出了特别规定。受托人是否享有以自己的名义对第三人起诉的诉权，取决于著作权人是否授权。为了规范集体管理活动，《著作权集体管理条例》将这种授权规范化。而隐名代理关系中，委托人完全有权将自己的诉权委托给代理人行使，这符合代理的有关规定。因此，笔者认为集体管理行为不是行纪关系，是隐名代理关系。行纪关系本身属于代理关系，② 但是有些权利义务的规定又超越了传统代理关系，集体管理行为并不具备这些超越了传统代理关系的特征，因而不应看成是行纪关系。

三、著作权集体管理关系应认定为隐名代理关系

（一）著作权集体管理行为符合隐名代理法律关系的特征

1. 隐名代理中受托人以自己的名义为委托人完成事务

隐名代理是民事代理制度的一个组成部分。根据《合同法》第 402 条，③ 著作权人以自己的名义与第三人订立著作权许可使用合同时，第三人应当知道委托人的存在，根据有关条款，许可使用合同应当约束委托人和第三人。但是，鉴于著作权集体管理组织身份的特殊性，此时亦符合"有确切证据证明该合同只约束受托人和第三人"的情形，因而集体管理组织与第三人签订

---

① 《合同法》第 421 条规定："行纪人与第三人订立合同的，行纪人对该合同直接享有权利、承担义务。第三人不履行义务致使委托人受到损害的，行纪人应当承担损害赔偿责任，但行纪人与委托人另有约定的除外。"

② 《合同法》第 423 条规定："本章没有规定的，适用委托合同的有关规定。"

③ 《合同法》第 402 条规定："受托人以自己的名义，在委托人的授权范围内与第三人订立的合同，第三人在订立合同时知道受托人与委托人之间的代理关系的，该合同直接约束委托人和第三人，但有确切证据证明该合同只约束受托人和第三人的除外。"

的许可使用合同，只约束集体管理组织和第三人。第三人只需向集体管理组织交付使用费，而无须向权利人履行相关义务。集体管理组织收取使用费后，扣除规定的费用后向权利人转付使用费，正是完成其代理义务的表现。著作权集体管理组织除从使用费中提取固定比例费用外，对著作权不享有任何其他获利方式，其收取的费用是提供委托代理服务应获得的服务报酬。从上述分析可以看出，隐名代理制度完全能够涵盖著作权集体管理。著作权集体管理组织也可为非会员提供管理服务，非会员不受协会章程的约束，与集体管理组织的关系全部以委托管理合同为依据，其代理方式亦为隐名代理。无论是否有委托管理合同，集体管理组织均可为会员或非会员收取著作权法定许可使用费，这是借由法规直接规定的代理关系，可归入法定代理的范畴。

2. 权利人可以随时撤回自己的授权

隐名代理作为委托代理的一种方式，遵循委托代理法律关系的基本原理。当委托人行使撤销权时，委托代理关系终止，委托人的此项权利无任何限制，集体管理关系中的著作权人也享有此种权利。各集体管理组织的章程都规定，著作权人入会自愿、退会自由。这意味着权利人集体管理关系可由权利人任意终止，[①] 著作权人通过退出著作权协会行使撤销权，这种撤销权无须说明理由、无预设条件限制。如前文所述，在信托关系中，委托人如想要解除信托关系，受到诸多限制。当然，著作权人行使撤销权不应损害被许可使用人合法利益。为了保护著作权许可合同相对方的权益，集体管理组织已经签订的合同应当继续履行完毕；权利人退会后，集体管理组织不再另行签订新合同。权利一经收回，著作权人自行处置自己的权利。

3. 隐名代理并不排斥受托人以自己的名义进行维权诉讼

为了保障集体管理组织进行著作权管理的便利性，《著作权集体管理条例》、各协会章程、集体管理合同中均规定，集体管理组织可以以自己名义进行维权。维权活动已占到集体管理组织整个管理活动已的相当部分，根据中国音乐著作权协会 2017 年年报，2017 年协会涉诉案件 218 件，涉案金额

---

① 《民法总则》第 173 条规定，被代理人取消委托或者代理人辞去委托的规定，《合同法》第 410 条规定，委托人或者受托人可以随时解除委托合同。因解除合同给对方造成损失的，除不可归责于该当事人的事由以外，应当赔偿损失。

1029 万元①，可见维权任务之重，并且，维权所涉收入不容小觑。更为重要的是，通过不间断的维权诉讼，对侵权行为形成一定的震慑，使侵权者不敢妄为，在社会公众中逐渐培养权利意识，形成依法付费的习惯。这是形成良好有序的著作权使用市场的基础。因此，维权是著作权集体管理的重要组成部分。隐名代理关系的受托人是否有权以自己的名义进行维权活动，完全取决于委托人的授权，即使没有《著作权集体管理条例》的有关规定，只要在有关授权合同中有明确规定，允许受托人以自己名义起诉，基于代理关系的法理，没有任何法律上的障碍。

无论是信托关系还是行纪关系，发生的纠纷多为委托人与受托人之间的纠纷，而非受托人与第三方的诉讼。即使发起维权行动，维权产生的后果在信托关系中直接归于信托财产，在行纪关系中直接归于行纪人，都不直接归属于委托人。集体管理组织维权所获得的侵权赔偿，在扣除相关费用后，应归于转付的使用费中，从而直接归属于委托人。

（二）隐名代理关系人认定有利于厘清理论和实务中的错误认识

1. 应允许多个集体管理组织存在

首先，这是代理法律关系决定的。将集体管理关系定性为隐名代理关系，既符合客观事实，同时也为实践中的制度性问题提供解决思路。著作权人可以向一个代理人授权也可以向多个代理人授权，授权后，著作权人可以撤销授权，法律不应当限制这种权利。基于此法理，《著作权集体管理条例》中规定的建立著作权集体管理组织，"不与已经依法登记的著作权集体管理组织的业务范围交叉、重合"，事实上限定了某一著作领域只可由一家著作权集体管理组织，使著作权人丧失了对受托人的选择权，与基本法理相违背，在实务当中也产生了混乱。其次，国外成熟经验证明，这种限制完全没有必要。前文提到，仅在音乐作品领域，英国就存在五大集体管理组织，② 这五大组织的存在不仅没有带来任何的混乱，反而带来了许可业务的繁荣。历史

---

① 中国音乐著作权协会官网：http://www.mcsc.com.cn/infom-4-1.html 访问日期：2019 年 4 月 13 日。

② 冯思雨："英国音乐著作权集体管理组织运作梳解及其启示"，载《出版参考》2019 年 1 月，第 69 页。

经验已经无数次证明，没有竞争的垄断只会带来低效率和失去活力。因此，应当取消《著作权集体管理条例》第 7 条第 2 款第 2 项的规定，有关设立著作权集体管理组织的申请，只要符合法定条件，都应当获得批准，[①] 留待市场的取舍和整合。最后，实际上我国摄影领域已经存在除摄影协会以外的集体管理组织，如近来引发极大争议的视觉中国[②]。作为一家老牌的上市公司，其从事视觉内容的服务业务，在权利人授权后，以自己的名义进行过大量的维权诉讼。这种集体管理组织以营利性机构的身份，从事的是著作权集体管理活动。

2. 可以统一司法实践中的认识

由于对集体管理性质上认识不清，导致制度设计成为个体行使权利的桎梏，直接导致司法实践的混乱。现实中大量有关知识产权的诉讼，真正的发起人并非是权利人，而是由专业律师推波助澜。一些嗅觉灵敏的律师发现了商机，和权利人达成协议，以专门负责发起侵权诉讼进行索赔为目的，由著作权人签署授权书。诉讼发起人仅凭借权利人的授权书（而非著作权转让合同），或虽然有转让合同但合同并未规定著作权许可或转让的对价进行诉讼，授权书的实质内容为诉权转让，律师垫付公证费、差旅费、诉讼费，权利人配合诉讼，所得侵权赔偿与权利人协商分配，从而形成一个诉讼产业链。这个产业链的顶端是律师，之后是权利人，最底端的是侵权人。针对此类诉讼，由于对集体管理行为的不同认知，不同法院作出的判决截然相反。有的法院以此类诉讼的原告获得权利转让或授权无对价，以自己的名义发起诉讼，认定为集体管理行为。以这种行为违反了《著作权集体管理条例》第 6 条的规定无效，驳回了诉讼请求。有的法院认为是否有对价是权利人对自己权利的处分，从而认定受让人是权利人，以此认定不构成集体管理行为，支持了原

---

① 乔新生："著作权集体管理组织急待规范"，载《新闻与法》2019 年第 01 期，第 69－70 页。

② 视觉中国是一家老牌上市公司，主营广播电视、网络技术，视频制作娱乐产品的技术开发、咨询、服务与转让。2019 年 4 月因将国旗、国徽的照片列为版权所有，被共青团中央和人民日官微@，引发舆论关注，又因声称获得黑洞的照片编辑类著作权引起质疑，被有关部门约谈，直接迫使视觉中国关闭官网和股价大跌。

告的诉讼请求。① 后者在结论上是正确的，但仅从合同形式和权利处置自由的角度释法，没有足够说服力。因为这种论述难以区分以合法形式掩盖非法目的行为。虽然这类诉讼或多或少有些让人感到不安，如将诉讼变为产业，起诉发起人并非真正的权利人。但深入分析，并无违反法律、法规之处；于社会也是有利的，使侵权人承担其不法行为的后果。如果从隐名代理的角度阐明法理，则更有说服力，因为代理关系并不要求必须是有偿的，只要权利人的授权是真实的，即产生隐名代理的后果，原告有权发起诉讼。

另外，《著作权集体管理条例》第 6 条虽然事实上否定了在同一领域存在多个著作权集体管理组织，但是其禁止的只是同一领域多个非营利性社团作为权利代理的情形。如果营利公司以提供著作权服务为其业务的组成部分，经著作权人授权完全可以从事著作权代理，并以自己的名义起诉，并不违反《著作权集体管理条例》的规定。以隐名代理关系对此类诉讼行为予以解读，更易得出符合法理的依据，如此也可统一司法实践中的认识。

四、结论

著作权集体管理与信托和行纪行为虽然各有相似之处，但又有明显区别，将集体管理定位为信托不利于著作权人行使权利。虽然集体管理行为在目前的法律环境下有其独有特点，但本质上与代理关系中的隐名代理并无不同。在确认某类行为属于哪类法律关系调整时，应充分考虑此行为的特点，也应考虑如何定位法律关系以符合社会现实，尤其应考虑是否有利于权利的保护和社会整体利益。综合以上考虑，著作权集体管理行应认定为隐名代理。

---

① 前者参见深圳菜之鸟唱片有限公司与江门市蓬江区金华娱乐城（普通合伙）等著作权侵权纠纷上诉案，后者参见重庆奥斯汀娱乐有限公司与深圳菜之鸟唱片有限公司著作权侵权纠纷上诉案。

影视作品中背景元素的合理使用

——兼评《著作权法》第 22 条

贾柠宁[*]

摘　要：随着电影、电视产业的不断发展，影视作品已成为大众娱乐生活中的重要一环。但在影视作品的创作过程中或多或少都会涉及场景中相关背景元素"引用"的合理性问题。过分强调在先权利人的权利保护将会对后续影视作品的创作带来很多阻碍，不利于电影文化产业的繁荣发展。本文从"合理使用"规则入手，结合实际，借鉴国外在相关问题与制度上的经验，剖析我国现行《著作权法》第 22 条的缺陷，完善影视作品中背景元素合理使用的规则建构，使优秀影视作品在创作过程中免受被引用元素先权利人过强保护的过度限制。

关键词：影视作品　画中音　画中画

一、相关背景元素"引用"在影视作品中的常态化

随着 3D 版《泰坦尼克号》在国内各大院线的火热上映，除了对 1997 年版《泰坦尼克号》的 15 周年纪念作用外，细心的影迷一定会发现：在某场景中女主角 Lucy 手中拿着欣赏的名画已然由毕加索的《亚维农的少女》变为了德加的作品。究其原因，便是油画的艺术版权问题。据了解，毕加索的这幅油画现存于美国现代艺术博物馆之中，而美国现代艺术博物馆拒绝了卡梅隆导演希望使用这幅作品的请求。在 1997 年版的《泰坦尼克号》中，不

---

* 作者简介：贾柠宁，女，保定学院知识产权学院教师，研究方向为知识产权法。

顾美国现代艺术博物馆的坚决反对，卡梅隆将毕加索作品中的图像稍加修改放在了自己的电影中。此举在当年引起了美国艺术家版权协会的抗议，就在该协会的强烈要求下，卡梅隆无奈同意为使用《亚维农的少女》支付高额的版权使用费。可现实情况是，该幅油画只是作为电影中的"画中画"背景进行引用，无关乎电影整体主题，也无关乎毕加索的美术作品的市场价值与利益。[①]

正如高晓松在其节目《晓说》中所说，为什么你只能在美国电影和电视剧中看到男女主人公总是在房间里看报纸、看新闻和天气预报是因为稍不留神的拍摄，可能会涉及场景中一些背景元素的侵权使用。

类似这样的案件，其实在影视作品的拍摄中经常发生。例如，影视作品中作为背景元素出现的"画中音"，即当我们在观看电影和电视剧过程中会欣赏到场景中的各种美妙的背景音乐片段。再如，在影视作品的画面中我们会看到独特的雕塑、图画或其他艺术作品，甚至包括在电影海报中引用的相关动画形象或其他人物形象等。据不完全统计，美国因影视作品中引用背景元素的案例，最高的判例达到了两千万美元。可见，这些看似平常的使用，却可能为将来的制作方带来不小的麻烦。

此时，如何界定这些背景元素的使用是否属于"合理使用"的范畴尤为重要。合理使用规则是平衡原著作权人私人财产利益和公众使用权利的重要一环，同时，合理使用规则的适用通常会鼓励更加广泛和多样的艺术创作与艺术表达。

二、各国合理使用规则之演进

"适当引用"属于著作权法中关于合理使用规则的基本范畴。虽然适当引用在各国著作权立法上和国际公约上都基本得到了承认，但基于各国在合理使用规则中对于引用的具体规定各有其不同，并且随着科学技术的不断进步与发展，在新兴技术背景下的引用问题层出不穷。具体规定的差异与层出

---

① 贾柠宁、杜苗苗："影视作品中'相关元素'适当引用问题的研究"，载《山西青年》2017年18期。

不穷的新问题导致在真正的司法实践过程中具体认定侵权看起来颇具难度。甚至有些情况下，基于各国在合理使用原则立法层面上的不健全，也会背离合理使用制度中关于适当引用规则的初衷。笔者下面将对各国合理使用规则的发展进程进行较为全面的分析，从中得出一些对于我国合理使用以及适当引用规则方面的启示。

（一）漫长的演进——英国

该规则在英国从发轫到成熟有着较为漫长的过程。从 Gyles 诉 Wilcox 案中法官对于"合理节略"作出的规定到 Cory 诉 Kearsley 案中将"合理节略"这一专有描述替换为"合理地使用"。① 并提出"合理节略"这一专有描述只是对作品的摘录、缩写等基本含义方面的界定，而"合理地使用"则是从某种角度意味着对他人作品提供的材料有着完全崭新的创作性表达和使用，由此便可以产生对公众有益的新作品。此项改变具有里程碑意义，对于后来该规则在司法实践中的使用和发展有着重要的意义。在后来的发展中，英国又注意到并进一步推知，合理使用必须以尊重原作者或原著作权人的利益为前提，引用他人作品而进行新作品创作时不得挤占原作者或原著作权人的市场，引用他人的作品必须有数量的限制和作品创新价值的考量。早在 1911 年英国就以成文法的形式规定："用于个人研究、探讨、批评、评论、报道新闻、登载等目的时，对原作品的合理使用不构成对于著作权的侵犯，并以此成为区别于著作权受到侵犯的相应规定。"

由此可知，英国的合理使用规则演进从 1740 年到 1803 年再到 1911 年经历了一个漫长的制度演进才得以确立。

（二）弹性的四要素——美国

美国在该规定的形成中大致经历了两个阶段，经过这两个阶段以后，美国的合理使用四要素判断标准就基本形成，此标准为美国日后对于相关引用合理性的司法实践之弹性认定作出了很大贡献。

第一阶段：了解美国版权法史的人都知道，1841 年 Folsom 诉 Marshg 是

---

① 吴汉东：《著作权合理使用制度的研究》，中国人民大学出版社 2013 年版，第 16 页。

美国版权法史上第一次对于该规则的系统表述。① 法官 Joseph Story 将英国判例法中对于合理使用的规定创造性地适用于本案之中，并作出了较为系统化的三要素原则的判断标准：（1）使用作品的性质与作者使用作品的目的。在使用原作品的目的中规定，为了促进科学不断进步和文化不断繁荣与发展，并且要从根本上有益于社会公众利益出发。同时，新作品必须付出创造性的智力劳动而不是简单摘抄或仅是额头下的汗水。（2）所引用原作品的数量和价值。①假设一部新作品大量引用原作或原作中具有独创性的表达部分，则其引用的适当性是直接存疑的。②虽然引用的数量不多，但是引用的部分却是涉及作品核心表达的重要内容时，或是对于原作有很大的创作价值，此时即便引用数量小，但仍认定为侵权。（3）所引用部分对于原作市场销售及存在价值的影响程度的大小。通常在一般作品中，新作与原作往往是同一题材的创作，新作的出现不排除会影响原作的销售市场及其市场份额，或减少其收益，甚至有可能取代原作，这样便会侵犯原著作权人的私有财产利益。

第二阶段：美国在 1976 年将合理使用规则法典化，完整表述即虽然有《美国版权法》第 106 条和第 106 条 a 款规定，为了诸如批评、评论、新闻报道、教学（包括用于课堂的多件复制品）、学术或研究的目的，版权作品的合理使用，包括制作复制品、录音制品或以该条规定的其他方法使用作品，不属于侵犯版权。② 在任何特定情况下，确定作品是不是合理使用，要考虑的要素应当包括：（1）使用原作的目的和使用的性质，其中包括这种使用具有商业性质还是单纯为了非营利的公益教育。（2）版权作品的性质，即作品是不是创作型作品，当然创作型作品相比事实性作品而言更易认定为侵权使用。（3）使用部分相对于整个原作品的数量和重要性，这一点的详细内容与美国第一阶段中对于该条的描述是相类似的。（4）使用对潜在市场或者版权作品价值的影响，《美国版权法》第 107 条第 4 款中增加并融入了对于"潜在市场"的规定，这是一个创新，有时，法官在司法实践中预测和关注潜在市场要比关注现有的实际市场更加重要。由此，就确定了美国在合理使用原

---

① Folsom v. Marsh 美国"合理使用"第一案。
② 宋慧献译：《美国知识产权法原理》，商务印书馆 2013 年版，第 126 页。

则中引用的四要素判定标准。在司法实践中，每个要素都要经过法院的严格审查和判定，当然，除了这四项要素以外，在判断是否属于"适当引用"时也要考虑其他与具体案件有关的相对应因素，同时重视"转化性"因素。

（三）其他国家和地区

1. 德国著作权法第 51 条包含了关于合理使用的三项条款：第一，为了说明作品的内容、解释概念和阐述观点而在独立的科学著作中采用已出版的其他作品。这其中的内涵就是为了科学研究而进行的引用。第二，在独立的语言著作中引用已发表的著作片断。这个条款中所能够判定的空间和弹性就比较大，同时充满了争议。第三，在独立的音乐著作中引用已出版的音乐著作的片断，此项条款是美国版权法中所没有规定的，并且在世界范围内，将音乐著作权单列一条来说明其引用的合理性也是十分少见的，但音乐作为一个特殊领域的内容确实值得学界与实务界引起关注。①

2. 我国台湾地区所谓"著作权法"第 65 条规定，"对于著作的合理使用，不构成对于著作财产权的侵犯。并且在判定标准上也采用与美国相类似的要素判定法进行：（1）利用的目的和性质，包括两种情形即营利性质的教育和福利或其他非营利性质的教育目的。（2）著作作品的性质。（3）引用中所利用作品的数量和质量。（4）引用行为对著作权人所拥有的潜在市场与现有价值之影响"。

三、兼评《著作权法》第 22 条的局限性

（一）立法上的穷尽性为司法实践带来了困难

《著作权法》第 22 条关于合理使用规则本身采取了穷尽式列举的方式，规定了 12 种合理使用的情形。有关适当引用规则规定包括："为介绍、评论某一作品或者说明某一问题，在作品中适当引用他人已经发表的作品属于合理使用""为报道时事新闻，在报纸、期刊、广播电台、电视台等媒体中不可避免地再现或者引用已经发表的作品"等。②这种穷尽式列举的规定并不利

---

① 吴汉东：《著作权合理使用制度的研究》，中国人民大学出版社 2013 年版，第 17 页。
② 《著作权法》第 22 条。

于我们在实践中解决随着新兴技术发展所带来的新现象与新问题。我们仍然无法对于合理使用及其中的适当引用行为有一个较为完整的评判体系,来处理包括影视作品在内的应接不暇的新问题。

(二) 引用中量化标准的误导

虽然我国合理使用规则上对科学技术不断发展背景下的司法实践造成了一定的困难,但是在一些影视作品背景元素的适当引用案件中,我们也不难发现法官在最后的判决中还是在积极探索着更合理的裁判标准的。例如,"上海美术电影制片厂诉浙江新影年代文化传播有限公司电影海报侵权"有限一案中。法院最终认定浙江新影年代文化传播有限公司制作出品的电影《80 后的独立宣言》,其电影海报中黑猫警长与葫芦娃等卡通形象的使用为合理使用。一审法院认为:"判断对他人作品的使用是否属于合理使用,应当综合考虑被引用作品是否已经公开发表、引用他人作品的目的、被引用作品占整个作品的比例、是否会对原作品的正常使用或市场销售造成不良影响等因素予以认定。"[①] 二审法院维持了一审的判决,认为根据该案的具体情况应当认定为合理使用。本案在认定电影海报所借用的卡通形象时,就运用了较为开放的合理使用认定标准,而不再拘泥于《著作权法》第 22 条关于合理使用的认定规则。

然而,由于在"造法"过程中没有完整体系、步骤和逻辑的指导,有些司法判决仍然存在一定的不公正。尤其是法官在审判时很喜欢使用量化标准,过度使用量化标准就会忽略对于其他因素的考量,导致偏颇的审判结果。例如,在"音协诉福建电视公司"一案中,法官在审判时就使用了这种过于偏颇的量化标准——以时间长短作为是否属于合理使用(适当引用)的重要考量因素,而并未考虑其他更为重要和关键的因素进行判定。最后,在判决过程中认定:长度为 1 分 45 秒的背景音乐《青藏高原》、长度为 45 秒的背景音乐《我热恋的故乡》和《辣妹子》为侵权作品。长度为 7 秒钟并且由演员所

---

① 上海美术电影制片厂与浙江新影年代文化传播有限公司、华谊兄弟上海影院管理有限公司著作权权属、侵权纠纷一审民事判决书〔2014〕普民三(知)初字第 258 号。

演唱的《一无所有》构成适当引用。①

但这个结果真的公正吗？其实并不然。因为《青藏高原》是男女主角在酒吧中谈话时酒吧里若隐若现的背景音乐，而《我热恋的故乡》和《辣妹子》则是某一场景中广场舞所播放的背景音乐，两者都属于"画中音"的范畴，并未影响原作的实质利益和实际市场，甚至观众在观看时，如果不是刻意提醒，可能丝毫未察觉其有关于电影中的背景音乐的引用，所以何谈侵犯原音乐著作权人的私有利益？而《一无所有》演唱虽然只有7秒，但此曲确实识别度最高，如果其未经权利人许可而擅自在电影中表演则实属侵权。其实，不仅在中国，国外在审判此类案件中有时也会不自觉地把过于量化的标准作为一个重要元素予以重点审查。这种量化的标准过于空洞，过度限制了新作品的创作自由。

四、合理使用认定规则之立法与司法建议

从合理使用规则的立法目的来看，其实就是要解决著作权法保护的"永恒困境——原著作权人的私有权利和大众使用公共利益之间的平衡问题。笔者认为，引用本身的确并不是一种创造性行为，但却是创作活动过程中所必需的一个环节。保护在先作品著作权人的权利固然重要，但要是过分强调在先权利的私有性和权威化，而忽视了后续创作者的需求，这并不利于鼓励作者创造与文化艺术作品的自由表达与传播。

（一）在立法上对于合理使用建立更加开放、完整具有逻辑性的弹性规则

在立法上，对于合理使用规则的修改大致有两种构想。

一是在《著作权法》第22条关于合理使用规则的12种情形后设立"兜底条款"，即其他情形的例外规定，便于司法实践中的灵活应对。优点是立法修改成本较低，但缺点也是很明显的，这样做会造成法官自由裁量的权限过大，面对新技术新问题时没有统一的认定路径和方法，甚至会造成违背大陆法系的法理规则，出现"法官造法"的不科学性与无原则、无标准性。

---

① 中国音乐著作权协会诉福建周末电视有限公司等侵犯著作权纠纷案一审民事判决书〔2003〕一中民初字第11687号。

二是借鉴美国合理使用规则中的四要素判定标准，同时，为了沿袭大陆法系的立法规则，在名称上确立为"四步检测法"或"五步检测法"，以顺应《与贸易有关的知识产权协定》中关于合理使用的名称。确立美国式的合理使用弹性检测规则，优点在于从一种科学的立法与司法逻辑中，对新技术产生的合理使用问题作出了回应，有利于法官在规则体系下，进行自由裁量；缺点是与"兜底性条款"相比较，立法成本要高一些。因此，需在顺应大陆法系法理的前提条件下，反复推敲与修改检测步骤。

（二）在司法实践中的路径

1. 从"思想与表达二分法"层面上进行检测

认定作品是否侵权的标准，最终还要回归对于"思想与表达"的确定。那么，使用者是否侵权使用了被使用者具有独创性的表达，并且这种使用在其自己的作品中是否属于核心性的表达因素，是认定影视作品中背景元素是否构成合理使用的关键。笔者认为，在对于"思想与表达"进行检测时，应采用实质性相似测试，将普通观众测试法与抽象测试法相结合。

（1）普通观众测试法，国内称为整体感官法，这种方式源于美国 1970 年的"Roth Greeting Card vs. United Card Co 案"①，是从普通观众的角度出发，将侵权作品与被侵权作品之间通过普通观众的通常感官进行一个初步的相似性判断。在比对时应注重：比对两部争议作品之间的相似性，从作品的整体来感受，而不能把作品拆解进行比较，同时应站在一名一般观众的眼光去感受两部作品的相似性。在普通观众测试法中，并不对思想与表达做过多纠缠。那么，在影视作品背景元素中，则需要重点考察，在出现该背景作品时，观众是否察觉，察觉程度的高低以及这种背景元素的出现是否对影视作品中的该场景起到了"喧宾夺主"的作用。

（2）抽象测试法，这种方法始于美国的"Computer Associates International 公司诉 Altai 公司案。"，其检验方法分为抽象、排除和比较三步。第一步：运用"思想与表达"二分法在侵权作品之间进行划分，将作品中属于思想的部分与属于表达的部分分开。第二步：将不属于著作权法保护的公有部分排

---

① 该案件主要是关于两个公司制作的卡片插图图像相似与短语一致引起的侵权诉讼。

除后，再次将两部作品进行比对，也就是对比作品中具有独创性表达的部分。第三步：确定案件中所诉的侵权作品与被侵权作品间是否构成实质性表达的侵权使用。相比前一种测试方法，这种方法的可量化性与科学性更加突出，是一种完全著作权法意义上的测试。但是，笔者认为抽象测试法，在涉及影视作品背景元素侵权使用的认定中其效果并不明显，因为背景元素很多时候就是一种对于作品的整体引用或核心引用，关键判定应放在对于观众的测试中。

2. 重视"转化性"避免"过度量化"

转化性规则的确定来源于美国 1994 年有关戏仿作品的"坎贝尔诉阿卡夫·罗斯案"。法院从鼓励创造性活动的角度出发，将合理使用中的第一因素扩充性地提出"转化性使用"的概念。坎贝尔案主审法官勒沃在其代表作中曾提出："能否有一个明确标准可以使得法院合理使用判决具有一致性和可预见性？"坎贝尔案实则扩充了美国 1976 年《版权法》中的第 107 条合理使用的认定标准，虽然"转化性标准"纳入了合理使用的第一要素，但笔者认为实则是合理使用要素的增加。[①]

法律的更新速度永远赶不上技术的发展，会遇到层出不穷的新问题，如果法律当时在立法环节无法预知，那么就应该为其新问题的出现留下一定的弹性空间，为解决这些新问题给予缓冲。

另外，笔者认为"转化性"的认定中"创益性"很重要，这种创益性其实需分两方面进行考量：（1）再作品的创造性，也就是能够看得见的转化性，再作品的具有独创性的表达，属于作者特质的那一部分。（2）再作品的公益性，就是社会化的那部分贡献，也就是该作品对于公众利益与社会文化发展的促进性。[②] 美国第二巡回法庭在审理类似案件中认为："合理使用原则的最终目的是要看被告的作品是否真正促进了科学、艺术的进步，通过合理使用原则使得艺术得到更好的发展而不是阻碍艺术的进步。"[③]

---

① 贾柠宁："音乐创作中借用现象的合理性研究"，河北大学 2018 年硕士学位论文。
② 贾柠宁："音乐创作中借用现象的合理性研究"，河北大学 2018 年硕士学位论文。
③ Erik J. Badia. Split Chords. Addressing the Federal Circuit Split in Music Sampling Copyright Infringement Cases. 7 Pace Intell. Prop. Sports & Ent. L. F. 131, 192, 2017: 131-192.

第一，影视作品中"画中音"的适当引用。

影视作品每个场景中"画中音"的合理使用与否大致要从以下几个方面进行综合考量：（1）是否比较完整地使用了一段音乐片段；（2）所使用的音乐作品片段是否已经完整地表达了作者希望通过该音乐作品所表达出的思想内容、中心主题和情绪因素；（3）所使用的音乐作品是否已经体现出了创作该作品的音乐人的艺术个性（主要是从旋律、节奏、和声、乐器、副歌等多方面的音乐元素进行考查的）；（4）使用的部分占整体作品的比重大小；（5）新作品是否由于使用音乐作品已经挤占了原音乐作品的音乐市场，或者挤占了原作品潜在的市场份额。这些具体的细节因素，全部需要进行全面而细致的考察，不能只单纯考察一种或一个因素，否则不利于对引用合理化的整体判定。

第二，影视作品中"画中画"的适当引用。

首先，要作一个简单的说明，影视作品中对美术作品的引用可区分为与主题有关的引用和非主题性引用。本文所讨论的"画中画"是非主题性引用，即所使用的美术作品对影视作品来说并不是"不可或缺"的组成部分，缺少了该美术作品，影视作品依然可以保存其完整性。尽管如此，某些美术作品如果由于作者独断地限制了电影创作者的使用权利，也可能会破坏电影创作者创作过程中某个场景的合理性与场景中一些"氛围性"的表达因素，从而不利于电影创作者对于电影作品的艺术表达与镜头语言的连贯性表达，这样就会大大地影响电影创作的质量，更严重地会影响整体电影行业创作者的创作热情，从而影响整个电影行业的发展。过分强调原著作权人的在先权利，势必会给后续的影视创作造成过多妨碍，甚至会产生荒唐的连锁结果。

利益冲突的矛盾点在于：美术作品被作为突出的背景，出现次数多、时间长，不可能不引起观众的注意，但是又未构成主题性使用。笔者认为对于这部分的判断标准可以在结合我国《著作权法》第22条的同时借鉴美国四要素的合理使用制度，将其规则运用于其中，这样有利于较为弹性地解决影视作品中"画中画"的适当引用问题。对于未构成主题性使用或者在电影画面中比重微小的"画中画"，可以考虑界定为合理使用原则中的适当引用进行判定。

（三）引入"微量使用"解决影视作品中"画中画"与"画中音"问题

在影视作品中的微量使用规则，主要从观众的感官出发，只要在电影片段中，观众在观看电影中没有感受和察觉到"画中画"或"画中音"给电影所带来的绝对影响，那么可以把此类问题用微量使用规则进行归集，进而判定"画中画"或"画中音"引用的合理性问题。此原则可以与实质性相似测试中的"普通观众测试法"结合而用，也可以独立运用。

五、其他路径：法定许可

虽然有些影视作品中的背景元素可以认定为合理使用，但从更好地平衡在先作品权利人与影视作品权利人之间的关系而言，通过法定许可解决该问题，无疑是一个好办法。设立一个专门有关影视作品中背景元素的许可管理机构，处理这些有关影视作品中使用他人作品作为背景元素的行为，即影视作品权利人在使用他人作品作为背景元素时，事先可以不必经作品权利人许可，而是向专门机构缴纳使用费，再由专门机构将使用费分配给背景元素的在先作品权利人。法定许可的优点在于：减少了与背景元素作品的先权利人沟通许可事项的时间成本，提高了许可效率，也更加符合著作权法在保障权利人享有权利的同时，达到促进文化事业整体发展的目的。

总之，一部优秀的影视作品要能够呈现给大众，相关背景元素的合理使用与引用是不可或缺的。一种科学高效的合理使用规则能够为先作品权利人权利的正当使用与影视作品创作的自由表达搭建起一座共融与协作的桥梁，保证优秀的影视作品创作者不会因为在先权利人的"强权"限制，而导致影视作品创作的质量和利益受到损害，使我国电影行业良性循环发展。因此，当务之急是构建具有原则性、体系性、逻辑性的合理使用弹性规则。

商标资产界定研究

邓　文[*]

摘　要： 目前学界将商标资产界定为"一种能够为企业带来额外收益的顾客关系"或"超越商标功能目的的附加价值或附加利益"观点并不准确。商标资产应表现为一种价值或利益，其与商标密不可分，且需对其外延加以限缩，应是指"依附于商标而形成的，反映商标功能价值、内在吸引价值、外在转化价值，并能够为权利主体带来超越产品或服务本身利益之外预期的未来经济利益"。

关键词： 商标　商标资产　附加价值

品牌是建立在完整的商标体系之上的，品牌资产价值一定程度上需要通过商标资产价值加以展现，两者密不可分。发展品牌经济，积极建构并推进新时代品牌强国战略，需要重视对商标资产的研究。

但是，目前学界对商标资产的研究多限于商标资产的实际运营，集中于探索、创新商标资产价值转化新形式，但少有关于对商标资产本质性问题的思考，譬如商标资产的界定、商标资产的一般特征研究以及商标资产的价值构成分析等。对这些问题的忽视，实际从根源上滞碍了对商标资产价值转化新形式的研究。

一、现有商标资产界定理论

现有关于商标资产的界定，基本都是 20 世纪 90 年代末至 21 世纪初提出

---

* 作者简介：邓文，华东政法大学知识产权学院博士研究生。

的概念，国内学者更多地将商标资产理解为"一种能够为企业带来额外收益的顾客关系"。譬如较早研究商标资产的符国群教授将商标资产界定为"附着于商标之上，能够为企业在未来带来额外收益的顾客关系"①，而且这种顾客关系应体现为"一种长期动态的关系"②，后续学者在对商标资产专题进行研究时基本沿用了上述含义，如郑垚教授认为商标资产应为"企业拥有或控制的附着于商标之上并能够为企业带来额外收益的顾客关系"③ 等。

国外学者则更多地是将商标资产理解为"一种超越商标功能目的的附加价值或附加利益"，譬如法奎汉（Farquhar, Peter H.）将商标资产界定为"商标给产品带来的超越其功能目的的附加价值或附加利益"④，商标资产的价值与商标给产品带来的附加价值或附加利益成正比。加利福尼亚大学伯克利分校阿肯（Aaker, David A.）教授将商标资产定义为："商标资产是这样一种资产，它能够为企业和顾客提供超越产品或服务本身利益之外的价值，同时，商标资产又同某一特定的商标紧密联系，如果该商标文字、图形作改变，附属于商标之上的财产将会部分或全部丧失。"⑤ 美国学者凯勒（Keller, Kevin Lane）则将商标资产理解为消费者由于拥有关于某一商标的知识而对该商标的营销活动所具有的差异性反应。⑥

商标资产并非新鲜事物，但伴随知识产权资产价值观念的转变、品牌经济发展的浪潮，商标资产应被赋予"新"的含义。

二、现有界定理论存在的缺陷

正如前文所述，商标资产虽非新鲜事物，但时代的变化与发展决定了应赋予商标资产"新"的含义。无论是将商标资产对应为"一种长期动态的顾

---

① 符国群："关于商标资产研究的思考"，载《武汉大学学报（哲学社会科学版）》1999 年第 1 期，第 70 – 73 页。

② 同上。

③ 郑垚："商标资产及其计价方法"，载《价值工程》2003 年第 4 期，第 6 – 7 页。

④ Farquhar, Peter H. Marketing Research, 1989, Sep 8, Vol. 1 Issue 3, pp. 24 – 33.

⑤ Aaker, David A. Managing Brand Equity. New York: The Free Press. Journal of Business Research, Elsevier, 1991, vol. 29（3）, pp. 247 – 248.

⑥ Keller, Kevin Lane. Brand Synthesis: The Multidimensionality of Brand Knowledge. Journal of Consumer Research, 2003, 29（4）, pp. 595 – 600.

客关系"，还是理解为"一种超越商标功能目的的附加价值或附加利益"，均
存在一定理解局限。

（一）商标资产应首先表现为一种价值或利益

之所以将商标资产对应为"一种长期动态的顾客关系"，是由当时的历
史环境决定的。符国群教授在《关于商标资产研究的思考》一文中明确指
出："就实质而言，商标资产反映的是商标与顾客（包括潜在顾客）的关系，
顾客关系之所以重要和具有价值，根本原因在于，在现代竞争激烈的市场条
件下，发展顾客关系需要很大投入，而这种关系一旦建立起来，又能保证企
业在未来获得一定的回报。"换言之，将商标资产对应为"一种长期动态的
顾客关系"，主要还是由于20世纪90年代商标资产价值转化形式单一，商标
给予企业利益的关键在于具有稳定关系的顾客基于对商标的信赖，而给企业
带来的超越产品价值本身的额外收益，因此在当时的市场经济条件下，稳定
的顾客关系是商标资产形成的关键途径甚至是唯一途径。将商标资产对应为
"一种长期动态的顾客关系"，在当时的市场经济环境下，可以说一定程度上
揭示了商标资产的本质以及价值构成基本得以适用。

需要明确的是，"资产"并非"关系"，商标资产应首先表现为一种价值
或利益。知识产权资产当然属于"资产"范畴，知识产权资产全部外延与
"资产"部分外延重合，两者为逻辑上的"种差＋属"关系。而"资产"表
现为一种"未来经济利益"。目前学界有关"资产"的本质属性观点主要有
两种，一种坚持"未来利益观"，其认为"资产，是某一特定主体由于过去
的交易或事项而获得或控制的预期的未来经济利益"[①]，与之对应的是"法定
权利观"，其认为"资产是由于过去的交易或事项的结果而被一个主体控制
的、对未来经济利益的权利和其他增长额"[②]。前者侧重认为资产的本质是一
种可预期的未来经济利益，后者侧重认为资产的本质应是一种法定的权利。
事实上，两种观点都是从不同角度对资产本质进行的诠释，但对比而言将资

---

① 该观点主要代表人物是 Sprouse & Moonitlz 教授，后获得美国 FASB 认同。
② 该观点主要代表人物是舒尔茨（W. P. Schuetze）和萨缪尔森（Richard. A. Smuelson）教授，
后获得英国 ASB 认同。

产理解为一种"未来经济利益"更为适宜。究其原因，首先，资产应是基于某种权利所获得的权益，而非权利本身，权利概念中虽包含权益之内容，但权利更多的体现在法律赋予人实现某种利益的力量，强调法律赋予与法律规定；其次，将资产对应为一种未来经济利益，更符合经济发展的客观规律以及以市场为导向的价值标准。对资产本质加以经济学诠释，更有利于资产作用于市场，发挥市场对资产的调节作用，符合现有阶段经济发展的客观规律。可推知，"资产"对应的应为"未来经济利益"，商标资产反映的应该是某种"未来经济利益"，而非"顾客关系"本身。

同时，继续将商标资产界定为"一种长期动态的顾客关系"，现有的很多商标资产价值转化新形式将难以解释。以商标资产质押融资为例，质押得以实现需满足两个要件：一具有可让与性，二是属于财产权。显然，"顾客关系"很难理解为"可以让与"，而且"顾客关系"一定程度上反映了顾客对产品的依赖，虽然此种依赖不存在人身依附关系，但也容易形成其包含人身权属性的误解。继续将商标资产对应为"顾客关系"已不符合社会现实需求。

（二）错误地将商标功能价值排除在商标资产之外

商标的功能价值当然属于商标资产。商标的功能，是指商标在商品生产、交换或提供服务的过程中所具有的价值和发挥的作用。[1] 国外学者在界定商标资产时一般都将商标的功能价值排除在外，究其原因，无非在于学者认为商标的功能属标识的内在属性，不能属于资产的范畴。但依上文的解释，"资产，是某一特定主体由于过去的交易或事项而获得或控制的预期的未来经济利益"，商标固有功能所折射出来的价值恰恰属于资产的范畴。

商标的功能主要包括识别功能、品质功能、宣传功能和文化功能。识别商品或服务来源的功能，是商标最基本的功能，通过不同的商标，消费者可以判断出商品或服务出自不同的企业，从而识别商品或服务的来源，作出自己满意的选择，这种"选择"恰恰是商标权人通过注册、使用标识获得的，能够为权利人带来未来经济利益的功能或手段。换言之，这种"识别功能"

---

[1]　王莲峰：《商标法学（第二版）》，北京大学出版社 2014 年版，第 3 页。

是通过消费者"选择"实现的，而这种"选择"恰恰能带来"价值"，这种"价值"完全属于资产的范畴。

同样，再以商标品质功能为例，由于商标代表着不同的商品生产者和服务提供者，即使同一种商品、同一种服务因生产者、服务者不同，其质量也会不同，因此，商标也表明了其所代表的商品质量的好坏，而商品质量是决定商品信誉和商标信誉的关键。消费者通过商标对那些质量稳定、可靠的商品进行选择。正常而言，品质较高的产品被消费者选择的可能越大，品质较低的产品被消费者选择的概率较小，这种品质功能的不同，给予消费者的吸引力是不一样的，而这种对消费者吸引力恰恰能给商标所有权人带来预期的经济利益。品质功能左右了消费者"选择"的空间，权利主体形成差异性的未来经济利益，这种左右"选择"空间所折射出来的价值属于商标资产的一部分。同样道理，商标的宣传功能和文化功能所折射出来的价值也必然属于商标资产的构成部分。

（三）现有界定未集中反映商标资产的特征

将商标资产理解为"一种超越商标功能目的的附加价值或附加利益"，还存在外延过大问题，具体表现为该内涵未集中反映商标资产的特征。换言之，商标资产当然可以反映为"一种附加价值或附加利益"，但并非所有"附加价值或附加利益"都是商标资产，双方并不存在稳定的一一对应关系。

商标资产首先应为无形资产，其相较于有形资产而言，最显著的区别在于客体非物质性，[①] 外观表达为无形资产没有人们感官可感触的物质形态，只能从观念上感觉它；其次，无形资产具有一定程度的垄断特质，他人未经权利人许可使用即落入权利人保护范畴，这种垄断性集中体现为控制他人专有实施行为；最后，无形资产的价值具有很强的不确定性，这种不稳定性既体现在资产价值所依附的权利不稳定，还包括相较于有形资产，无形资产的价值更容易受到市场波动的影响。

商标资产与其他无形资产，如版权资产、专利资产亦存在区别。版权资产的价值集中体现在具备美感的表达所折射出来的美学价值，专利资产的价

---

① 王迁：《著作权法》，中国人民大学出版社 2015 年版，第 9－15 页。

值则根据一项专利的各项法律因素与各种法律状态，参考与之密切相关的经济与技术方面的影响因子，对特定资本形态的专利技术进行资产价值现实状况与未来预期的价值推断，[①] 其与技术本身密不可分。而商标资产同某一特定的商标紧密联系，一旦商标改变或灭失，附属于商标之上的资产将会部分或全部丧失。

三、兼收并蓄基础上重新界定商标资产

对商标资产的界定，应坚持兼收并蓄之理念，对现有商标资产界定中有益的部分予以"发扬"，而对于现有界定中的陈旧观念予以"抛弃"，同时融入一些新的元素。

（一）商标资产与商标密不可分

商标资产是依附于商标而形成的价值。商标资产同某一特定的商标紧密联系，商标资产价值的形成与转化，都建立在商标的基础上。一旦商标改变或灭失，附属于商标之上的资产将会部分或全部丧失。

商标资产价值之形成，都是围绕商标权而实现的，因此，商标资产不可避免地受商标特性的影响。商标的特性主要包括依附性、显著性、独占支配性和时效性四个方面。以商标依附性为例，商标是用于商品或服务上的标记，与商品或服务不可分离，它依附于特定商标在特定商品或服务上的使用，商标长期不被使用，相应的商标权将会处于非常脆弱的状态。商标资产亦是如此，一旦商标与商品或服务之间不可割裂的依附关系逐渐减弱甚至消失，商标资产的价值亦会因为逐渐减弱或消失的依附关系而减损或灭失，相反，如果商标与商品或服务之间不可割裂的依附关系增强，这种依附关系的增强通常是通过使用实现的，对商标的使用会扩大商标所依附产品或服务的目标市场，从而累积商标资产。

显著性是商标最重要的特性之一，英文表述为"distinctiveness""distinctive character"，是指商标应具有独特性，商标的构成要素立意新颖、独具风格，

---

① 何敏："论企业专利运营中的 SEBS 平台"，载《知识产权》2016 年第 5 期，第 84－89 页。

消费者容易识别。① 对于显著性强的商标，一方面，其更容易被消费者辨识并熟知，更易形成稳定的顾客关系和消费者市场，从而实现商标资产的累积；另一方面，商标资产依附的商标显著性越强，一定程度上反映了商标权利的稳定，商标资产流失或转移的概率也会下降。

商标的独占支配性是指商标权人在商标权范围内独占支配特定商标的权利，主要体现为商标权人对其注册商标的独占使用并排除他人的干扰，既包括自己对商标的使用、转让和许可，又包括排斥他人妨碍、侵犯这些权利。延伸到商标资产，同样包含独占支配之特性。具体而言，商标资产实现的主要形式就是资产所有人对商标的使用以及对外许可或转让，他人未经许可使用商标而创造的资产价值部分当然归属于商标权人。譬如商标真正权利人为甲，乙未经甲许可，将该商标用于自己的产品上，并进行了大量的宣传、推广，投入了大量的物力和精力，累积了一定的商誉，甚至可以说商标资产价值的绝大部分都是由乙创造的，但不论是根据反向混淆理论，还是根据在先侵权原则，乙因侵权行为所创造的商标资产价值仍然归属于甲，由甲排他的独占。

时效性也是商标特性之一，尽管相较于其他知识产权，商标可无限的续展下去，但商标权人对商标不予续展，商标权即告消失，依托于商标之上形成的商标资产价值也相应灭失。

（二）从内容上限缩商标资产外延

对内容上限缩商标资产外延的研究，实质是对商标资产构成的研究。现有关于商标资产构成的理论，可追溯到 1996 年符国群教授在《财贸经济》上发表的一篇名为《商标资产的涵义及构成》的文章，其认为商标资产应由以下几个既有联系又有区别的部分构成：（1）商标知名度。即商标为消费者知晓程度，消费者对商标的知晓程度越高，商标资产价值越大。（2）商标的品质形象。即消费者对产品或商标的总体质量感受或印象，它是基于经验、学习或经他人影响逐步形成的。品质形象以产品的实际质量为基础，但两者并不完全等同。实际生活中，同一品质的两种产品用不同商标推出，即使由

---

① 王莲峰：《商标法学（第二版）》，北京大学出版社 2014 年版，第 64 页。

同一个消费者使用，她所感受到的品质差异可能会很大，原因恰恰在于不同的商标具有不同的品质形象。（3）商标联想。指商标在消费者中激起的与产品特点、使用场合等相联系的情境、事物或特征。（4）商标忠诚。指消费者在某一较长时期内垂青于某一商标，并形成重复选择该商标的倾向。据说，美国通用汽车公司在近二十年的时间里，产品品质一直低于竞争对手，但即使在如此逆境中，该公司产品仍然占据美国汽车市场的1/3。究其原因，主要归功于消费者对该公司商标的忠诚度。[1]（5）附着于商标之上的专有财产，如专利、专有技术、分销系统。这些专门财产如果很容易转移到其他产品或商标上去，那么他们对增加商标资产所作的贡献就非常小，反之，则成为商标资产的有机构成部分。[2] 后续学者在进行商标资产构成研究时，基本沿用了上述观点。

上述有关商标资产构成的分法已相对科学，但仍然存在不周延的情形。譬如商标的稳定性当然属于商标资产的构成，商标资产依附于商标而形成，商标权利稳定与否直接关系到商标资产的价值。[3] 再如商标延伸，其是企业借助现有的商标进入新的业务领域或推出新产品的手段，目的是利用消费者对现有商标的良好态度和感知以及爱屋及乌的心理，从而降低采用新商标的风险，商标延伸的强弱当然影响商标资产的价值。商标延伸越强，既代表商标产品或服务已经形成了稳定的消费群体，同时更进一步扩大了商标受众群体，形成商标资产价值的累积。其实，无论是商标知名度、商标的品质形象、商标联想、商标忠诚、附着于商标之上的专有财产，抑或新增的商标稳定性、商标延伸等，实质都是影响"消费者的吸引力或购买欲望"因素，体现的是商标资产中的"内在吸引价值"，这种"内在吸引价值"是基于商标本身独特的吸引力而给权利主体带来的利益。

但从周延的角度分析，商标资产构成不应仅包括"内在吸引价值"，还应包含"功能价值"以及"外在转化价值"。商标的功能价值当然属于商标

---

① 刘红霞主编：《商标资产管理研究》，中国工商出版社 2009 年版，第 16－17 页。
② 符国群："论商标资产投资"，载《财贸经济》1996 年第 10 期，第 28－32 页。
③ 在 Interbrand 品牌价值评估方法中，其将商标的稳定性解释为"商标的生存能力"，并将它视为影响商标资产价值公式中商标强度的重要七个因素之一。

资产，其是指符合资产属性的商标固有功能所折射出来的价值，包括区分商品或服务来源的识别价值、保障商品或服务质量的品质保障价值、推动商品或服务对外扩张的宣传价值、展示企业精神的文化价值等。"外在转化价值"是相对"内在吸引价值"而形成的新概念，与"内在吸引价值"的产生是基于商标本身独特的吸引力不同，"外在转化价值"是指商标资产通过转化或利用等新形式而形成的价值部分，主要包括：（1）因许可而形成的新价值。商标权人将商标权利中的专有使用权以一定方式许可给非权利人行使，形成商标权许可关系后，被许可人可以依法使用商标，并能根据许可形式行使相应的排他权利，被许可人与许可人一起共同累积商标资产。（2）因转让而使商标资产变现的价值。商标权人将其商标权利卖绝性让渡给受让人，受让人成为新的商标权人，行使商标权利，商标资产通过转让予以全部或部分移转。（3）因作价入股而累积的新价值。法律允许股东以商标资产作价出资，① 商标权人可以通过商标资产作价入股的形式，以较少的现金投入获得较大的投资收益，又可以扩大使用注册商标的商品或服务项目的生产经营规模，进一步提高商标信誉，累积商标资产。（4）因权利质押而盘活的新价值。商标权人以债务或者担保人身份将自己所拥有的、依法可以转让的商标权作为债权的担保，从而进一步盘活商标资产。（5）因资产证券化而衍生的新价值。商标资产证券化是以商标权资源作为融资对象，通过公募渠道，以发行证券方式进行资金募集的行为。② 要实现这种证券化，需要创新型企业等发起机构将所拥有的商标权或其衍生债权（如授权的权利金）转移到特设载体，再由这一载体以该资产作担保，经过重新包装、信用评级和信用增强，在达到信用等级要求后，发行在市场上可流通的证券。③ 当然，"外在转化价值"除包括以上五方面外，还包括资产信托等商标资产价值转化或利用形式累积形成

① 《公司法》第27条第1款规定："股东可以用货币出资，也可以用实物、知识产权、土地使用权等可以用货币估价并可以依法转让的非货币财产作价出资；但是，法律、行政法规规定不得作为出资的财产除外。"

② WIPO：The Securitization of Intellectual Property Assets-A New Trend, http：//www. wipo. int/sme/en/ip_ business/finance/securitization. htm.

③ 黄勇："知识产权资产证券化法律风险防范机制之研究"，载《政法论坛》2015年第6期，第138－145页。

的新价值。

因此，商标资产的构成不仅包括影响消费者的吸引力或购买欲望的"内在吸引价值"，还包括符合资产属性的商标固有功能所折射出来的"功能价值"，以及商标资产通过转化或利用等新形式而形成的"外在转化"价值。

四、结语

对商标资产的界定研究，是商标资产运营或价值转化新形式研究的起始和基础，也是有效构筑立体多元、优势互补的品牌建设大格局，建构并推进新时代品牌强国战略的现实需要。商标资产，应首先表现为一种价值或利益，其与商标密不可分，且需对其外延加以限缩，应是指"依附于商标而形成的，反映商标功能价值、内在吸引价值、外在转化价值，并能够为权利主体带来超越产品或服务本身利益之外预期的未来经济利益"。

然而，对商标资产本质性问题的研究，除商标资产界定研究外，还包括商标资产一般特征的补充研究、商标资产价值构成探索、商标权与商标资产的冲突研究、商标资产跨地域性问题研究等，应在系统地、具体地、体系化地弄清商标资产本质性问题后，再延及商标资产运营与价值转化形式问题。

高校知识产权普及教育问题研究

——以知识产权法公选课为例

李西娟*

摘　要： 高校知识产权普及教育是提高大学生知识产权意识和素养的重要途径，知识产权法作为知识产权普及教育的基础课程直接关系到人才培养质量。本文以知识产权法公选课教学改革为切入点，提出高校应加大知识产权宣传力度；创新知识产权普及教育模式；提高教学方法与教学内容、专业教育的契合性；突出实践教学的改革措施。

关键词： 知识产权　普及教育　课程改革

知识经济时代，知识产权已成为国家发展的战略性资源和重要保障，知识产权人才是实现知识产权创造、保护、运用的重要支撑，也是实施知识产权战略，创新驱动发展战略的前提和保障。不仅要加强知识产权专业人才的培养，还要加强知识产权知识的普及化教育。2008 年颁布的《国家知识产权战略纲要》提出："在高等学校开设知识产权相关课程，将知识产权教育纳入高校学生素质教育体系。"① 可见，知识产权素质已成为当代大学生应具备的综合素质之一。在高校中开展知识产权普及教育，积极探索提高大学生知识产权素质的有效途径和方法，培养具有知识产权素养的多学科背景的复合型、应用型人才具有重要意义。

---

* 作者简介：李西娟，女，法学硕士，石家庄学院法学院讲师，主要从事知识产权方向教学与研究。

① 国务院：《知识产权战略纲要》，知识产权出版社 2008 年版，第 18 页。

笔者采取随机发放问卷和访谈的方式向石家庄学院选修知识产权法公选课的学生进行了调查。本次调查共发放问卷 65 份，回收有效问卷 60 份。通过统计，调查对象的专业背景集中在文学艺术类、工程类、法学、市场营销、计算机软件、机械、数字媒体类专业。调查内容主要涉及学生对知识产权的认知情况、知识产权的需求情况、知识产权法教学内容和方法、知识产权法教学效果四方面。通过对调查问卷数据的整理和分析，梳理出目前知识产权普及教育中存在的问题，并提出相应的对策。

一、知识产权普及教育中存在的问题

（一）大学生知识产权认知能力和知识产权意识薄弱

国家知识产权战略实施已逾十周年，在知识产权人才培养方面加大了资金投入和教育力度，大学生的知识产权意识在逐步提升。然而，本次调查结果显示：10% 的学生了解知识产权，学习过相关知识；26.7% 的学生知道知识产权，有一定了解；63.3% 的学生表示不太了解知识产权，甚至有个别学生不知道知识产权。从知识产权信息获取渠道方面来说，50% 的学生通过报刊、电视、网络等各种媒体获取；25% 的学生从专业知识学习获取；少数学生是在与相关学者、专家、老师的交谈、请教中学习。从以上数据反映出，目前大学生的知识产权认知能力和知识产权意识偏低；知识产权信息获取渠道呈现多样化趋势，以网络媒体、专业学习为主，通过与相关学者、专家、老师的交谈、请教，实践中学习为辅。因此，应充分利用现代信息技术，加大知识产权的宣传和教育力度，提高大学生的知识产权意识，营造尊重和保护知识产权的文化氛围。

（二）现有的知识产权法教育难以满足学生的迫切需求

我国的知识产权高等教育起步于 20 世纪 80 年代中后期，经过 30 年的发展，目前全国建立了 35 所知识产权学院及 26 个国家知识产权人才培训基地，有 76 所高校设置了本科专业，有 200 多所高校正在培养涉知识产权的硕士研究生，有 50 余所高校正在培养涉知识产权博士研究生。① 由此可见，目前的

---

① 陶鑫良、张冬梅："我国知识产权人才培养与学科建设的沿革回顾与发展建言"，载《中国发明与专利》2018 年第 4 期，第 13－24 页。

知识产权教育资源主要集中在专业人才的培养，具体针对高校法学专业或知识产权专业本科或研究生的学生，并未覆盖全体大学生。本次调查结果显示，21%的学生认为非常有必要开设知识产权法课程，74%的学生认为有必要，只有5%的学生认为不必要。在问及学生选修知识产权法课程的初衷时，67%的学生是为了学习知识产权法知识，35%的学生是为了获取学分，20%的学生是为了参加创新创业、科技创新活动、各类竞赛活动做准备，少数学生有其他想法。可见大学生有学习知识产权知识的强烈需求，现有的知识产权课程供给难以满足学生的强烈需求。

（三）现有的教学方法、教学内容与专业教育的契合度较差，教学效果欠佳

知识产权法是一门新兴的学科、内容丰富、体系庞杂。主要包括著作权法、专利法、商标法及其他知识产权。著作权法主要运用于文学艺术领域，专利法与技术创新密切相关，商标法主要运用于商业活动当中。三大部分涉及领域相差甚远，相关的法律制度相差较大。另外，公选课学生专业背景各不相同，为满足学生多元化需求，提高教学效果，需要解决两个问题：第一，要加强教学内容和学生专业背景知识的契合度；第二，要加强教学方法与教学内容的契合度。现有的教学过程中，教师讲授的知识产权理论知识和实例与学生的专业背景相脱节，导致学生运用知识产权知识解决本专业问题的能力较差。另外，在教学方法方面，知识产权教学内容与教学方法的契合度较差。大多数教师沿用传统的讲授法、案例教学法，没有根据教学内容的特点采取适合的方法。如专利申请文件撰写部分需要结合实际申请文件实例对法条进行讲解，并重在培养学生的实际撰写和分析能力；商标的申请流程方面，用图示等可视化的方式更能清晰展示申请环节及各环节间的关系，比单纯讲法条效果要好得多。因此，传统的法学教学方法已难以满足教学需求，应采取多种教学法，提高教学方法与教学内容的契合度，提高教学效果。

（四）知识产权实践教学环节薄弱，学生的实践能力有待提高

知识产权是一门实践性强的学科，因此我们在进行理论教学过程中，重视实践教学环节。目前，在知识产权法教学过程中，教师往往重视基础知识

的灌输，忽视实践能力的培养，导致学生分析问题、实际操作能力偏低。在本次调查中48.3%认为在教学过程中，理论学时和案例分析、实际操作等实践学时应各占50%；26.7%的学生认为理论学时占60%，实践学时占40%；16.7%的学生认为理论学时占70%，实践学时占30%。可见，大学生要求增加实践学时的呼声很高。

二、推进知识产权普及教育的改革措施

（一）加大知识产权宣传力度，提高大学生的知识产权意识

要增强公众的知识产权意识，就有必要从增加与知识产权有关的信息供应量着手，……而增加信息供应量最常用的方法便是进行舆论宣传与教育。[①]高校作为知识产权人才培养基地，理应承担起知识产权宣传和教育的重任。因此，高校应重视知识产权教育，加大知识产权的资金投入和建设力度，通过开展多种形式知识产权宣传和教育，多渠道传播知识产权知识。例如，可充分利用每年的知识产权宣传日活动，组织开展知识产权系列讲座、知识产权知识竞赛、知识产权征文比赛、分发知识产权知识宣传册等系列活动，强化学生对什么是知识产权、知识产权的重要性、知识产权与专业的联系、如何保护知识产权有一个基础的了解，培养学生的知识产权意识，树立浓厚的知识产权文化氛围。

（二）创新知识产权普及教育模式，提高知识产权教育的覆盖率

目前，部分高校开设了知识产权法公选课程，基于选课人数限制，每学期只有一百多名学生接受知识产权教育，因此，传统的课堂授课或培训学生覆盖率低，难以满足普及教育的需求。而知识产权远程教育通过线上学习、辅导、测试的方式完成整个教学过程，打破了传统教育的人数及空间限制，大大提高了学生受众率，越来越受到高校的推崇。2018年5月，中国知识产权远程教育培训河北子平台通过国家知识产权培训中心审核并顺利签约，正式拉开了河北省知识产权远程教育培训工作的帷幕。石家庄学院作为河北省

[①] 何华："知识产权意识的制度经济学分析"，载《中南财经政法大学学报》2007年第6期，第27–30页。

知识产权培训基地负责子平台的运行，同时作为六家准分站之一，为石家庄学院开展知识产权远程教育提供了契机。

知识产权法作为知识产权普及教育的基础课程具体以什么方式开设，通过问卷调查发现，41.5%的被调查者认为应以公共基础课的方式开设，15.1%的被调查者认为应以专业必修课的方式开设，13.2%的被调查者认为应以专业限选课的方式开设，30.2%的被调查者认为应以公共选修课的方式开设。前三者加起来高达69.8%，说明本课程有作为通识教育的必要性；认为作为专业必修和专业限选的达到28.3%，这部分学生主要涉及机械、计算机技术与科学等理科专业，说明知识产权课程与理科专业有强相关性。30.2%的被调查者认为选择以公共选修课开设，这是目前高校知识产权普及教育采取的主要形式。通过数据显示，知识产权法作为通识课的呼声高于公选课，可见，在知识经济时代，对大学生的综合素质提出了新的要求，知识产权素质越来越成为大学生的重要素质之一。

综上所述，不同的高校、不同的专业，具体以什么方式开设知识产权法根据具体情况而定。笔者认为，高校可首先考虑开设知识产权法公选课，条件成熟的可开设知识产权法公共基础课。鉴于理科专业与知识产权的强相关性，建议以专业必修课的方式开设。诚如英国学者 Roach J. 等所说："理解和应用知识产权是工程技术人才应当掌握的核心技能，……知识产权法课程应当是工程技术人才的核心课程而非边缘课程。"[①] 尤其在"新工科"建设背景下，大数据、人工智能与知识产权密切相关，知识产权法课程的作用日益凸显。

（三）加强教学方法与教学内容、专业教育的契合性，提高教学效果

由于知识产权涉及领域广泛，学生专业背景不同，学生需求呈现多元化，为加强教学内容和专业需求的契合度，笔者在开设知识产权法公选课时尝试了模块化的教学模式，即"理科专业＋专利""文学艺术类专业＋版权""市场营销类专业＋商标"的三种知识模块组合。每个模块组合在具体内容安排上，分

[①] 徐升权："全日制工程硕士'知识产权'课程建设研究"，载《学位与研究生教育》2012年第11期，第17－21页。

知识产权政策解读、基础理论知识、应用及实际操作三个层次，通过三个层次内容的相互渗透和融合，全面提升学生对知识产权的宏观视野、理论基础知识、实践操作技能。在教学方法方面，根据教学内容，尝试了多种教学方法的灵活运用，知识产权政策解读采取讲授加视频播放的方式；基础知识采用讲授加分组讨论法；知识应用及实际操作层面采用案例讨论、情景模式法、绘制流程图等方法。教学方法的改革也得到了学生的认可，调研结果显示，68.6%的被调查者认为知识产权法宜采用讲授法、案例讨论法、实际操作模拟法等多种方法相结合。同时，充分利用现代网络技术，通过建立QQ群，实现线上的电子课件、案例资料、问题解答、知识产权最新动态资料的共享，与学生建立了全方位的、立体化的教学模式，有效提高了教学效果。本次调研结果显示，通过学习本课程，81.7%的学生提高了知识产权意识；46.7%的学生提高了用知识解决实际问题的能力；33.3%的学生了解了知识产权与本专业的关系；36.7%的学生继续学习知识产权知识，并有将其作为以后的工作方向的意愿；26.7%的学生有制作小发明，申请专利的意愿；20%的学生有参加创新创业竞赛的打算。可见，教学方法与教学内容的改革效果明显。

（四）突出知识产权实践教学，提高学生的实践能力和创新能力

为提高学生的实践能力和创新能力，高校应不断创新实践教学模式，笔者认为，应具体从以下几方面进行改革。

1. 加强知识产权法教学内容的实践性，提高学生实践能力

在教学内容上，首先，不断强化实务内容的引入，如引入国内外最新的案例、立法动态、社会热点问题及实务操作规范等。其次，加强知识产权法教学与毕业论文等实践环节课程的衔接，引导学生选修知识产权类毕业论文，促进不同专业知识与知识产权深度融合。例如，管理类的学生可以撰写知识产权管理类的论文，理科专业的可以撰写某一技术领域知识产权保护问题等，通过不同领域、多角度、多维度地探讨知识产权问题，更容易发现新问题，提出创新性观点，提升论文写作质量。

2. 强化教学内容与创新创业教育衔接，为创新创业教育服务

随着国家创新驱动发展战略实施以及"双创"工作深入推进，大学生创

新精神和创新能力的培养已成为各高校人才培养的战略性问题，为此，各高校非常重视大学生创新创业教育，将创新创业教育纳入课程体系，鼓励学生参加各类创新创业和科技竞赛活动。知识产权是创新成果的有力保障，掌握知识产权知识是创新成果保护和转化的有力武器。本次调研结果显示，70%的学生表示有了创新成果，知道用知识产权法保护创新成果，但30%的学生表示不知道。68.4%的学生表示不知道用何途径保护创新成果，但31.6%的学生知道。说明学生对创新成果的保护意识淡薄。因此，加强教学内容与创新创业的衔接，培养学生在创新创业中运用知识产权保护和运营创新成果的观念和意识。

3. 充分利用实践教学基地，提高实践教学效果

实践教学基地是开展实践教学的重要场所，也是提高教学效果的重要途径。

本次调查结果显示，近70%的学生建议在教学过程中安排一至两次到实务部门参观、学习的机会。因此，可利用知识产权教学基地，让学生通过实地观摩、见习等方式了解知识产权在实务工作中的运用，感受知识产权在创新成果创造及保护、运营、转化、推广中的重要作用和价值。同时，通过实践教学，提升学生对知识产权工作的兴趣和爱好，为学生就业提供一个新的方向和领域，为知识产权专业人才的培养和储备发挥积极作用。

互联网下的著作权侵权

郝晓丹*

摘　要：网络作品的突出特点是传播速度快、侵权行为隐蔽，这使得网络作品著作权人的利益难以保障，且互联网作品著作权利益分配也是一个亟待解决的问题。网络著作权制度的建设是世界潮流，然而当下存在的问题是传统的著作权制度不能适应网络著作权发展的现实需要，因此需要相关立法来解决目前的僵局。笔者认为，应当从互联网下著作权的特点来对其侵权问题、利益分配以及激励机制进行分析与研究，以此推动法律的进步。

关键词：著作权　网络侵权　传播权

一、网络作品的基本概念及利益分配

（一）网络作品的概念及其特征

网络作品，是指在互联网上出现的作品，涵盖互联网上传输的各种数字化作品的形式。只要在互联网上出现的、传播的作品符合著作权法规定的条件，就是我们所称的网络作品。当前网络上传输的主要为文字表现形式的作品，也有计算机程序，以及多媒体作品。[①] 作为新形式出现的著作，我们不应因其形式的数字化来否定其本身存在的著作权，应适应其发展趋势对其加以保护。

网络作品相较于传统作品而言，其特征表现在以下几个方面。第一，

---

　　* 作者简介：郝晓丹，女，河北经贸大学硕士研究生。
　　① 宋哲：《论互联网上著作权保护》，华中师范大学 2009 年硕士学位论文。

网络作品呈现出数字化特征，往往伴随着数字编码的存储且技术性较强，使得其与一般传统作品之间存在着本质的差别；第二，网络作品的传播速度较快，能够使作品更加普及化与大众化，但同时这种优势在无形之中也是一种劣势，这种快速传播的特点会给网络作品带来致命的打击，稍有不慎将会使网络作品没有任何价值可言；第三，网络作品可以以多种媒体方式呈现，例如，附加声音和生动变化的图像，能够使网络作品更加具有直观性，同时也为作品注入了新鲜血液；第四，程序性，网络是通过大量的程序设置与操作运行的，网络作品亦是如此这极大方便了表达方式的调整与转换，表现出一种高度的灵活性；第五，侵权的隐蔽性，由于互联网具有传播速度非常迅速同时消除侵权痕迹也较快的特点，使得很难掌握侵权的证据；第六，立法相对滞后，网络著作权侵权的法律法规要晚于实践中发生的侵权案例，所以很难得到及时的保护；第七，在地域方面，在传统的著作权时代，作品一经完成著作权自动形成，但著作权的认可需要经过一些国家之间的协议达成才会在别国领域有效，然而互联网本身不受地域限制的特点会使得在不同地域很难被区别界定。

（二）互联网下著作权利益分配状况

在网络环境下网络作品的传播者、创作者、使用者是紧密联系的，网络作品作为传统著作权在新的网络时代下的一种延伸，其传播者可谓功不可没，现代网络作品的传播者也就是网络服务的提供者，他们在网络作品中发挥着重要作用；但是如今最不可忽视的则是网络作品的使用者，他们是刺激网络作品市场发展的永动力；创作者与传播者前期所做的工作都是为了满足使用者的需求，没有使用者这个庞大的消费群体存在，也就没有传播者与创作者的存在意义和价值。综合上述，网络作品的创作者和传播者都在为网络作品的使用者服务，按照利益群体可以将网络作品的创作者和传播者分为一类，将网络作品的使用者（社会大众）分为另一类。

在现实生活中，创作者与传播者是分不开的，创作者在完成自己的作品后需要通过网络服务提供者来进行更大范围以及更加迅速的传播。他们之间也会达成合作协议，划定自己的利益分配标准，使创作者可以集中精力来进行创作，而传播者专门负责作品的发表及传播的实际操作。而使用者则是一个庞大的社会群体，涉及所有可能使用到这些作品的用户，他们的需求极大刺激了创作者创作热情与网络服务提供者的发展。

二、互联网下创作者的境遇与呼声

（一）书写的革命到自由的狂欢

在传统的环境下，大多数作家将作品发表在报刊、书籍这些传统的媒体上，但传统的媒体往往存在自身的局限，作家很难任意发表自己的作品，大多都要经过报社、杂志社出版社的层层审查，这使得作品的数量大大减少。

然而，互联网时代的来临，使每个有创作才能的人都可以成为作家，他们不再需要因为出版社的原因，而使自己的作品搁置。创作已经不是一个遥不可及的梦想，每个人都可以在网络这个平台上去发表作品，写作已经不再是文人雅客的代名词，只要我们有兴趣，人人都可以通过网络发表自己作品，各种各样的作品都可以被发表，以此来抒发自己，让更多有共鸣的人可以看到。

（二）及时的互动与便捷的传播

过去，创作者在写作中比较封闭，所有作品的修改与定稿都是由创作者一人来完成，不能够预知这部作品的受欢迎程度，然而现在在网络环境下，创作者可以将未完成的作品发布在网络中随时与读者交流与沟通，让广大读者来参与创作，广大读者的出谋划策无疑为这部作品的畅销打下基础，创作者与读者之间意愿相互呼应，可以激发创作者的灵感，让其所创作的作品符合读者要求，一部有影响力甚至畅销的作品就已基本完成。且便捷的网络为创作者和读者之间的交流提供了方便，无纸化时代的来临大大降低了传播的成本，读者可以通过网络随时随地下载作品，很少为了寻找一份资料而奔波于书店和图书馆。在当前的科技背景下，一台电脑可以装满一个甚至几十个图书馆所拥有的资料，随着科技日新月异，网络环境为文学发展赋予了非常便捷的途径。

（三）身份的隐匿与话语权的变革

在传统纸质载体的时代，作家也许会因一时的失言而使自己遭受社会的重压，因此在这样的压力下，作家往往不能表达自己内心真实的想法。但在网络环境下却不同，作家可以以自己的真实姓名写作，也可以匿名，只要不触碰法律及道德的底线，作家可以真实地表达自己对社会生活的真实感受。与纸质时代相比，网络环境减轻了作家的心理负担，为作家提供了一个相对宽松的创作环境，能够更大限度地激发作家们的创作热情，反映社会真实的一面。但我们也知道，如果对网络环境不能够好好规制，也会使他们借助这种隐匿的身份相互攻击、抄袭甚至挑战法律的底线，偏离正确的轨道。

如今的网络写作无疑是一种创新形式，是创作话语权的变革，在创作上占主导权的不仅有文学精英，只要你想要创作，人人都可以在网络下发表作品，人人都有成为知名作家的可能。

三、关于互联网下著作权激励机制的思考

在数字网络环境下，互联网技术的发展无疑带给我们更多的方便和快捷，但也给侵权者带来可乘之机，他们通过网络下著作权尚不完善的漏洞来侵犯著作权者的权利，各种侵权网站的肆虐发展，让著作权人苦不堪言，机制的保护确实势在必行，但是一味惩罚却绝非良策，仅能治标不能治本。可见，目前我国存在的问题是传统著作权制度不能适应网络著作权发展的现实需要，主要表现在传统的著作权激励机制不能适应新的社会发展需要，虽然各国著作权法设置的目的都是鼓励每个人能够将个人创造的知识财富贡献出来以便于分享充实我们的文化，通过这种方式法律为著作权人创制了财产权，使得我们能够将所创制的这些信息变成自己的私有财产，而在网络环境下这种私有化的政策导向有碍于商业运作的，对新兴产业的发展造成威胁，不符合网络开放式特点的本质需求。著作权人所享有的私有化在一定程度上大大压榨了公共空间的资源，也是网络环境下著作权侵权现象层出不穷的原因。为防止侵权，各国学者提出了一些措施，但从根源上来讲，著作权的保护本就是为了公众利益，互联网上著作权人将自己的著作设置壁垒，阻隔部分人欣赏，

在这样模式操纵下的著作权，反而会使网上的各种盗版与泄露著作内容的情况铺天盖地，导致互联网下著作权侵权问题层出不穷，著作权人的财产权在无形之中遭到侵犯，利用互联网本身快速传播的特点让法律所保护的权益形同虚设，与此同时，这种破坏力所导致的后果是无法挽回的，却也没有可以根治的解决方法。因此，笔者认为当下必须提出切实可行的方案来保护互联网侵权现象。

四、完善互联网下著作权制度的建议

（一）增强国民著作权保护的理念

在互联网产业中，我国的网民数量已经跃居全球第一位，但在我国的互联网用户中，大家比较青睐免费作品，从而使得网络服务者推出的免费作品更能吸引大众的目光。在网络环境中，公众普遍对著作权保护的观念较为淡薄，会在互联网上进行分享而忽略对著作权的保护，使得网络侵权现象愈演愈烈。由于互联网作品本身具有传播速度较快的特点，使得作品被复制分享大量转发，侵犯作者著作权。然而，由于我国互联网中著作权作品的特殊性以及我国法律的滞后性，使得执法机关很难去搜集证据进行处罚。盗版书籍与软件虽然会有利于作品的传播，但对社会的创造力伤害巨大，因此我们需要提高国民对著作权保护的意识，让公众保护著作权的意识提高，才能抵制盗版。[①]

（二）限制避风港规则的适用

避风港原则需要对网络服务者的主观状态进行认定，这一做法导致该规则的滥用，我们无法有效地对网络服务者是否知道网络上的内容属于侵权作品进行认定，网络服务者很可能在接到通知后以自己不知道为侵权作品为由而免责，这会在很大程度上对权利人的利益造成侵害，使网络服务者与权利人利益失衡，倾斜于网络服务者，这样会不利于激发网络服务者的责任心，甚至会使网络服务者侵权现象加剧，因此我们要限制避风港适用。例如，上

---

① 张玉明：《网络环境下著作权保护的探析》，湖南师范大学 2013 年。

传某些影视作品的剪辑属于明显侵权，应该认定上传者主观明知，而直接对其进行处罚，使网络服务者承担起应有的责任。

（三）纳入著作权补偿金制度

著作权补偿金制度是现阶段弥补网络环境下著作权人经济利益的一个有效手段，但在我国目前属于空白，因此引入著作权补偿金制度有着深远意义。著作权人的利益与公众的利益平衡成为网络著作权制度所首要面对和解决的难题，两者的冲突很大程度上构成了目前网络时代著作权保护制度的核心，因此我们需要缓冲两者的矛盾。著作权补偿金制度在一定程度上对于著作权人遭受的损失进行了一些弥补，虽然这一制度本身仍有许多需要改进之处，但是该项制度在网络著作权保护的进程中发挥着历史性的作用。[1]

总之，在当今这个信息发展迅猛的时代，互联网的使用已成为我们生活中必不可少的，但我们逐渐发觉网络是一把双刃剑，它给我们的生活带来了极大的便利，也会给我们带来负面影响，尤其以网络环境下的著作权侵权纠纷为主。然而，网络侵权的解决方式又事关著作权人与社会公众的利益博弈，会成为社会公众与媒体所关注的焦点，因此，我们必须采取措施来解决由此产生的问题，去保护权利人的合法权益，笔者认为，制定适应时代发展的法律法规势在必行。

---

[1] 陈斐：《网络环境下的著作权保护》，山东大学 2015 年硕士学位论文。

登记制度在版权转让中的应用

王　斌　刘丛革*

摘　要：随着版权交易数量增多，保障著作权转让过程中的交易安全，已逐渐被人们所关注和重视。现行《著作权法》虽然允许版权财产权进行交易，但对如何交易，交易需要履行的手续、过程等却没有作出详细规定，这使一部分人在利益驱使下作出违背商业信誉的事。版权人将其版权出售给不同的受让人，版权购买商在购买到版权后，将其购买的版权进行多次交易。笔者认为，必须在《著作权法》中增加版权登记的一般性规定，统一登记机关，明确登记的效力，规范版权登记的内容。建立起相应的制度规范版权交易，维护版权交易的市场秩序，促进版权市场的安全，维护版权人的正当权利。

关键词：登记制度　权利取得　版权转让

一、引言

著作权系自动取得的一种权利，因此其本身缺乏公示基础。权利人在利用作品获得经济利益时，经常会遇到如何证明自身权利来源正当性的问题。因此，作者需要通过一定的合法程序并借助社会组织的力量，运用登记制度将著作权的权利归属、变动情况以及存续情况记录在案，以利于宣告或者明确权利状态。

---

* 作者简介：王斌，男，河北经贸大学法学院硕士研究生；刘丛革，男，河北经贸大学法学院硕士研究生。

著作权转让登记制度是目前较为合理的一种著作权公示制度，如果运用得恰到好处，能够有效地弥补著作权自身缺乏公示基础的先天缺陷。在版权让渡中使用登记制度，具有规范性。版权的财产权是著作权人追求的目标，是获得现实效益的前提，目前来看无论国家的经济实力、文化水平、社会性质差距多大，都对版权的使用进行了较为明确的规定。版权的财产权的利用主要是版权转让，构建登记制度，不仅有利于版权人获得经济利益，而且为作品的合理使用给予了重要依据。

随着版权交易的兴起，版权交易的安全无法保证，例如，贾平凹的著作——《古炉》，在他完成创作之后就与某出版社签订版权转让合同，该合同中明确规定除人身权以外其他权利归出版社所有，但是几年后网络上却出现该书的电子版，随即该出版社联系了该网络出版商，由于网络出版商也和著作权人签订了买卖合同，因而该网络出版商应该表示，他们与作者约定的是对该书全部内容的独占性并且首先发表的版权，而著作权人贾平凹却表示对具体情况不了解。出现这一问题，我们在谴责著作权人的同时，更应该思考其背后原因，正是因为我国现行著作权法的相关法律制度缺失，所以建立版权转让登记制度显得尤为重要，同时，该制度的构建可以有效防止一个版权引起数个纠纷的现象。

二、版权转让登记的概念和功能

（一）版权转让登记的概念

版权转让登记顾名思义即为版权进行转让时应该履行的登记手续，指版权的转让者把让渡后权利的相关内容记录于登记簿上的行为。该制度是对转让结果的确定和保障。版权转让登记可以对没有进行登记的协议进行抗辩，把登记作为处理诉讼的初始证据。有一大部分人主张应当参考各国法律制度，把登记备案作为版权让与的公示，解决让与来往中的信任和成本问题。[①] 版权登记又可以分为著作权人初始权利获得登记和通过签订版权转让合同交易获得版权登记。

---

① 李冠正："论建立我国著作权转让登记制度"，载《法学之窗》2008 年第 11 期，第 79 页。

（二）版权转让登记的种类

现在世界上有近70%的国家对"版权转让登记"进行立法，当然这些国家并未把版权登记作为强制履行的义务，按照国际惯例，作品自创作完成之日起自动受到保护。① 世界也有一些国家，例如，印度、日本、埃及等国规定原版权人或者其他版权人可以将其作品送到相关机关进行登记，即使没有提出申请也不影响版权的享有。考察全球各个国家的具体法律可以发现，在版权演进的过程中，采取的登记制度基本上可以区分为三种模式。

（1）取得版权的基本前提是进行登记。版权如果想获得国家承认，必须到有关机关办理登记手续。作者完成作品创作之后，无论是否面向大众，必须要进行登记，才可以获得该作品的相关权利，否则该作品不会被承认和保障。

（2）行使版权以登记为基础。不备案也享有版权，但要获得更好的认可和减少受到侵权的麻烦，必须进行备案。如果不去登记或者登记的内容不全面，则要受到法律的制裁，或者致使版权转让使用无效。

（3）登记是权利的初始证据。不登记虽然也可获得版权，但是履行登记制度，却是在版权受到侵犯时保护正当利益的重要凭证，即将登记证明书作为上诉的证据和得到法律保障的前提。

（三）版权登记制度的功能

当今社会经济高速发展，我国版权交易数量不断攀升，但是我国版权交易领域频繁出现"一权多卖"现象。为了遏制这种严重影响版权交易安全的现象，当下我们需要建立版权登记制度，在版权交易双方签订了版权转让合同后必须予以公示，让其他人能够从外部查知该作品的权利归属，只有这样才可以维护版权交易的安全，降低版权交易带来的商业风险。具体地讲，版权登记制度有三方面的功能。

（1）版权登记制度的建立可以让除作者以外的其他人能够方便地查阅作品，甚至合理使用作品，从而减少对版权的权属不明而产生不必要的纠纷。

---

① 来小鹏：《版权交易制度研究》，中国政法大学出版社2009年版，第79页。

（2）版权登记能减少版权让与中的不必要麻烦，并可以更好地保护权利人的正当利益。① 如果因权属不明产生纠纷，权利人就要拿出相应的证明，证明权利所属状态，维护自己的合法权益。

3. 版权登记制度可以说是一种特殊的公示制度，可以减少因为版权随意转让而产生的纠纷。版权登记制度有效地防止了侵权行为的发生，维护市场交易秩序，便于政府对于市场的有效监管。设立该制度，可以把作品的相关权利所属情况录入一个集中的数据库里，便于人们查询，此外，版权管理部门可以监督侵权现象的发生，对侵权现象予以打击。

三、我国版权登记制度存在的问题

我国的文化行业最近呈现出高速增长的趋势，文化产业对经济发展的贡献率也将不断提高。随着版权交易频率的增加，对其保障制度也会有所完善，只有建立起版权转让登记保护制度，才能维护交易的安全。

我国的担保法规定了版权的财产权可以质押，该权利的让与对双方利害人具有很大的作用。既然一般意义的质押都要进行记载，那么版权的让与也必须进行记载。② 在版权转让的现实履行中，迫切呼唤一项新的制度来维护版权交易的安全。

（一）著作权法缺乏关于登记的一般性条款

著作权法未对版权转让登记制度进行规定，目前对于版权登记的规定主要集中在一些规章中，但这显然是不合适的。版权登记主要有一般性作品登记和特定作品的登记。

（1）一般性登记规定是指作者对自己创作的作品进行登记，但是即使不申请登记也会赋予其版权，这一点与国际社会普遍认同的《伯尔尼公约》保持一致。《作品自愿登记试行办法》第 8 条同样规定了登记需要的手续和证明。《著作权质押合同登记办法》对版权质押作出了阐释，该办法要求出质双方必须签订有效书的面合同，订立后，双方当事人共同到国家机关进行质

---

① 郑成思：《版权法（修订本）》，中国人民大学出版社 2004 年版，第 89 页。
② 冯晓青、马翔：《知识产权法热点问题研究》，中国政法大学出版社 2015 年版，第 9 页。

押登记，自授予相关证明之日起，所签订的合同才真正产生效力。

（2）虽然我国对部分无形作品的登记作了比较详细的规定，但是没有明确说明登记的效力，这就导致人们对登记制度无法信赖，也就不会花费更多的时间和金钱来进行版权登记。

从上述分析可知，我国著作权法对于登记制度没有明确的要求，仅有部分规章，而部分规章更多地关注著作权产生、变动的原因。条文中直接划定的登记问题只针对著作权的质押登记。并且规章不具有强制性。因此，我国对于版权登记的规定难以引起人们的高度重视。

（二）没有统一登记程序和机关

我国现行法律对于版权登记需要提交的证明文件、具体步骤没有规定。各地在进行备案时，需要提交的资料等并没有一致的标准，登记的方式也不尽相同，致使登记无法按照有序的流程进行。在一些规章中划定了一致的机构负责电子计算机软件著作权的登记，但却没有清楚地指出版权让与登记的机构。国家版权局统领全国的版权工作，当然包括登记工作，另外肩负对于国外以及港澳台地区的登记工作，地方版权局担负本区域内的版权工作。但在实践中，地方版权局甚至把登记事项委托给中介机构办理，造成我国登记机关不明确。

（三）审查的程度没有可循的规则

著作权登记机关的审查程度没有可循的规则。登记机关是否有足够的水平判断一件作品转让是否可以受到法律的保护，审查机关的审查达到怎样的程度才能满足登记公信力的要求，一直是著作权登记制度完善的焦点之一。即使不在著作权法中统一规定登记机关的审查程度，但是也应当有此方面的规则，确定登记机关进行审查的最低限度，以保障转让登记的准确性和可信度。

（四）登记效力不明确

当代施行版权登记的国家对该行为的效力都有明确的说明，规定把登记证书记录的内容作为处理纠纷的原始证据。我国著作权让与采取当事人签订书面合同加之自发备案的权利变更方式，但是我国法律均没有对版权让与登记行为的效力作出明确的要求。这种没有明确效力的登记制度会大大打消人们进行登记的积极性。只有在著作权法中明确规定这种表征方式以后，第三人才可以信赖这种表征，长此以往第三人便不会对登记的信息产生怀疑，这种信赖便具备了合理性。从经济角度来看，登记制度可以减少花费。在著作权买卖的前期，出让方和受让方会运用多种渠道采集有用的信息，在这个采集过程中会产生一些费用，即信息成本。如果采取登记制度，那么所耗费的人力、物力、财力远低于当事人自己采集信息的费用，从而使登记这种公示方式在整个版权交易过程中降低了必须花费的成本。[①]

（五）登记内容不明确

目前，虽然对版权登记制度有所涉及，但是没有清楚地指出和要求进行备案的内容，构建该制度的目的就是要把著作权静态地表达出来，降低因此而发生的纷争和争端，维护版权在市场经济中流通。[②] 只要是提出了登记，就必须规定版权登记的内容，这一点是至关重要的。

（六）没有统一的收费标准

当今各地区经济发展水平不一样，收入水平也会有所不同，根据现阶段经济发展状况，登记显然是不能免费的，所以如果登记就需要有所花费，换一个角度考虑，版权交易双方当事人总会获得一定的经济报酬，所以免费就显得有失公平。但是在实际操作中各地区收费的标准不统一，这显然不利于调动公众登记的积极性。

四、完善我国版权登记制度的建议

版权的享有并不以登记为必要条件，而是从作品创作完成的那一天开始享有，但登记的作用也不容忽视，登记可以为交易提供一个全面的数据库。就目前经济发展状况和版权交易数量而言，公众的著作财产权需要得到应有的保护，现行制度已经跟不上时代发展的需要，为了提高版权的交易速度，

[①] 李冠正："论建立我国著作权转让登记制度"，载《法学之窗》2010 年第 5 期，第 23 页。
[②] 吴汉东：《知识产权基本问题研究》，法律出版社 2014 年版，第 145 页。

推动文化产业继续前进，迫切需要完善我国的立法。① 然而目前我国版权转让登记制度还是个盲区，结合法律惯例、分析目前发展现状以及对发达国家成功经验对照学习，我们应该朝以下几方面进行努力。

（一）在立法中增加关于版权转让登记的规定

立法工作在保护著作权方面起到的是宏观的指导作用，是行政工作和司法工作必须遵循的规则。我国的著作权法对版权登记尚未实行强制性的要求，只是规定版权施行自愿登记；在著作权质押合同中对版权质押进行了说明，但是在实际操作中，远没有引起权利人的重视。如果规定著作权登记的法律制度本身存在不合理之处，那么对于著作权登记实践工作将产生较大的负面作用，这样就限制了版权转让的流动速度，从而也就无法达到促进版权交易的预期效果。因此，我国应加快完善著作权的立法，将著作权登记的重要作用发挥出来，维护著作权的变动，可以在著作权法合适的章节加入著作权让渡登记制度。

（二）统一版权登记程序和机关

所谓程序，即做一件事的工作步骤。我国目前法律对版权登记的流程尚未统一要求，我们要构建一套完整的登记流程和规则，避免登记工作的失误，只有拥有细致的登记程序，申请人才能更高效地完成记载，同时还能降低登记机关的工作量。在建立版权登记制度的基础上，要对登记进行不断完善，就需要一个一致的登记机关。通过对目前登记机构的梳理和整理，明确权责，构建从上到下、运行顺畅的登记机关。国外都有专门的机关进行登记，所以我国也应该效仿建立起统一的版权登记机关。没有全国统一的登记机关，对于登记的履行过程和结果很难真正做到公平和透明，再加上各地经济发展情况不同，所以主管机关工作人员素质良莠不齐，这样有可能出现登记失误。只有建立起统一登记机关，才能防止这种现象的发生。由国家版权局作为登记机构似乎不妥，国家版权局负责全国的版权事务，如果再加上版权登记，其工作任务就过于繁重，所以，笔者建议可以在其下设立一个国家版权登记

---

① 李明德：《知识产权法》，法律出版社 2014 年版，第 268 页。

中心，既减轻了国家版权局的负担，又构建了专门负责的管理机构。

（三）明确审查的内容与形式

审查的内容应当包含作品是否系作者独立创作完成，完成时间，权利内容，申请登记人与作品的关系，权利有无质押等。后面几项可以要求申请人提供相关的书面证明材料加以佐证，审查机关对材料进行书面审查即可确认。

（四）明确版权登记的效力

版权登记应当采取登记对抗主义。版权虽然与物权不同，但是可以以物权的公示公信原则为基础进行完善。物权对物的控制是直接支配的，在这种特质的前提下，假若没有来自外力监督和管理的形式表达物权的形成、变动及灭失，势必将出现很多的麻烦，带来不必要的威胁因素。登记的生效应该像物权变动一样实现登记公告的公信力，有关机构将权利的变更情况如实记录，在进行变更之前，可以从外界知晓权利的归属状态，进行变动的当事人应该充分相信记录的情况，物权的公示原则要求物权的获得、变更、灭失必须以一种可以从表面知晓的形式体现出来，[①] 所以版权登记也跟物权登记一样，登记即生效能更好地规范交易活动，避免出现矛盾。

（五）规范版权登记的内容

版权登记就是权利的静态公示。日本规定了版权登记的内容，包括权利所属人、作品的名称、第一次公布的日期等，我们构建相关制度也可将上述内容进行记录。具体包括：作品权利所属人、发表名称、第一次公布日期、权利变更登记的申请人、版权权利变更的范围。只有把这一系列的重要内容记录在登记簿和计算机数据库中，才能保护我国版权产业的健康发展，维护版权交易的市场安全。

（六）统一收费标准

一个制度建立起来就是要面向全国，所以没有哪个地方可以搞特殊。对于版权登记收费标准国家应该根据现实需要，考虑各地的经济发展状况出台一份实施细则，坚决遏制经济发展地区收费高、门槛高的问题，这样还可以

---

① 魏振瀛：《民法》，北京大学出版社、高等教育出版社 2014 年版，第 223 页。

从侧面鼓励作者创作，追求更大的经济效益。

五、结语

我国知识产权保护的意识和环境有了很大改善，取得了一定的成果，但在制度设计以及实践工作中仍然存在一些问题，阻碍了我国著作权保护水平的提高。因此，在著作权保护上，我国还有一些问题需要解决。在立法上，需要在《著作权法》中增加著作权转让登记制度的明确规定；在行政执法上，要对著作权转让登记工作的统一性进行调整，包括登记机关的统一以及审查工作的统一等；此外，要保证登记信息的准确性，提升著作权登记工作的社会公信力。

在当今的知识经济时代，知识产权所蕴含的潜在价值受到关注和正视，其在国家经济发展中的贡献率越来越明显。针对我国目前经济发展现状，便捷、高效、安全的财产流转对社会经济来说具有重要意义。我国著作权法虽然准许版权财产权让渡，但却未构建和它相切合的保护体制。由于版权不具有实体性，所以很容易在版权转让中出现"一权多卖"的现象，这样就破坏了版权交易市场秩序与安全，这一系列问题的出现依靠现行的规定是解决不了的。为此，我们有必要建立保护版权转让交易安全的制度，也就是版权转让登记制度。为了实现最大的经济价值，减少买卖中的费用，那就需要不断完善我国著作权法中对转让部分的缺陷，为构建相关保护制度多做理论分析和实践检验，总结出有关法学理论知识来支持版权登记制度的创建，在著作权法中加入版权转让登记制度这一规定，构建版权变动的公示体系。

人工智能生成物著作权的定位

侯湘荣[*]

摘　要： 社会发展日新月异，科学技术水平逐步提高，人工智能技术从辅助人类生产的工具逐渐发展成具有自主创作能力的高科技产物。该项技术在新闻和视觉艺术领域被运用得十分成熟，但对于人工智能所产生内容的可版权性及其权利归属，在法律领域内尚未有统一的定论。应该在有限的眼界范围内，遵循人工智能软件设计者意志，人工智能生成物不但仍可由独创性判断标准来认定，权利归属也应借鉴早已运用成熟的法人作品和制定相关的司法解释对其进行规定，将人工智能的所有者视为著作权人。

关键词： 人工智能　生成物　著作权保护

一、人工智能的界定及传统认识

（一）人工智能的界定

人工智能（artificial intelligence，AI），是一门代表科技界高端发展的技术。该项技术能够通过计算机的智能化分析来生产出能够代替复杂的体力劳动以及脑力劳动的智能程序。美国斯坦福大学人工智能研究中心尼尔逊教授对人工智能下了这样一个定义："人工智能是关于知识的学科——怎样表示知识以及怎样获得知识并使用知识的科学。"美国麻省理工学院的温斯顿教授认为："人工智能就是研究如何使计算机去做过去只有人才能做的智能工

---

* 作者简介：侯湘荣，女，河北师范大学 2017 级民商法学研究生。

作。"① 到目前为止学术界对人工智能仍然没有达成统一的定义。但无论是哪种定义，所展示出来的人工智能技术的智能化以及高效便捷的特点和基本内容都是相互一致的，即研究如何应用计算机的软硬件来模拟人类某些智能行为的基本理论、方法和技术，从而使得该项技术给人类带去福祉。目前，我们可以按照智能化的程度把人工智能技术分为弱人工智能、强人工智能以及超人工智能。当处于弱人工智能阶段时，此时人工智能所发挥的作用就如同智能机器人帮助人类做家务，或者"天猫精灵"同人们聊聊天，在人们的生活中所起到的仅是辅助提高生活质量的作用而已。而随着世界各国对于科技的大量投入，人们逐渐进入被电子信息化所包围的世界中，智能化大幅提高，人工智能技术一次又一次实现科技突破，直至几乎可以独立完成工作。例如，"小冰诗人"突破了人们对于科技的想象力，独立完成了诗歌的创作。因此，在这科技飞速发展的阶段，智能化打破了人们对于科技的认识，拓宽了人们的视野，突破了之前立法者调整各方利益之间的平衡，科技给我们的未来社会带去了未知的神秘感以及新的游戏规则。

（二）对人工智能生成物的传统认识

"人工智能"一词来源于达特茅斯会议上，自此以后，人工智能的领域不断扩展，人们也逐渐对人工智能产生认识。直到如今，人工智能已经在无形之中很贴近大众的生活，我们无时无刻都在享受着人工智能技术给我们带来的精彩。例如，自主驾驶汽车、网络上精确的检索信息、解决在线纠纷问题、全面收集个人信息、在日常生活中的智能手机、能根据用户喜好推送个性化的信息等。同时，越来越多的无论是专业的科学家还是科研爱好者都纷纷投身于对法律条款中人工智能的应用研究。毋庸置疑，将人工智能与法律相结合，用法律的权威去规制人工智能，使得人工智能领域越来越科技化与规范化，无论从哪个角度来讲这都是一项具有深远意义的工作。在科技水平较落后的时期，人工智能起到的就如同前文所提到的辅助性的作用，我们把人工智能当作便利生活的一种工具，自然而然的，我们对待人工智能的生成物的认识就如同看待民法中的孳息。我们按照法理中的"创作即所有"的原

---

① 李萌：《会计信息处理智能化研究》，天津商业大学 2007 年硕士学位论文。

则来分析人工智能的生成物的法律属性。最后结论是，由于人工智能生成物的权利主体不是自然人，所以人工智能生成物并不属于著作权法中的作品，自然也不会得到著作权法的保护。但是随着科技水平的不断提高，人工智能的智能化水平已经达到了几乎可以脱离人力控制的水平，虽然该生成物很难满足著作权法中所保护的"作品"的要件，但我们可以基于企业投资者和市场激励的角度出发，制定相关的法律赋予人工智能生成物一个准确的定位，从而使其受到法律保护。

二、从不同角度分析人工智能生成物的特征与著作权定位

（一）从法学理论角度分析

在私法的世界中，权利主体与权利客体的法律地位是固定不变的，永远都不可能出现权利客体与权利主体之间地位互换的情况。对于著作权法而言，权利主体与客体之间的法律地位同样如此。我国著作权法的制定，一切都是围绕"人"这一要素所开展的。在对作品进行分析时，著作权法中明确构成"作品"的第一大要素必须是在文学、艺术等领域内的独创性的表达，而其中所谓的"表达"就是指必须以文字、言语、符号、声音、动作、色彩等一定表现形式将无形的思想表现于外部，使他人通过感官能感觉其存在。[①] 由此可见，表达的前提就是自然人所独有的智力或思想。其次，在对作品进行权利归属判定时，我国的著作权法条款中明确否认了自然人以外的对象作为作品的作者，除非特定条件下，法人对于作品享有权利。由此可知，根据我国目前的法律条款的意思，人工智能生成物即使在法律领域内认可其具有作品的客体地位，但是从主体上讲，我国目前的法律还是行不通的。权利主体与客体的严格划分和转换禁止，必然是绝对权的支配性所带来的结果，私法完全否定了权利主体在任何情况下变成权利客体，进而被作为可支配对象的可能，但这一限定同时也排除了客体支配客体或客体归属于客体的可能。[②] 所以如果严格依据现行著作权法来解释，再加上人工智能机器化的特点，这

---

① 吴汉东：《知识产权法学》，北京大学出版社 2011 年版，第 51 - 53 页。
② 熊琦："人工智能生成内容的著作权认定"，载《知识产权》2017 年第 3 期，第 3 - 8 页。

个时期的人工智能尚处于科技水平还比较落后的阶段，基本上在创作过程中起到工具性的作用，无法具备同自然人一样的意思和意志去独立的创作，其生成的内容更不能突破人的思维成为法律意义上的作品。但随着智能化水平的提高，智能机器的创作对人的依懒性越来越小，这时就会对我国当下的立法体系造成冲击。我们有必要及时研究人工智能的价值，从而为今后的立法提供基础。

（二）从利益平衡角度分析

著作权法是知识产权法的重要组成部分，知识产权的核心原则就在于维护各方利益。对于人工智能生成物来说，著作权法可以本着对作品产生的利益进行分配的原则，来调整传播者、投资者，计算机系统操作者以及著作权人与社会公众之间的利益关系。

只有肯定人工智能生成物的价值，才会平衡对于人工智能生成物过程中的投资者、设计者与操作者等各方之间的利益，保证各方的智力成果以及劳动力受到保护，人类才会愿意付出更多的时间和精力去完成这项科技任务，从根本上讲，这也将会大大的推动科学的发展，给予科技释放大量的能量去给社会带来福祉。反之，如果著作权对人工智能生成物不加以保护，由于人工智能生成物与普通的作品在表面上看并无区别，人们将会肆意地使用人工智能生成物，投入与使用严重失调，造成该生成物的价值流失并且造成市场混乱。长期以往，人工智能的设计者、操作者、编程者的利益都会受到损失，而经过精密设计的利益分配体系将会失去应有的平衡，产生蝴蝶效应，造成一片混沌的场面，这无疑是对科技进步的一大障碍。

（三）从市场激励角度分析

从市场激励机制的角度来说，市场是在竞争关系中逐渐形成的，商家彼此之间既是对手也是相互促进的催化剂，这对于人工智能这项技术来说同样适用。人工智能技术，代表着 21 世纪最高端的科技成就之一，代表着人类的智力劳动成果，如果没有相关的法律法规对人工智能生成物进行保护，人们就会在利益的驱动下，大肆利用人工智能技术高效率与成本低的特点，造成科学技术的价值大量流失。换一个角度，从市场方面来分析，如果不赋予人工智能生成物著作权，虽然人类作品市场吸引力和流动性不会丧失，以人类作品形成的发行、复制和传播为经济链的著作权市场将会依旧繁荣。但是，从竞争力的角度来说，人类作品并不会得到提升，市场在对于整个作品行业的创新激励机制方面明显不足。本质上讲，这并不会有利于对于作品行业的提升。反之，若给予人工智能生物著作权方面的保护，则在人工智能生成物与普通作品在相同的条件下，市场对于人工智能生成物的需求量将会大幅度增加，普通作品的需求量则会被削弱，从而对于传统的供给链造成前所未有的冲击，但是我们的社会在不断向前发展，终有一天人工智能技术将会占领市场的主导地位，传统的消费链以及供给链都将随之变化，这些都为人工智能生成物进行著作权方面的保护提供了可能性。

（四）从受益者角度分析

人工智能生物的受益者是一个广泛的概念，不仅会给科研技术带去发展的快感和催生科研人员的思路，而且还会给使用者带去方方面面的便利，将人类带入一个真正的数字化与网络化发展的时空中。从使用者的角度去看待人工智能生成物的著作权保护问题，这无疑是一个非常紧迫且必须的事情。在如今的情势下，如若不赋予人工智能生成物以准确的法律定位和权利归属，就如同人们在使用被市场经济所摒弃的"三无"食品一样，虽然在一定程度上会给消费者带来快感，感受到科技的力量，但是日积月累，对于使用者来讲所面临的风险则会日渐凸显。人们在使用智能机器人时倘若没有具体的法律加以规制，使用者自身的利益（像身体健康权或者知情权、隐私权等方面）受到了侵害，这时就可能使使用者和立法者陷入一个尴尬的处境，明知是不合规的事情，但是缺少明确的法规去规制，依旧可能造成侵权事件频发。

三、人工智能生成物权利归属的现实安排

根据上文中所提到的传统观点，我们可以将目前科技水平比较落后、对人的依懒性较大的人工智能生成物称为"第一类生成物"，这类生成物属于我国著作权法所保护的范围；而对于智能化水平较高的生成物，甚至能够独立创作的人工智能，我们称之为"第二类生成物"，面对如今的立法现状，

第二类生成物的法律定位及权利归属尚未有统一的规定，这也是学界的一大争议焦点。要想解决这一问题，我们首先要探讨以下两个问题：第一，这个时期人工智能生成物的内容是否达到了最低限度的创作性，也就是最低限度的独创性；第二，人工智能生成物是单纯的机械计算和程序推演还是人工智能设计者的行为。就目前大量的数据显示，人工智能生成物与普通作品在外观形态上是并无区别的，这也就表明，仅将最低限度的创作性拘泥于完全由人类所独有，这显然具有一定的片面性以及在司法操作上不具有可实施性。显然，我们这时对于人工智能生成物的定位问题就落到了第二个问题上，也就是人工智能生成物的产生到底是单纯的机械计算和程序推演而来，还是人工智能设计者的行为。按照上述的思路分析，这时就需要确定人工智能中的"智能"与人工智能设计者或使用者的关联程度。从人工智能内容生成的步骤来看，需要机器学习从以往的数据中发掘和整理出有价值的信息，而后这些信息将成为未来内容生成或者解决其他问题的基础。机器对这些所传输的数据形成数据建模，以此来应对未来的不同场景和生成出不同的内容。人工智能超越人类之处，更多的是来自穷尽一切可能路径的超计算机能力，而非创作力，在专家学者们看来，创作力的根本还是人在数据建模过程中通过训练赋予人工智能的价值取向。从现阶段人们的思维出发，人工智能今后的发展再迅速，也依旧是建立在人的意志的基础之上的，最终人工智能获得成果也只是将无意识且无条理的数据信息经过选择和编排形成可供欣赏和理解的各类作品。

基于上述的认知，无论是"第一类生成物"还是"第二类的生成物"，亦或是人工智能处于哪个阶段，我们在有限的认识范围内，一定程度上都可将人工智能生成物视为代表设计者或者人工智能学习阶段的训练者意志的行为。① 由此看来，我们完全可以将人工智能的所有者视为作者。因为在人工智能生成内容的过程中，无论是人工智能的设计者或者训练者在操作技术时，都代表着人工智能所有者的意志，其中参与创作的其他人员与所有者之间的

---

① 黎桥：《人工智能生成内容在著作权法之下的法律保护问题研究》，浙江大学 2018 年硕士学位论文。

关系只不过是雇用关系罢了。在上文中从法理学角度对于人工智能生成物的著作权保护进行分析时，否认了人工智能生成物的主体地位，但是承认了其客体的地位，在这样的情况下，我们可以换一个角度去分析，将人工智能的所有者视为作者，在制度上来说是完全没有障碍的。实际从我国现行的著作权法的立法精神来看，早已摒弃了仅将人作为权利主体的私法基础，法规中早已将承认类似组织这样的能够将其独立意思传达给具体从事创作的主体，或许我们也可以直接制定相关的著作权法的司法解释，将对于人工智能生成物这类主体的保护从含蓄变为直接的去保护。以此类推，人工智能生成物的产生从过程及表现方式上就代表的是设计者或者所有者的意志，这是毋庸置疑的事实。因此在面对人工智能生成内容的法律争议问题上，对该内容是否是作品，完全可以适用独创性判断标准，并在满足的前提下，以代表所有者意志创作为理由将著作权归属于人工智能所有者享有。[①]

---

① 黎桥：《人工智能生成内容在著作权法之下的法律保护问题研究》，浙江大学 2018 年硕士学位论文。

网络文学作品著作权的保护

谢丽娜*

摘　要：互联网本身具有传播快、内容易获取的特点。近两年侵犯网络文学作品著作权的案件频发，由于网络文学作品著作权归属较难确定、专有性弱，导致著作权人维权困难。笔者认为，加强对网络文学作品著作权的保护可采用以下两种方式：其一，引导著作权人进行私力救济，在司法机关不介入的情况下维护自己的权益；其二，加大对侵犯网络文学作品著作权行为的处罚力度，督促行政机关加强监管，通过公权力保护与私权利救济相结合的方式保护网络文学作品的著作权。

关键词：网络文学　著作权　侵权行为

一、网络文学作品概述

（一）网络文学作品概念和内容

随着信息技术的发展，互联网不仅为人们查找资料、休闲娱乐提供了方便，同时也为文学创作者们提供了新的平台。相较于纸质书籍，作者将作品发表在互联网上更加便利。作者将写好的文档通过网络进行上传，最快只需几小时就可以展现在大众眼前，并且它无须像纸质书籍一样经过排版、编辑、校对、印刷等一系列过程，既节省了时间，又节省了人力物力，所以被越来越多的作者青睐，同时也受到读者的欢迎。

"网络文学作品"俗称"网络小说"，就是指在互联网上首次创作并发表

---

* 作者简介：谢丽娜，女，河北师范大学法政与公共管理学院 2017 级民商法学硕士研究生。

的作品，供网络用户阅读。著作权是指自然人、法人或者其他组织对文学、艺术和科学作品依法享有的财产权利和精神权利的总称。① 网络文学作品著作权与传统书籍的著作权相同，都享有一定的财产权利和人身权利。但对于网络文学作品来说，信息网络传播权是它所享有的著作权内容中最为重要的一项。《中华人民共和国著作权法》（以下简称《著作权法》）第 10 条以及《信息网络传播权保护条例》的有关规定，所谓信息网络传播权即以有线或者无线方式向公众提供作品，使公众可以在其个人选定的时间和地点获得作品的权利。② 这证明网络著作权即发表在互联网上数字化的网络文学作品得到了我国法律的确认并受到著作权法的保护。但是由于网络文学作品的种种特性，在网络上侵犯他人原创作品的事件频频发生，例如网络作家"唐七公子"的《三生三世十里桃花》抄袭作家"大风"作品《桃花债》事件，秦简的小说《庶女有毒》被改编成电视剧《锦绣未央》，但播出后被认为与200多部小说的内容高度重合，"流潋紫"的《如懿传》抄袭网络作家"匪我思存"多篇作品争议等。因此，从当前的司法实践来看，保护网络文学作品的著作权已经成为一个不容忽视的问题。

（二）网络文学作品特点

1. 作品可复制性强，易被抄袭

作者对自己发布在互联网上的文学作品，可以自由地进行删除、修改、限制读者评论等操作，但是却无法阻止他人利用网络将其作品复制下来，导致目前网络文学作品侵权成本低且侵权率高。在大数据时代，人们利用搜索引擎很容易就可以在网络上找到自己想要获取的信息。有相当多的一部分人未经作者许可，通过简单的复制粘贴或者有偿下载等功能，将他人所写的文章作品下载到本地，稍加修改，甚至是不经修改发布在其他网络平台上，成为自己的作品。此外，有些网络平台还专门制作软件，帮助他人将无法复制粘贴和下载的作品，通过截图转化的方式，将截图上的内容转化成文字的形式。这些方法和功能大大为抄袭者提供了便利。但是，如果作者为了防止他

---

① 吴汉东：《知识产权法》，北京大学出版社 2007 年版，第 29 页。
② 唐超华：《知识产权法学》，湖南大学出版社 2004 年版，第 30 页。

人抄袭，而将自己的作品设置为仅供自己所见，这就使作品丧失了公开性，也就失去了其法律意义。

2. 著作权人不易确定，传播速度快

互联网是一个虚拟大数据平台，为了保护自己的个人信息，大部分人都处于匿名状态，网络文学作者更甚。作者在互联网上发表作品大多用的是网名或者笔名而非自己的真实姓名，并且作者在注册账号时多半是非实名制。网络服务运营商在作者发布作品之后，往往不经过审核直接将作者作品放在相关网络平台上，以保证信息的快速传递，所以这极易发生在作品的著作权发生纠纷时找不到作者的情况。同时，传统的文学作品需要以书面的方式进行传递，这一过程往往需要经过多个环节，读者拿到成品需要等待很长时间。而在网络平台上，网站信息传递速度快，作者将作品上传，少则几个小时多则一天就会在网络上展示出来，使一部作品在短时间内就可以复制或转载到其他平台，传播速度快。

3. 标准不统一，维权困难

目前，对于网络文学作品从撰写到发表的各个过程都没有一个统一的标准，使得网络文学作品质量良莠不齐，维权也十分困难。首先，归责原则不明。我国的法律对网络文学作品的著作权还没有作出详细的规定，导致法官在审理相关案件时无法可依，自由裁量权过大。其次，作者取证困难。作者对于侵犯自己作品著作权的行为需要自行承担举证责任。但是，从现实的情况来看，网络环境的复杂性，加之普通民众对网络技术的不专业性导致证据难以收集，不利于作者维护自己的权益。最后，维权成本高。许多作者在网络上撰写文学作品是出于自己的喜好而并非以营利为目的，网络文学作品本身并不像出版的传统作品一样因出版受益，所以如果作者要通过诉讼等方式维权，在证据收集上可能不易操作甚至需要付出高昂的费用。因此，许多作者都只是在道德上谴责抄袭者，并未诉诸于法律，而这也间接导致了侵犯网络文学作品著作权的行为大肆出现。

二、网络文学作品著作权侵权行为以及侵权责任的认定

（一）网络文学作品著作权侵权行为的认定

通过上文的分析，我们得知了网络文学作品的概念。而网络文学作品侵权就是指著作权人将作品首次发布在互联网上，其他人未经著作权人或法律的许可，擅自下载、转载著作权人作品到其他网站或行使其他专属于著作权人权利的行为。而关于作品的含义，《中华人民共和国著作权法实施条例》（以下简称《著作权法实施条例》）第 2 条进行了明确的规定："著作权法所称作品，指文学、艺术和科学领域内具有独创性并能以某种有形形式复制的智力创作成果。"同时，依照《著作权法》的规定，我国受法律保护的作品主要有八种，但是却并不包含网络文学作品。可这并不代表网络文学作品是不受法律保护的，从形式上来讲，网络文学作品也符合八种受保护的作品的特征。首先，对于独创性这一特征。虽然网络文学作品是脱离了有形载体的数字化形式，但它也是著作权人独立构思并加以表达的文本，符合作品的独创性。其次，对于可以以有形形式复制的特征。虽然网络文学作品是一种数字化的作品，但是它的存在必须以数字化形式存储在计算机硬盘内，能够在互联网上被他人阅读、下载、转存、拷贝等，所以它也符合这一特征。据此，网络文学作品是符合《著作权法》及其实施条例中关于作品的相关规定的，理应受到法律保护。① 因此，对于网络文学作品，只要符合了侵权行为的构成要件，就可以认定为是侵犯了网络文学作品的著作权。

（二）网络文学作品著作权侵权责任的认定

对于网络文学作品著作权侵权的归责原则，法律并没有明确规定，而目前对于这一问题主要有三种不同的意见：一是应适用无过错责任原则，二是应适用过错责任原则，三是应适用过错推定原则。首先，基于互联网的特性，侵权人即使有侵权行为，如果其具有娴熟的网络技术或者在网络技术专员的帮助下，将自己的侵权行为进行规避，那么可能会将责任转嫁于他人。在此

---

① 胡明："论网络文学的著作权保护问题"，载《延边党校学报》2016 年第 32 期，第 65 – 67 页。

种情形下，如果选择适用无过错责任原则，使网络经营者在不管其有无过错的情况下都对著作权人被侵权的结果承担责任，将会影响网络产业的发展并且限制互联网发挥其本身的功能。与法律的公平原则要求也不符合。其次，如果选择适用过错责任原则，那么根据《最高人民法院关于审理涉及计算机网络著作权纠纷案件适用法律若干问题的解释》第 2 条第 2 款："……将作品通过网络向公众传播，属于著作权法规定的使用作品的方式，著作权人享有以该种方式使用或者许可他人使用作品，并由此获得报酬的权利。"即除法定许可外，其他任何人在未经著作权人许可的情况下，不得将其作品在网络上进行传播，否则就构成侵权。上述司法解释第 4－6 条具体规定了网络服务者法律责任，即如果网络服务者对于侵权行为的发生具有过错，那么其将与侵权人承担共同侵权的责任。同时，该解释还在网络服务提供者的免责事由部分指出，著作权人不能或者没有向网络服务提供者提供其身份证明、著作权权属证明和侵权情况证明，则视为未提出警告或者未索要请求。由此可见，在适用过错责任原则时，网络服务提供者只有在其"明知"他人有侵权行为时才承担相应的法律责任，而在其"不知"或者"应当不知"他人有侵权行为的主观状态下，即使造成了一定后果也不需要承担侵权责任。[1] 最后，如果选择适用过错推定，那么作为一个理性谨慎的人应当知道只要是作品必然有归属，要对他人作品进行下载、转载或复制必须先征得著作权人的同意，这是普通人都应该尽到的合理注意义务，只要是违反了这一义务，未经著作权人许可，擅自将其作品进行传播就构成侵权。但如果根据传统"谁主张谁举证"的责任分配原则，基于互联网侵权行为隐蔽、技术性强的特点，势必会加重著作权人一方的负担。适用过错推定将举证责任加给侵权行为人或责任人，既可以适当减轻著作权人的举证责任，又给予了被告充分的辩解机会。因此，对于网络文学作品著作权侵权行为的规则原则应当区分情况来看，即在直接侵权（即侵权主体为第三人）时，适用过错推定原则，在间接侵权

---

[1] 黄逸浪："网络服务提供者过错认定的相关规定简析"，载《学术观察》2012 年第 4 期，第 188 页。

（即侵权主体是网络服务提供者）时，适用过错原则。①

三、完善网络文学作品著作权保护的相关措施

随着互联网的迅速发展，经常会出现各种问题，而法律又常常具有滞后性，所以现在还没有建立起保护网络著作权的完善的法律体系。但目前侵犯网络文学作品著作权的行为越来越多，在完备的法律法规出台之前，可以先完善相关的救济措施，以减少侵权行为的发生。

（一）完善私力救济的措施

由于规范网络侵权的法规尚不完善，加之著作权人在权利受到侵害之时收集证据困难且技术性强，实践中著作权人多以私力救济的方式来维护自身的合法权益。私力救济是从个人出发的一种自助行为，但基于互联网技术的专业性，许多私力救济的途径并不被大众所知晓，而诉讼难、时间长，著作权人宁可对抄袭人置之不理，也不愿寻求有效的方法来维护自身的合法权益。这个时候就需要相关部门加以配合，将几种私力救济途径固定下来，供大众选择。

第一，加强技术保护措施。首先可以设置访问权限。通过身份识别的方式，只有被授权的用户才能对网络信息数据加以控制，对访问该网络的其他人员可以进行不同的授权，根据用户提出的数据访问请求加以控制，决定其他外来人员是否可以访问该网络，从而更好地规范用户对有限资源的使用权利以及防止其他人员对资源的盗用。其次可以给相关数据加密。如采取数据内容加密技术。这种方式是给重要的信息数据采取加密措施，既可以使著作权人自身及时获取需要的信息，又能保护权利人的信息不被外人所看到。②还有一种是数字水印技术，这种方式是将相关的标识信息即数字水印直接嵌入文档，但不影响著作权人对原文档的使用，也不容易被他人觉察或者注意到。著作权人可以通过这些隐藏在文档里的标识信息，判断自己的作品是否

---

① 肖海、魏海飞："网络文学作品著作权的保护困境及出路"，载《重庆交通大学学报（社会科学版）》2018年第18期，第7－10页。

② 华鹰："网络环境下著作权纠纷的私力救济"，载《重庆社会科学》2018年第9期，第74－83页。

出现被盗用的情形。这种措施较为专业化，普通的网络用户往往难以独立适用，需要请具备互联网相关知识的人员进行操作。所以相关的网络平台服务商在作者向其平台发表作品的同时，就应当积极主动地向作者提供这些相关的保护措施，从而在技术层面防止侵权行为的发生。

第二，在版权交易中加入保证金担保的措施。这种措施的主要目的在于保障其他人在使用作者发表在互联网上的作品时，尽到谨慎合理的注意义务，如果使用人在使用过程中违反相关义务，有侵权行为，那么就需要给付一定金钱作为惩罚。从实际情况来看，保证金的缴纳可以有两种方式。一是在用户注册平台账号时缴纳，且缴纳的数额不能过小。这种缴纳方式相当于网络平台与用户之间签订了一份用户协议。签订该协议的目的是明确责任归属，如果用户违反协议的要求，对网络平台管理的作品有侵权行为，该用户就要承担相应的赔偿责任，而网络平台免责。如果用户违反该协议那么网络平台将会冻结其在注册时缴纳的保证金，并在侵权行为核实之后将该笔保证金赔偿给著作权人，如果该保证金不足以赔偿著作权人损失，再由侵权人补足。如果用户没有侵权行为，在其使用完作品后，平台再将保证金返还。二是在用户使用作品的同时向平台支付单笔保证金。这种方式是一使用一缴纳，用户在每次使用他人作品时，先向平台缴纳一份保证金，这些保证金由平台管理者集中保存，如果最后并没有侵权行为发生则由平台返还该笔保证金，若发生了侵权行为，则待侵权事实核实后按比例赔偿给著作权人。[①] 针对以上两种保证金缴纳的措施，网络平台可以视情况来使用。

第三，可以督促著作权人与侵权者私下和解。在著作权侵权纠纷发生以后，如果没有上升到相关刑事或行政领域的处罚责任，那么相关行政部门可以督促当事人双方进行和解。和解是双方当事人基于诚实信用、公平合理原则在自愿平等的基础上通过协商、充分发表自己的意见，进而对纠纷的解决达成协议。它是一种在诉讼活动之外的自治行为，不受司法程序、法官职权的约束和支配。但应当注意一点，由于和解协议是双方在平等自愿诚信的基

---

① 华鹰、谭玲："数字环境下版权利益失衡及平衡机制的构建"，载《编辑之友》2016 年第 7 期，第 96 - 99 页。

础上自愿达成的，没有公权力的介入，所以该协议只能由当事人自觉履行，如果出现了当事人一方不履行协议的情况，还是需要通过司法途径，如另行起诉来解决，该和解协议是不具有与判决书、裁定书、调解书同等的法律效力的。私下和解既能及时解决纠纷，又能节约成本，避免了参加诉讼的繁琐程序。如果出现路途遥远或当事人双方时间协调不开的情形时，私下和解也可以使用在线调解机制，在线调解机制可以看作调解在网络空间的衍生品，是指"在第三人的协助下，当事人之间、当事人与第三人之间利用网络信息技术所打造的网络纠纷解决环境，在没有会面的情形下，利用网络信息技术进行解决纠纷的信息传输、交流、沟通，最后达成纠纷解决的协议并最终解决纠纷①"。即双方当事人在某一网络平台的组织下，通过线上交流的方式阐述观点，交换证据，最后在该平台的主持之下达成纠纷解决的协议。

（二）完善公权力保障的措施

基于互联网侵权规模大、隐蔽性强的特点，对于网络文学作品著作权的保护，仅靠私力救济是远远不够的，还需要利用公权力的介入以加强保护与监管。但就目前的情形来看，我国的网络文学作品著作权在公权力保护方面还不完善。首先，保护网络文学作品著作权的相关法律法规还不完善，缺乏统一、专门的规定，并且由于多个行政机关只针对自己所管辖的部门立法，导致这些规范性法律文件质量不高，操作性很差。其次，对网络文学作品著作权保护的行政执法机构的监管存在缺陷，从行政处罚角度来看，对于侵犯著作权的行为，采取没收违法所得以及 50 万元以下的赔偿和 25 万元以下的处罚，对于侵权牟利的"惯犯"来说处罚相对较弱达不到警示作用。从监管角度来看，参与监管的部门众多，如除了国家版权局和地方各级版权局外，文化行政部门以及广电、工信等部门也参与了监管，且各部门都在自己领域履行职权，没有统一的监管标准，形成多个行政机关多头执法，出现监管重叠的乱象。②

---

① 郑世保："在线解决纠纷机制的类型化研究"，载《郑州大学学报（哲学社会科学版）》2014年第47期，第49－52页。

② 汤仙月："网络著作权行政保护法律制度研究"，载《江汉大学学报（社会科学版）》2018年第35期。

要加强对网络文学作品著作权的保护，仅采用私力救济的方式往往不能减少这种侵权行为的发生，要有适当的公权力介入进行管理，这就要求国家必须加强对网络文学作品著作权的行政保护。首先，应当设置专门的网络文学作品著作权的管理机构，因为网络文学作品相较于传统的文学作品来说，具有网络虚拟的这一特性，所以一旦采用诉讼的方式进行，则程序较为繁杂，维权成本较高。因此，为其设置专门的管理机构可以更加快速和专门的解决问题，为被侵权的著作权人提供有效的举报途径。同时，行政救济相对于司法救济来说程序更加简便，处理更加迅速。所以，相关行政机关应当与网络服与运营商相互配合，在网络平台建立完善的网络文学作品登记制度，将每一部文学作品都登记在案，以便发生侵权时可以及时查看。另外，行政机关还要及时畅通行政复议渠道，增强行政复议工作的公开与公正，改革书面审查为原则的审理模式。行政机关有权必有责，行政机关在行使人民赋予的管理职权的同时，就要承担相应的责任，司法机关根据法律的规定对行政机关的执法行为进行审查，也保证了司法机关监督行政主体依法行政的重要目的。行政诉讼要求审查被诉行政行为的合法性，根据不同情况作出撤销、维持、确认或变更判决。如果著作权人找到著作权行政管理部门进行申诉，而该部门无正当理由拒不受理，或者迟延解决，作为监督主体的司法机关就可以督促相关机构及时处理问题，必要时也可由当事人向法院提起行政诉讼。

最后，要解决网络文学作品胡乱抄袭的现象，一定要从法律上对网络文学作品著作权进行明确保护。目前，我国网络文学作品的著作权的保护主要分布在《著作权法》《著作权法实施条例》《信息网络传播权保护条例》《互联网出版管理暂行规定》《电子出版物管理规定》等法律法规，这些规定相当分散且不具有统一性。针对这一情况，可以提请全国人大常委会在《著作权法》中对网络著作权保护的相关内容作出详细的规定，使其真正做到有法可依；同时，整合各个部分有关网络著作权的法律法规规章，消除彼此重叠和矛盾的部分，使其相互之间进行有效衔接，成为一套完整的法律体系，并且要加强处罚力度。① 针对举报网络文学作品侵权的情况，相关部门要积极核实，及时查处，不能以单纯的罚款作为处罚手段，一旦发现抄袭现象，尤其是针对屡次抄袭的作者可禁止其在一定时间内从事写作，如果网络平台也存在过错，也应追究相应网络平台的责任，例如，在一定时间内关闭平台，并与侵权者一起承担赔偿责任。另外，如果双方当事人采用诉讼的方式来解决纠纷，那么基于互联网的专业性，很容易出现网络运营商不配合，而调取证据困难的情况。在这时，人民法院应当发挥审判组织中立的作用，向相关网路服务运营商发出协调函，督促他们及时协助当事人调取证据，以保证诉讼的顺利进行。只有司法机关、行政机关和公民个人都重视著作权的重要性，才能从根本上减少侵权行为的发生，在全社会营造良好的版权保护氛围。

---

① 汤仙月："网络著作权行政保护法律制度研究"，载《江汉大学学报（社会科学版）》2018 年第 35 期。

网络游戏界面著作权保护

——以著作权法修订为契机

李昕玥 *

摘　要： 我国对网络游戏的保护仍处于起步阶段。立法中仅将源代码作为计算机软件进行保护，对于游戏界面这一侵权频发领域则无妥善的保护措施和制度规制。理论上对游戏界面的定性和保护模式也存在较大的争议。本文从游戏界面的定性入手，结合作品的定义和条件，考量独创性和玩家操作的影响，明确可版权性。基于司法实践中保护模式的弊端，提出视听作品的保护模式构想。以利益平衡为立场，从权利人和社会公众两个角度，在著作权法固有规定的基础上，参照电影作品的保护方式，结合游戏界面的特殊性，提出完善游戏界面著作权法制度的措施。

关键词： 网络游戏界面　类电影　视听作品

一、网络游戏界面的法律定性

"游戏界面"是指游戏运行后呈现出的，包括页面布局、美术动画、角色道具形象、背景音乐、介绍性文字等元素统一连贯运行的整体画面。其是否受到著作权法的保护以及保护的范围，关键在于是否符合著作权法意义上的作品应当满足的要求。现行《中华人民共和国著作权法》（以下简称《著作权法》）第3条列举了八种具体作品类型，游戏界面并不包含其中，理论界也存在诸如"汇编作品""其他作品兜底保护""电影作品"等争议。

---

* 作者简介：李昕玥，南京大学法学院经济法学 2017 级硕士研究生。

（一）可版权性分析

判断游戏界面是否具有可版权性关键在于分析其是否满足作品的构成要件。根据《中华人民共和国著作权法实施条例》（以下简称《著作权法实施条例》）对作品的定义，① 可将其分为四个要素：人类智力成果、文学艺术科学领域、可复制性、独创性。② 游戏界面从故事情节构思、页面版式到角色形象、道具设计、配乐编曲等种种创意构思均是游戏开发商经过脑力劳动，不断研发创造出的产物。且游戏开发商和界面设计者通过编写计算机代码将所设计的界面进行展示并保证在运行期间不出现漏洞，是一项极具科学性的工作。据此其当然符合前两项要素，因此争议主要围绕后两项展开。

1. 玩家操作不影响可复制性

网络游戏具有互动性，包括玩家线上互动及玩家间的互动，游戏画面的运行和进程依赖于各玩家的操作，不同的操作均可能使最终出现的画面不趋于相同。网络游戏的这一交互性特点也成为反驳游戏界面可版权性的理由之一。笔者认为，诚然游戏画面会因玩家的操作而产生差异，但所有的画面均系游戏开发者和设计者预先设定的，其存在先于玩家的操作，所有画面出现的可能性是有限的，玩家不可能脱离开发商的原始构思，创造出新的画面，从宏观上看，游戏界面仍然是连贯的一系列画面。玩家扮演的角色只是在所有具有可能性的画面之间提供其产生及连贯发展的动力和连接，因此不能据此否定游戏界面的可复制性。

2. 独创性对可版权性的影响

在网络游戏著作权侵权案件中，独创性是确定是否具有可版权性的关键，在此基础上进一步判断侵权与否与损害赔偿。各国著作权法对独创性高低要求不同，英美法系国家注重对利益的追求，旨在鼓励创作，侧重于财产权利，对独创性要求较低，认为只要是作者独立创作完成的就具有独创性。大陆法系国家则侧重于作者的精神权利，主张作品是作者人格的延伸，对独创性要求较高。例如，德国将录影区分为"电影作品"和"活动图像"，分别用著

① 《著作权法实施条例》第 2 条。
② 王迁：《知识产权法教程》，中国人民大学出版社 2014 年版。

作权①和邻接权②加以保护。

参照我国著作权法立法精神，司法实践中借鉴大陆法系的二分法，将录影、视听作品按照独创性高度分类保护，独创性较高的享有著作权，独创性较低的运用邻接权对表演者等传播者进行保护。考量游戏界面的可版权性时同样应参照该标准，对于那些不满足独创性标准的整体界面，不将其视为作品进行整体保护，至于构成该画面的其他元素可视为音乐作品、美术作品、文字作品等则另行再作判断。换言之，当游戏界面符合独创性要求时，即落入受著作权法保护的作品范畴。

（二）具体作品类型认定

1. 网络游戏界面与电影作品

网络游戏界面与电影作品有许多相似之处。③ 第一表现方式相似。一方面，两者均由"一系列画面组成"。网络游戏在运行过程中，会根据特定的场景和故事情节呈现出连贯的画面，游戏的剧情随玩家操作不断展开，游戏画面连续播放，与电影的播放具有相似性。另一方面，游戏界面由文字、画面、音乐等众多元素组成，各元素又可拆分作为著作权法上的特定作品类型进行保护。电影的配乐、剧本等也可单独作为音乐作品、文字作品。第二创作过程相似。游戏界面的完成要经历创意构思、游戏风格设计、角色形象创作、音乐编曲、声效配音、脚本编剧、故事情节配图、文字编辑等诸多过程和环节，是联合开发、制作、设计、推广等多个团队多方协调的产物。电影的拍摄同样由制片组、导演组、摄影组、美工组等不同组别的工作人员共同推进。从一定程度上而言，开发一款网络游戏的分工和复杂程度，不亚于拍摄一部电影。第三制作方法相似。有学者对电影作品提出了"去介质化"④的观点，认为根据《伯尔尼公约》⑤ 的精神，为适应不断发展的互联网技术

---

① 《德国著作权法》第 88—94 条。

② 《德国著作权法》第 95 条。

③ 《著作权法实施条例》第 4 条第 11 项规定："电影作品……是指摄制在一定介质上，由一系列有伴音或无伴音的画面组成，并借助适当装置放映或以其他方式传播的作品。"

④ 王迁、袁峰："论网络游戏整体画面的作品定性"，载《中国版权》2016 年第 4 期。

⑤ 《伯尔尼公约》第 2 条第 1 项规定，电影作品或以电影摄影术类似的方法创作的作品。

和传媒形式，应对《著作权法实施条例》中的"摄制"作扩大解释。

2. 纳入类电影作品类别的实践

"奇迹 MU"案第一次对网络游戏界面进行整体定性，① 将其认定为类电影作品，为我国法院处理该类案件提供了新思路、新起点。在网络游戏起步较早的国家，已有将其整体定性为类电影的实践。韩国著作权法中虽尚未将网络游戏进行特定分类，但主管网络游戏产业的文化观光部已表现出将其作为类电作品的倾向。德国也把某些网络游戏的视听部分作为类电影作品。若涉案作品达不到电影作品的独创性标准，法院也会将该作品中属于表达的视听部分作为"活动图片"。②

二、网络游戏界面的著作权法保护模式

（一）现有保护模式及其弊端

当前司法实践对游戏界面大多采用"拆分保护模式"，将各组成部分作为不同作品类型分别判断侵权。例如，场景画面、道具人物造型可作为美术作品；游戏中配乐可作为音乐作品；故事文字介绍可构成文字作品。

以 QQ 堂案③为例，法院将游戏的静态页面作为美术作品，比对涉案的两个游戏页面，认为从整体上看两者在登录、待机、实战等阶段的画面并不相似，不构成侵权。且原告对游戏中相对简单的道具名称不享有著作权。这种将游戏整体界面割裂为美术、音乐、文字作品，对不符合作品类型的部分不予保护的拆分保护模式，将由各元素组合而成的整体画面效果排除在保护范围之外，缩小了网络游戏受著作权保护的范围，在某种程度上不利于游戏开放商、设计者，并助长了盗版和山寨游戏的气焰，致使网络游戏的同质化现象不断，有碍网络游戏行业的正当合法发展。

（二）保护模式构想及可行性分析

针对我国现行著作权立法对游戏界面的保护滞后、对侵权问题缺乏明确

---

① 参见〔2017〕沪 73 民终 241 号判决书。

② 活动图片（moving image）是与电影著作并列的客体，一起规定在德国著作权法第三部分"关于电影的特殊规定"。

③ 参见〔2006〕一中民初字第 8564 号民事判决书。

有效的法律依据、对计算机软件的保护程度高于运行界面等问题，本文提出在现有法律框架下将游戏界面作为类电影作品，并通过立法将其作为视听作品这一新类型的保护模式构想。鉴于将游戏界面归入类电影作品的合理性在上文已有展述，故下文侧重分析作为视听作品保护的可行性。

1. 立法层面的可行性

一方面，作品类型的列举方式为视听作品预留了空间。日本著作权法在列举作品类型时用了"例示"① 一词，韩国著作权法用了"列举"② 一词，可见作品类型在各国著作权法中多为列举式，作品类型不穷尽且不受现有分类的限制。视听作品与电影作品是包含关系，是传播和摄制技术发展的产物③，存在作为新类型作品出现的可能性，因而我国著作权法应通过非限定式的列举方式为其预留相应的空间，以减少法律的滞后性。

另一方面，视听作品已出现在各国知识产权立法及实务中。《俄罗斯联邦民法典》著作权部分已明确将视听作品作为著作权客体及其定义④，对我国的著作权立法有一定的启示。此外，《中华人民共和国著作权法（修改草案）》在作品类型中增加了视听作品⑤，并将原电影作品和类电影作品归入其中，若游戏界面能落入类电影作品的范畴，则在日后的立法中必然可将其作为视听作品进行保护。

2. 司法层面的可行性

纵观世界各国司法实践，不少国家已将网络游戏界面作为视听作品进行保护。美国虽未在立法中明确网络游戏界面的作品类型，但在其大量的司法判例中，当界面的视听独创性居首要位置时，网络游戏可作为电影作品或其他视听类作品进行保护。例如，美国网络游戏第一案 Atari . Incv. AmusementWorld. Inc 中，法庭明确了涉案游戏"Asteroids"以录像带的形式，可作为视听作品受到版权保护。韩国作为网络游戏大国，亦将游戏画面归为视觉部分，作为视

---

① 《日本著作权法》第 10 条第 1 款。

② 《韩国著作权法》第 4 条。

③ 这一术语的释义，出现在世界知识产权组织《著作权与邻接权法律术语汇编》一书中，随后《视听作品国际登记条约》中亦使用该术语。

④ 《俄罗斯联邦民法典》第 1263 条。

⑤ 《中华人民共和国著作权法（修改草案）》第 3 条第 12 项。

听作品优先保护。毋庸置疑，把游戏画面作为视听作品保护将逐渐成为各国普遍做法，对我国的司法实践具有借鉴意义。

三、网络游戏界面著作权保护机制的完善

著作权法的直接目的旨在维护权利人的利益，但最终目标在于平衡个人利益和社会利益，促进文明的进步。在数字化时代，新的作品类型和传播方式不断产生发展，给传统的利益平衡带来了新的挑战。因此，在对网络游戏界面著作权进行保护时应结合其交互性特点，合理衡量权利人和公众双方的利益。

（一）对著作权人利益的保护

1. 游戏界面著作权归属

正如上文所述，网络游戏界面跟电影作品存在很多相似性，特别是在市场运营方面，两者的市场认可程度均存在不确定性，投入产出与成本回收不必然成正比，存在一定的风险和可变性，因而其著作权保护可以参照电影作品相关规定。类比考量之下，游戏开发商相当于电影制片人，界面设计者相当于导演，背景音乐、人物形象的设计者相当于电影音乐、美术作品著作权人。在著作权精神权利与财产权利分离的立法导向下，游戏开发商与其他作者之间的关系同电影作品中制片人与其他作者之间的权利归属关系相似。游戏界面的设计者、音乐美术文字作品的作者享有署名权和获得报酬权，其他权利由游戏开发商享有，构成游戏界面的可单独使用的作品亦可参照电影作品的规定单独行使其著作权。此外，基于网络游戏交互性特点，还需明确玩家并不因操作而享有游戏界面的著作权。

2. 侵权判定标准及方法

由于我国法律和相关国际公约均未将网络游戏单独作为一类作品，致使审理侵权案件时，只是机械地将其拆分为文字、美术、音乐等几类作品加以评定，而不对游戏的运行界面进行整体比对，缩小了网络游戏界面受保护的范围，损害了游戏开发者的利益和创作积极性。因此，在游戏界面的实质性相似判断中，结合我国网络游戏行业同质化现象突出的现状，需在保护开发

商著作权的同时促进开发者的积极性，站在普通玩家的视角将游戏界面当作一个整体来判断较为合理。

（二）对公共利益的保护

1. 网络环境下的合理使用抗辩

时下大量游戏玩家或线上平台通过直播或竞技方式传播游戏界面，此种非交互式传播显然落入信息网络传播权的范围。但鉴于网络环境下著作权内容得以丰富，由于信息传播更具快捷性和实时性，若一味保护权利人，会阻碍公众对作品的接触。从利益平衡角度出发，建议适度拓宽合理使用制度在互联网环境下的适用条件，在个案中依据游戏类型和传播者进行裁量。

实务中判断合理使用采四要素法，其中使用行为目的、被使用作品的性质较易判断，而使用数量与实质程度、使用行为对作品市场价值的影响则存在较多争议和裁量空间。首先，在传播游戏界面时，时长是重要的权衡因素。若直播的对象仅为某个时长有限的片段，则对认定为合理使用较为有利。其次，评判使用行为对作品市场价值的影响也应具体问题具体分析。例如，当下传播游戏界面大多是对游戏竞技的直播，其目的是为向普通玩家展示经验玩家在游戏中的高级技巧，对原有作品不具替代性，反而会激发公众对该款游戏的兴趣，提高市场认可度和接纳度，此类传播行为对该游戏市场价值的负面影响是有限的。此外，部分游戏界面相较原作品具有转换性，其对原界面的使用并非单纯地再现原有画面本身，而是通过新的视角，增加具有个人色彩的文字解说、图像动画，使原作品在使用过程中增添新的价值，满足其向观看者展现操作技巧的目的。此类传播行为因转换性较高，即使存在商业目的也不能因此绝对排除合理使用的可能。

2. 保护期限的规制

著作权的设立旨在鼓励创作，但作品作为文化传承的要器，不能凌驾于公共利益之上。为在维护权利人权益的同时，向社会公众提供接触作品的机会，法律赋予著作权以一定时限。

根据社会科技文化发展情况，结合作品的性质，不同时期、不同类型作品的保护期限应当不同。若参照电影作品，游戏界面的保护期应为50年。但在网游迅猛发展的态势之下，网络游戏模板开始出现，开发游戏变得简易和迅速，游戏更新速度加快，生命周期缩短。互联网消费调研中心数据显示，寿命在 1 年以上的网游作品不足市场总数的 1/3，三成玩家在 1 个月内放弃某款游戏，拥有较长生命周期的游戏仅占很少一部分。① 可见，网络游戏因行业竞争激烈、新旧更替频繁，寿命周期不及传统电影作品。过长的保护期会限制公众对游戏作品的接触，减缓行业发展速度。针对保护期限的规定，各国纷纷进行了尝试和实践。韩国采用独立保护模式对网络游戏限定了 10—15 年的保护期，日本也在立法建议稿中提出了 15 年保护期的设想，可见各国均认识到了网络游戏生命周期的特殊性。本文建议从行业发展大局出发，参考各国实践经验，适当将游戏界面的保护期限缩短至 15—20 年，以实现利益平衡，推动游戏产业的发展。

---

① 数据来源：2011 年中国网络游戏黏着度及寿命调查报告，https://m.zol.com.cn/article/2468750.html，2018 年 5 月 16 日访问。

位置商标的可注册性

闫裕心 *

摘　要：商标是一个动态发展的过程，随着现代商标不断的更新发展，新型商标的出现打破了商标的传统格局，越来越多的新型商标涌入市场，需要法律来进行规制与保护。位置商标作为非传统商标的一种，我国法律对其注册及保护的制度仍属空白。从位置商标的概念入手，对其可进行注册的理论基础进行分析，得出位置商标符合商标法的实质及形式要件，应将其予以注册保护的结论。

关键词：位置商标　无形资产　可注册性

一、位置商标的可注册性

（一）位置商标的概念

2006 年，世界知识产权组织各成员国制定的《商标法新加坡条约实施细则》中，列举了各类非传统商标，即动作商标、立体商标、颜色商标、全息图商标、位置商标以及含有非可视性标识的商标，并且在第 8 条规定了位置商标注册的形式要件，这是国际上首次明确提出位置商标的概念。[①] 位置商标，英文表述为 Position Mark（或 Placement Mark），它的起源地德国的学者认为，位置商标是安排或者定位在商品上的一种特殊标识。德国的学说将其定义为"位置商标是以特定比例附着在产品指定位置上的标识"。

---

　* 作者简介：闫裕心，女，河北师范大学 2017 级民商法学研究生。
　① 陆艳："'动态商标'审查要件的研究"，华东政法大学 2015 年硕士学位论文，第 33 页。

对于位置商标概念的界定除了德国之外的一些其他的国家和地区也对其进行了自己的理解和补充。日本特许厅从商标构成要素的角度出发将位置商标定义为"图形与特殊位置的结合"。韩国最高法院以"附着在商品特定位置且具备识别区分商品源作用的标识"来对位置商标加以界定。我国首次明确指出位置商标含义的是北京市高级人民法院的周波法官，他认为位置商标是指在其指定使用的商品或在提供指定服务的场所的特定位置使用，用以区分商品或服务来源的可视性标志。在这个基础上，世界知识产权组织对位置商标作出了自己的定义，位置商标是指"将固定比例大小的标识附着在商品同一特定位置，它是标识和位置两种元素的有机结合"。①

分析上述各国及国际组织对位置商标的释义可以发现，位置商标应由两部分构成，即位置和标识。首先，位置商标的标识必须位于商品或者服务的一个特定的位置；其次，仅有特定位置亦不能构成位置商标，因标识是位置商标不可缺少的元素；最后，位置商标的标识应当为可视性标志，其他国家和国际组织的定义中对这一点没有多加限制，我国有学者明确指出该标志应当为可视性标志。

综上而言，本文将位置商标的概念界定为，位置商标是指由图案、色彩、立体形状或者以上全部要素的组合所构成的，使用在商品或者服务的特定位置，用来区分其来源的可视性标志。

（二）位置商标可注册性的基础

1. 位置商标符合商标法的立法宗旨

根据《中华人民共和国商标法》（以下简称《商标法》）的规定，商标法的制定目的是保护商标专用权及专有权，以此来督促经营者保证其提供的商品和服务的品质，维护商标的声誉，从而保障消费者和生产者、经营者的双重利益，从而促进市场经济的良性发展。因此，商标制度的建立不仅有利于私人利益的保障，同时亦保障了公共利益。

首先，商标作为企业最重要的无形资产之一，它既是企业信誉的载体，也是商品、服务提供者获得利益的媒介。当企业保证了商品质量的同一性时，

---

① 杨潇：《论位置商标的法律保护》，延边大学 2017 年硕士学位论文，第 43 页。

具有特定商标的商品使得消费者对其产生信赖感并通过商标所传递的商品质量信息获得安全感，在促进消费的同时为企业带来更多的利益，企业也基于更大的利益回报而获得维持商品质量的动力。[①] 因此，就位置商标而言，附着在特定位置上的标识作为商标被消费者所认识时，其中所蕴含的商品、服务的质量等信息也将会被消费者识别，并基于消费者对商标的认知、偏好、情结来建立自己的商誉，参与市场竞争。

其次，商标是消费者在众多五花八门的商品中识别某个特定的商品来源的重要标志。消费者基于商标识别功能而产生的对某一标识的认知甚至是长此以往所形成的"商标情结"，能够使其锁定某一特定商品，固定进行购买，从而提升该产品的市场占有率。位置商标，是某一与特定位置结合的标识，具有与一般商标不同的基础功能，对于消费者来说，可以通过这一位置商标来迅速有效地判断同类商品的来源，判断将要进行消费的商品或服务是否具有自己期待的品质，从而根据长期累积的购买经验选择自己所偏好的生产者或服务商提供的商品或服务，进而降低识别商品或服务来源所需的信息成本。

2. 位置商标具备商标的功能

商标权正当性的根本源于它所具备的功能，通常认为商标具有三个主要功能：标明商品来源的功能、表明商品质量的功能、广告宣传的功能。其中，标明商标来源的功能为商标最基本的功能，由这一功能衍生出了表明商品质量与广告宣传的两种功能。

首先，基本功能。商标所具有的表明商标来源的功能对于消费者与经营者来说有所不同：对于消费者而言，他们通过对商标来识别特定的商品或服务，并将其与其他商品、服务相区别，从而购买到自己内心中预期的商品或服务；对于经营者而言，其经营行为需要依据消费者的识别需求开展，因为消费者的购买行为是经营者实现其经营目的最主要的途径，消费者通过对商品或者服务上的商标进行识别，将其购买的倾向转化为现实的购买选择，从

---

① 丁一男（JUNG ILNAM）：《论非传统商标的法律保护》，山东大学 2018 年硕士学位论文，第 55 页。

而为经营者带来利益。① 因此，消费者需要利用商标作为识别工具，而经营者的经营目的也需要通过商标来实现。

标志与位置相结合所呈现出的这种标识，可以使得消费者准确认识到该商品的来源，消费者在选择商品时可以根据这种标识作出准确的判断，选择其确定要购买的商品或者服务。另外，对于经营者来说，标志与位置的结合，给自己的产品或服务创造出更多可供选择的显著识别性，并且经营者通常也愿意为此投入更多的研究和资金，从而通过获得这种结合给企业带来更多的利益和价值。

其次，衍生功能。商标所具有的表明商品质量的功能，就是指能够保证所使用的商品来源于保障其质量的特定企业。商标对于消费者来说，其目的在于告知消费者所选择的商品来源于其熟知并信任的生产者或者经营者，消费者基于这种认知产生了购买的需求，从众多商品或服务中进行了选择。② 因此，就是由于商标有保证商品质量的功能，消费者在商标的引领下产生了这种消费行为。当商标获得了消费者的信赖，消费者将此商标所代表的商品予以购买，由于商标本身所具备的显著性特征，消费者在使用时，其商标的显著性特征也会被众多的潜在消费者所了解到，商标便产生了广告宣传的功能。

对于位置商标来说，只要特定标志与特定位置的结合呈现出了显著性，获得了可供识别的力量，那么这种位置商标便自然具备商标的其他衍生功能。随着社会的不断发展，商标功能呈现出各种各样不同的发展走向，伴随着商品、服务经营者营销手段的不断创新，识别来源的商标种类也日渐丰富，但商标的概念并非一成不变，只要能够起到识别作用的标识，便都有用作商标的可能性，所以对可以通过长期广泛使用而获得显著性从而具有识别功能的位置商标，商标法亦可将其纳入保护范围。综合上述分析可知，认为位置商标存在可注册为商标，被商标法保护的可能性。③

---

① 李淑会：《位置商标法律问题研究》，北京化工大学 2016 年硕士学位论文，第 21 页。
② 任静：《商品外观标识功能的法律保护》，中国政法大学 2015 年硕士学位论文，第 33 页。
③ 池欣欣："论位置商标的特点及保护"，载《中华商标》2019 年第 2 期，第 25 页。

二、位置商标可注册性在我国的保护现状

(一) 位置商标可注册性的法律现状

2013 年 8 月 30 日，商标法第三次修改草案正式通过，修改后的商标法涉及范围较之前有极大的拓展，其中第 8 条规定："任何能够将自然人、法人或者其他组织的商品与他人的商品区别开的标志，包括文字、图形、字母、数字、三维标志、颜色组合和声音等，以及上述要素的组合，均可以作为商标申请注册。"

但是，我国立法对商标构成要素的列举方式采用的是非限定性的完全列举方式，即如果商标法中没有准确列举的要素，是不能在我国申请商标注册，受到我国商标法的保护的，显而易见，虽然商标的注册范围有所扩展，但位置商标并未被纳入其中。[1] 因此，在我国商标法未明确将位置商标纳入其注册申请范围的情况下，位置商标的申请人无法对特定位置上的标志结合进行商标保护的申请，只能是对其相应标志申请文字商标、颜色商标、图形商标或者商标组合等传统商标注册。[2]

综上来看，我国现阶段对位置商标可注册性的法律保护现状，既不利于对此付出良多精力的生产者，对于常以标志和位置相结合来识别商品的消费者也带来诸多不便。同时，阻碍了社会和市场经济的多样性和良性发展。

(二) 位置商标可注册性的司法现状

尽管我国签署了《商标法新加坡条约实施细则》，但我国并非其缔约国，因此国内对位置商标的注册和保护几近空白，虽然我国商标法对位置商标的注册保护没有相关规定，但近几年在司法实践中已经出现的有关申请注册位置商标的实际案例。本文以"红鞋底"案为例，分析我国位置商标可注册性的司法现状。

2010 年，世界著名鞋履品牌 CHRISTIAN LOUBOUTIN 提出的红鞋底标识

---

① 刘剑英：《基于角点描述和区域特征的商标图像检索》，西安电子科技大学 2017 年硕士学位论文，第 34 页。

② 毛洁莹：《位置商标法律保护制度研究》，华东政法大学 2013 年硕士学位论文，第 56 页。

在中国领土的延伸申请请求。同年 10 月，商标局根据商标法的规定，认为"红鞋底"商标缺乏显著性，驳回了其延伸保护申请。商标申请人向我国的商标评审委员会申请复审，商标评审委员经复核后仍以相同的原因维持了商标局的驳回决定。① 而后，商标申请人向北京市知识产权法院起诉，请求法院支持其关于"红鞋底"商标为"位置商标"，撤销商标评审委员会的错误决定等一系列诉讼请求。2017 年 12 月 20 日，北京市知识产权法院作出判决，其认为，本案争议的商标属于三维标志，商标评审委员会作出的认定有误。商标申请人和商标评审委员会均不服此判决，提出上诉。②

终审法院经过审理后作出"驳回上诉，维持原判"的判决。但该判决认为，商标评审委员会的被诉决定对于申请商标的标志的界定是错误的，在这种错误界定的基础上作出的决定是缺乏相应的法律依据的，应当依法予以撤销，并应根据二审法院查明的事实基础，重新作出决定。③

在法院的判决中，并没有以位置商标作为申请的类型进行审核，虽然位置商标尚未在国内被正式认定，但在司法实践中，部分发生注册争议的位置商标或已被其他类型的传统商标替代或因无法可依被直接驳回。法律制度条款的丧失致使在司法实践中位置商标的注册、审核等保护问题遇到诸多难题，这种情况亟待法律层面的相应补充和完善。

三、我国位置商标保护的立法建议

（一）开放位置商标的法律保护

《商标法》第 8 条以完全列举的方式对商标的保护客体进行了限定，在这样的法定条件下，未被第 8 条纳入保护范围的元素都不能获得我国商标法的注册保护。显而易见，《商标法》第 8 条中所规定的商标构成要素中并没有"位置"要素，这是位置商标无法在我国获得注册保护的根源性问题，没有立法实践的支撑，位置商标的司法认定就会缺乏理论基础。

---

① 庄雯怡：《位置商标的可注册性研究》，华东政法大学 2014 年硕士学位论文，第 24 页。
② 张熠琦：《商标侵权判定标准的比较研究》，兰州大学 2018 年硕士学位论文，第 33 页。
③ 孙国瑞："从'红鞋底'商标案看我国'位置商标'的走向"，载《中华商标》2019 年第 2 期，第 33 页。

因此，我们可以考虑扩大我国商标申请注册的范围，将"位置"这一要素纳入注册商标的要素，以此来对位置商标进行有效的法律保护。2013 年修正的《商标法》将声音商标纳入商标法的保护范围是一个极大的进步，表明我国开始关注对非传统商标的立法保护。因此，我们可以用同样的方式将位置商标纳入商标法的保护体系，即将"位置"这一要素补充进《商标法》第8 条列举的构成要素内，为位置商标保护提供强有力的法律基础。

（二）完善位置商标的审查标准

首先，需要审查位置商标是否具有显著性的特征。位置商标在申请注册的时候，最为重要的一点是需要具备显著性，而在判断位置商标的显著性时应先将位置与标识分别进行判别。对于标识的显著性判断，和其他非传统商标的判断标准并无异议，如果该标识属于通用的名称或者描述性标识，则不具备显著性，反之则具备商标所应有的显著性。对于位置的显著性的判断，可以通过其是不是属于产品的某个特别的区域来判别，如果该位置本身处于产品比较独特的一块区域，通常来说应该具有显著性，此时标识结合比较特殊的位置，如果能够使消费者联想到其来源关系，则说明该位置商标具备显著性。①

其次，加强对位置商标第二含义的审查。《商标法》通过第 11 条承认了商标的第二含义，其规定"下列标志不得作为商标注册：（一）仅有本商品的通用名称、图形、型号的……前款所列标志经过使用取得显著特征，并便于识别的，可以作为商标注册"。即承认商标可以通过使用来获得显著性。②结合位置商标来看，如果位置与标志相结合所呈现的标识，可以使得消费者或其他社会大众通过此标识识别出其所代表的生产者或者服务的提供者，那么该位置商标便具有申请注册为商标的可能性。但需明确的是，位置商标如果想要获得"第二含义"就应该将标识与位置结合为整体去使用，不能分开单独使用。

---

① 王碧云：《动态商标保护研究》，华东政法大学 2014 年硕士学位论文，第 29 页。
② 王萌：《位置商标的可注册性研究》，兰州大学 2018 年硕士学位论文，第 41 页。

（三） 正式立法前过渡期的保护

在我国，对注册商标与未注册商标存在两种不同的保护途径，对注册商标的保护途径主要依据的是商标法，而对未注册商标的保护主要是通过反不正当竞争法等其他法律。《中华人民共和国反不正当竞争法》（以下简称《反不正当竞争法》）第 6 条第 1 项规定："经营者不得实施下列混淆行为，引人误认为是他人商品或者与他人存在特定联系：（一）擅自使用与他人有一定影响的商品名称、包装、装潢等相同或者近似的标识……"此项条款所规定的内容本质上就是对未注册商标的保护，该条款对未注册商标提供了侵权救济，在一定程度上弥补了商标法仅保护注册商标的不足。①

在司法实践中，由于位置商标尚未被我国商标法纳入保护体系，有时容易与商品包装装潢混淆，法院会将其作为"知名商品的特有装潢"以《反不正当竞争法》第 6 条第 1 项加以保护，在我国正式确立位置商标保护制度之前，位置商标可以通过该条款进行暂时性的替代保护。因此，如果某一商品的标识与其附着的特定位置既可以构成位置装潢，又可以认定为位置商标，在位置商标尚未被正式纳入保护范围之前，我们可以考虑用《反不正当竞争法》来弥补《商标法》制度的空缺。

---

① 陈峣：《非传统商标的法律保护》，西南政法大学 2014 年硕士学位论文，第 35 页。

奥林匹克标志的合理使用

高晓元[*]

摘　要：借鉴商标法有关理论，参考国外有关规则和司法实践，可以在原则性规定、认定标准、具体情形、兜底条款几个方面构建奥林匹克标志合理使用制度。认定标准包括使用行为出于善意、不是作为自己商品的商标而使用、不会影响权利人的经济利益。具体情形则包括描述性使用，提及性使用，以第二含义使用，在评论、新闻报道、滑稽模仿、字典中使用。

关键词：奥标　商标　体育

一、问题的提出

奥林匹克标志（以下简称奥标）的合理使用，是指非权利人无须经过奥标权利人许可，依法以一定方式、在一定范围内使用奥标的行为和制度。例如，在新闻报道中使用、为说明自己商品的特点而使用。任何民事权利都不应是绝对的，奥标专用权也是如此。法律在保护奥标专用权人的权利的同时，也应允许非权利人在一定条件下使用奥林匹克标志，而无须经过奥标权利人许可。这是为了维护公平正义这一核心法律原则，为了维护公众言论自由的宪法权利，也是为了维护正常的经济和生活秩序。不少国家特别是西方发达国家对此都有相应规定或判例，作为奥标保护法母法的商标法里则有商标合理使用制度。

我国保护奥标专用权的《特殊标志管理条例》《奥林匹克标志保护条例》

---

* 作者简介：高晓元，女，河北大学政法学院硕士研究生。

等法律法规中，对奥标的合理使用基本没有规定。由于我国保护奥标的历史较短，在奥标合理使用方面也没有积累足够的典型案例。可以说，我国的奥标合理使用制度没有建立起来，奥标合理使用的规则和标准很不明确。由于这些规则和标准的缺失，加之我国有关部门特别是一些地方职能机构过于强调履行保护奥标的国际义务，实践中，一些合理使用奥标的行为被司法和行政部门认定为侵权。例如，2008 年北京奥运会开幕前，中国财政经济出版社曾在其官网上打出了"奥运加油中国加油"字样。① 法院认为，该出版社未经授权，在其带有商业性内容的网站主页上使用"奥运"字样的行为构成侵权。法院这一判决显然是有问题的，因为该出版社的行为属于对爱国热情的正常表达，不会使公众误以为该出版社和奥标权利人存在赞助、支持等特殊关系，不构成对奥标专用权的侵犯。② 认定这一行为侵权，限制了公众的言论自由。

2018 年 6 月 28 日修订的《奥林匹克标志保护条例》扩大了奥标保护范围和保护力度。该条例第 6 条将奥标保护范围扩展到"与奥林匹克运动有关的元素"，而何为"与奥林匹克运动有关的元素"则没有规定。该条例第 12 条规定"未经奥林匹克标志权利人许可，为商业目的擅自使用奥林匹克标志，或者使用足以引人误认的近似标志，即侵犯奥林匹克标志专有权"，而不论是否会误导公众，使公众误以为使用者和奥标权利人存在赞助、支持等特殊关系。上述修订，会强化公众和有关部门的认识，认为只要使用奥标就构成侵权，这可能会给公众和有关经营者带来更多困扰，行政和司法部门在工作中也可能会有更多偏差。因此，厘清奥标的合理使用规则，非常必要。

二、奥标合理使用制度的国际经验

美国既有保护奥标的成文法，也有一系列经典判例。在成文法方面，

---

① 向征："国际大型体育赛事知识产权保护对南京青奥会的启示"，载《金陵科技学院学报（社会科学版）》2013 年第 2 期，第 52 – 56 页。

② 孙继斌、张维："网站首页出现'奥运加油'是否构成侵权"，载《法制时报》，http://www.legaldaily.com.cn/zmbm/content/2009 – 04/23/content_ 1081700.htm? node = 7576，访问日期：2018 年 7 月 15 日。

《业余体育法》① 规定美国奥林匹克委员会有权对未经授权的使用提起民事诉讼，但非为交易目的使用奥标的行为不侵权。《美国法典》第 220506 条第 d 款第 3 项正面规定了被允许使用奥标的行为，依据其规定，使用奥标的行为未造成实质性影响的属于合理使用。

美国有关奥标合理使用问题的处理也突出地体现于一系列判例中。为了宣传和公开反对政府改建奥运村为监狱的计划，原告"禁止奥林匹克监狱"组织在海报中使用奥标以及"奥林匹克"字样，并诉请法院确认其行为合法。② 最终，法院作出了与中国上述案例截然不同的判决。美国法院认为，《业余体育法》中的关于奥标专有使用权的规定不能解释为只有美国奥林匹克委员会及其赞助商可使用"奥林匹克"字样和其他奥标作任意用途，其目的只是防止除美国奥林匹克委员会以外的任何人将奥标注册为与任何类型的货物或服务有关的商标或服务标志。③ SAFF 案④直接将奥标权利的保护范围扩展到非商业性使用，这就使得奥标合理使用的范围受到了限制。这种做法尽管短期内可以遏制过于猖獗的盗用奥标的行为、增加奥委会的经济收入；但从长远来看，这不利于社会整体利益的增加——不利于奥运会、奥标、奥运理念的传播；对奥标的经济价值产生消极影响；在一定程度上限制了言论自由。美国奥林匹克委员会诉美国传媒公司一案确立了《业余体育法》不适用于非商业性言论的标准。被告出版了名为《美国奥林匹克》的杂志，其中包含了对奥标和"奥林匹克"这个词未经授权的使用。⑤ 美国联邦最高法院认为商业言论具有三个特征：内容可以被定义为广告内容；内容应用了某个特定的商品；传播者是基于商业目的传播该内容，满足全部三个条件才属于商业言论。在任何情况下，决定是否为商业言论的核心问题是该言论是否提

---

① 《美国法典》第 36 章第 2205 条。

② Stop the Olympic Prison v. US Olympic Com. , 489 F. Supp. 1112 (S. D. N. Y. 1980).

③ 吕炳斌、胡峰："美国奥林匹克标志司法保护典型案例评析及其借鉴意义"，载《天津体育学院学报》2007 年第 2 期，第 109 – 111 页。

④ 1987 年美国联邦最高法院审判的"旧金山文娱与体育公司诉美国奥委会"一案。

⑤ 该杂志简短描述了参加每项活动的运动员的照片和事件以及悉尼奥运会的赛事和广播时间表以及付费广告。

出商业交易。① 基于这一规定，该案中被告的行为不涉及"广告内容"这一项，没有满足三个特征并存，也未提出商业交易，因此法院判定美国奥林匹克委员会的诉讼理由不能成立，被告的行为属于合理使用。

在英国，奥标保护规则主要集中在 1995 年的《奥林匹克标志法》，该法第 4 条专门规定了奥标合理使用的有关情形，依据其规定，尽管英国奥林匹克委员会对奥标享有专有权，但是在新闻、艺术作品及法定程序中使用奥标，即便未经授权也不构成侵权。另外，根据该法第 4 条第 3 款的规定，使用奥标的行为不足以引起个人、产品或服务于奥运会的关联性的也属于合理使用。

澳大利亚关于奥标保护的立法主要有两部，即 1987 年《奥林匹克徽记保护法》和 1996 年《悉尼 2000 年奥运会表示与图像保护法》。后者对奥标专有权进行了极力扩张，已经失效。前者对奥标合理使用作出明确规定，为了传播信息或评论而使用奥标不属于侵权行为。② 合理使用在奥林匹克委员会之专有权与公共利益间发挥着衡平作用，从而达到对奥林匹克委员会之奥标专有权的限制。如果法律过度地倾向于保护奥林匹克委员会的专有权，会对公共利益造成严重威胁。

三、商标合理使用的主要规则

奥标与商标以及两种法律制度的建构具有明显的相似性，商标法某种程度上可以说是奥标法的母法，鉴于此，不少国家直接将奥标纳入商标法的保护范围。在单独立法保护奥标的国家，其奥标保护的基本原则甚至具体规则也与商标法保持一致。在司法实践中，如果奥标保护规则缺失，一些法院会比照商标法作出裁判。因此，商标合理使用的理论和规则对于构建奥标合理使用的规则，具有重要的借鉴价值。

商标的合理使用是指非商标权人无须经过许可，依法以一定方式、在一定范围内使用他人商标的行为和制度。商标的合理使用主要包括商业性合理使用和非商业性合理使用。

---

① Bolger v. Youngs Drug Products Corp. , 463 U. S. 60 (1983).
② 张玉超、孙思哲："澳大利亚奥林匹克知识产权保护制度评介及启示"，载《河北体育学院学报》2014 年第 6 期，第 23 – 25 页。

（一）商业性合理使用

商业性合理使用是指非商标权人在商业活动中合理使用他人商标。借鉴美国的理论和司法实践，它又分为描述性合理使用和指示性合理使用两种。

描述性合理使用是指为了描述自己商品或服务的特点，使用了他人商标中的文字。使用的目的是说明自己商品或服务的质量、主要原料、功能、用途、重量、数量、产地、生产者名称等特点，使用的对象是他人商标中的文字。例如，为了说明自己所产啤酒的产地而使用了已被他人注册为商标的"青岛"二字，为说明自己商品中含有中草药两面针而使用了已被他人注册为商标的"两面针"三字。如果某一商标演变为商品通用名称，非商标权人在通用化范围内使用该商标，也属于描述性合理使用。① 描述性合理使用制度的目的是保护公众对描述性文字的使用权，避免这些文字被商标权人垄断，维护正常的经营秩序。

《中华人民共和国商标法》（以下简称《商标法》）第59条列举了合理使用的具体情形②。北京市高级人民法院2006年印发的《关于审理商标民事纠纷案件若干问题的解答》第26条规定了商标合理使用的构成要件：第一，使用出于善意；第二，不是作为自己商品的商标使用；第三，使用只是为了说明或者描述自己的商品。该解答第27条列举了属于合理使用的具体情形，也都是描述性合理使用，该条最后还规定了兜底条款。该解答第28条进一步规定，他人将某商标文字在已通用化的范围内使用而不是作为商标使用且不足以造成相关公众混淆、误认的，应当认定不构成商标侵权。

指示性合理使用是指非商标权人使用他人商标以指代该他人的商品或服务，使用的最终目的仍然是描述自己的商品、服务或有关经营活动，使用的对象是他人商标。指示性合理使用主要有几下几种形式：（1）为表明自己商品或服务中含有他人商品而使用他人商标。这通常适用于将他人商品作为自己商品零部件的情况。（2）为表明自己在经销他人商品而使用他人商标。（3）为表明自己商品或服务专门针对他人商品或服务而使用他人商标。

---

① 不过，商标一旦演变成商品通用名称，就可能被撤销注册。

② 这里的正当使用的含义相当于合理使用。

（4）为表明自己的商品是他人商品的复制品而使用他人商标。（5）为表明自己的商品好于他人商品而使用他人商标。

总的来说，判断一种行为是否属于商标的商业性合理使用，主要应遵循以下标准：（1）根据使用者使用有关商标的主观目的和客观效果判断。（2）是否加注了说明性文字。[①]（3）是否对他人商标有意突出使用。（4）是否同时标有自己的商标。（5）参考行业惯例以及行业协会的意见。（6）是否对商标专用权人的经济利益有不利影响等。

（二）非商业性合理使用

非商业性使用是指在非商业活动中对他人商标的使用。具体包括以下几种形式：（1）评论、新闻报道、研究中使用该商标。这主要指在平面媒体或其他媒体中引用该商标进行报道或客观评论。这种使用并非频繁为之，也没有搭便车之嫌，当属合理使用。[②]（2）滑稽模仿中合理使用。[③] 这种艺术化的使用只要不对商家的名誉造成损害就属于合理使用的范畴。（3）在字典中使用。如将商标收录为词条。但此种使用应当尽到必要的注意义务，说明来源，不应使公众误认为该商标是商品通用名称，从而淡化该商标，如将"可口可乐"解释为"一种饮料"。

四、我国奥标合理使用制度的构建

借鉴它国立法和判例，参照商标合理使用制度，结合奥标保护自身特点，我国可以从一般条款、认定标准、具体情形和兜底条款四个方面构建奥标合理使用制度。

（一）以一般条款做原则性规定

使用奥标虽未经奥标权利人授权，但符合法律规定的认定标准及具体情形的，不属于侵权行为。

---

① 王成：《商标合理使用制度研究》，华东政法大学 2008 年硕士毕业论文。

② 傅钢："商标的合理使用及其判断标准——从《商标法实施条例》的有关规定谈起"，载《中华商标》2002 年第 12 期，第 36 – 39 页。

③ 沈婷："论商标合理使用"，载《上海海关学院学报》2013 年第 4 期，第 78 – 90 页。

（二）认定标准

（1）不是作为自己商品的商标使用。即使用者使用奥标不是将其作为自己商品的商标使用。（2）使用奥标出于善意。即使不把奥标用作自己的商标、无造成混淆的可能，但出于恶意使用奥标的行为，也不属于合理使用。（3）不会影响奥标权利人的经济利益。即不是出于商业目的而使用奥标，但使用行为不会使一般人误认与奥标权利人或奥运会有紧密联系的除外。出于商业目的是指直接使用奥标的行为的商业目的，而非直接使用奥标的行为的成果的商业目的。另外，这里的商业目的不包括在销售的杂志、报纸、期刊中评论、传播信息。

（三）具体情形

（1）经营者为了描述自己产品或服务的特点而使用奥标，即描述性使用。（2）经营者因使用合法带有奥标的产品作为自己产品的零部件，因而在自己的商品上提及或带有奥标。（3）以"国际竞赛"的含义使用"奥林匹克"这一词语，如国际数学奥林匹克竞赛，即以第二含义使用。值得注意的是，在没有学科奥林匹克竞赛的领域组织学科奥林匹克竞赛以及出版有关书籍，也应属于合理使用，如组织作文奥林匹克竞赛。这是因为"奥林匹克"自古已被赋予了竞技、争锋之通用性意涵，并被用来冠名各类国际竞赛。（4）在评论、新闻报道中使用奥标。各类媒体在进行新闻报道时使用奥标，如果不会导致误认，则属于合理使用，包括报道奥运奖牌榜。（5）在滑稽模仿中使用奥标。文学艺术工作者通过一定的艺术手法引用奥标来委婉表达自己的意见、看法，进行艺术创作，在不损害奥林匹克机构和奥林匹克运动的荣誉的前提下，属于合理使用。（6）在字典中使用奥标。在字典等工具书中收录和解释奥林匹克运动，基于字典本身的功能特点，即收录解释常见的词汇，不会导致公众误认，属于合理使用。

（四）兜底条款

其他符合认定标准的行为。兜底条款的目的在于使规定具有开放性，赋予法官自由裁量权，避免在司法实践中遇到符合奥标的合理使用认定标准却不属于法律规定的具体情形的行为时无法处理的状况。

对驰名商标保护的限制

周　倩[*]

摘　要： 随着经济全球化的发展和知识产权时代的到来，驰名商标蕴含着越来越大的商业价值，因此也就成了法律重点保护的对象。本文从驰名商标的定义及认定入手，分析我国现行法律对驰名商标保护的限制性规定，从商标法的立法宗旨、利益平衡理论以及禁止权力滥用原则等方面，阐述对驰名商标特殊保护进行限制的合理性，分析目前我国驰名商标保护存在的主要问题，并且提出合理的完善建议。

关键词： 驰名商标　利益平衡　权利滥用

一、驰名商标概述

（一）驰名商标的定义

学界对驰名商标并没有统一的定义，有的学者认为驰名商标是一种特殊性质的商标，它是指那些实际使用时间长、商品行销范围广、为消费者普遍知晓、在竞争中取胜，并占有一席之地的商标。[①] 有的学者认为驰名商标是指在相关公众中具有高知名度，广泛享有盛誉的商标。[②] 有的学者认为驰名商标是指经过长期使用、在市场上享有较高信誉并为公众所熟知的商标。[③] 还有学者认为驰名商标本身没有明确的定义，商标保护的传统法则是对商标

---

* 作者简介：周倩，女，河北师范大学法政与公共管理学院 2017 级民商法学硕士研究生。
① 乔云："论驰名商标的反淡化保护"，载《知识产权》1993 年第 1 期，第 39 – 41 页。
② 刘平："戚昌文论驰名商标的特殊保护"，载《法商研究》1998 年第 6 期，第 65 – 67 页。
③ 张今：《知识产权的新视野》，中国政法大学出版社 2000 年版，第 452 页。

所指定的商品形同或近似的商品，而驰名商标则突破了这一法则，因此要准确定义什么是驰名商标是困难的。[①] 由此可见，给驰名商标下一个合理的定义并非易事，但有一点是可以明确的，那就是驰名商标是在一国市场内具有极高商誉的商标。

（二）驰名商标的认定

对于如何认定驰名商标，各国有不同的法律规定，并且各国学说也都有不同观点。但经过长期的实践，学者们对驰名商标的认定标准达成了一定的共识。

第一，驰名商标标记的商品必须有良好的质量和信誉。商标是商品的标记，驰名商标所标识的商品必须具有优良的品质。商品的质量信誉，是驰名商标得到确认的标准，也是广大消费者经过长期使用对一个商标的认同。

第二，驰名商标应当是众所周知的商标。这里所说的众所周知是指社会公众，这些社会公众是可能使用该类商品的消费群体。因为有些商品的消费对象是特定的人群，同时一个商标要达到众所周知必须是经过长期的使用，有长期的产销历史的才能够成为众所周知。

第三，驰名商标应是一定的地域范围内享有声誉的商标。这里所说的一定地域范围各国的规定也不相同，有的国家要求只要在国内享有声誉就是驰名商标，有的国家要求在世界范围内享有声誉才能成为驰名商标。

我国对驰名商标的认定标准规定在《中华人民共和国商标法》（以下简称《商标法》）第14条，大体也是考虑公众知晓程度、地域范围、持续时间等因素，与上述标准大同小异。但在认定方式上经历了1996年8月14日《驰名商标认定和管理暂行规定》（以下简称《暂行规定》）到2003年6月1日《驰名商标认定和保护规定》（以下简称《认定规定》）两个阶段，最终采取了行政认定与司法认定相结合的方式。在1996年的《暂行规定》中对驰名商标只能由行政机关进行认定，而在现行的《认定规定》中对驰名商标的认定采取了行政认定和司法认定两种方式，目前这种认定方式在某种程度上可以使商标的认定更加公正、科学，但是驰名商标的认定采取"两条线"

---

① 吴汉东：《无形财产权制度研究》，法律出版社2001年版，第452页。

"双轨制"，必然会引起认定机关之间的矛盾，认定的标准也具有相当程度的任意性，这显然不利于市场竞争和社会稳定，因此这也是需要对驰名商标进行权利限制的重要原因。

（三）我国对驰名商标保护的现状

1. 对在中国注册的驰名商标的保护

对于驰名商标而言，根据《商标法》第 13 条的规定，注册的驰名商标所有人，不仅可以在类似商品或服务上禁止他人进行相同或者近似使用，还可以在非类似商品和服务上禁止他人注册和使用。这其实是对驰名商标的跨类保护，由此可以看出，我国对注册驰名商标的保护水平要明显高于对注册普通商标和未注册驰名商标的保护水平。

2. 对未在中国注册的驰名商标的保护

我国现行《商标法》将对驰名商标的保护扩大到未注册的驰名商标。驰名商标其实是商品质量和商业信誉的积聚，并非一朝一夕能获得，必须经过一个漫长的过程，驰名商标所标记的商品经过广大社会公众的普遍认可和赞同。因此，我国保护驰名商标，这不仅是对驰名商标所有者经营行为的肯定，也是为了使消费者获得更好的商品或服务，使驰名商标的权利人利用这种正当的竞争优势而获得相应的利益。[①]

二、我国目前对驰名商标保护的限制规定及存在的问题

（一）对驰名商标的保护进行限制的合理性分析

首先，对驰名商标的保护进行限制要符合《商标法》的立法宗旨，商标立法的根本目的就是保护消费者和生产、经营者的合法、合理利益，进而推动社会主义市场经济的发展。驰名商标的保护也必须遵循《商标法》的立法宗旨。

其次，对驰名商标的保护进行限制可以平衡个人与社会、局部与整体利益。驰名商标价值高，法律对其重点保护无可厚非，但如果对驰名商标的保

[①] 黄洁、陈香凝："未注册驰名商标保护制度研究"，载《理论观察》2018 年第 8 期，第 105 - 107 页。

护无限扩大，所保护的利益超过一定的限度，就会造成各方利益的失衡，违背立法宗旨，因此对驰名商标的保护必须是以不损害社会利益为前提。

最后，对驰名商标的保护进行限制符合禁止权利滥用的基本原则。权利的行使必然伴随着权利的限制，否则权利将会被滥用。因此，法律对驰名商标保护的同时，也对驰名商标的保护作出了限制性的规定，一定程度上限制了权利的扩张和滥用。

（二）我国现行法律对驰名商标保护的限制性规定

1. 在驰名商标认定上的限制

首先，对驰名商标的认定主体进行了限定。我国法律明确规定行政认定主体为商标局、商标评审委员会。司法认定主体主要有省、自治区人民政府所在地的市中级人民法院。其次，法律规定了严格的驰名商标认定标准，即认定驰名商标的考虑因素包括相关公众的知晓程度、商标使用的持续时间、任何有关的宣传工作、作为驰名商标受保护的记录以及其他因素。最后，在驰名商标认定的原则上，《商标法》立法和司法实践中确立了个案认定、被动认定、因需认定和事实认定的原则。

2. 在权利行使上的限制

《商标法》第 14 条第 5 款规定"生产、经营者不得将'驰名商标'字样用于商品、商品包装或者容器上，或者用于广告宣传、展览以及其他商业活动中"。并且规定了对违反该条规定的行为，由工商行政管理部门责令改正，处十万元罚款。即通过禁止性规定和行政处罚的方式对驰名商标权利的行使进行限制。

3. 对驰名商标反淡化保护的限制

《最高人民法院关于审理涉及驰名商标保护的民事纠纷案件应用法律若干问题的解释》第 9 条对驰名商标的跨类保护在商标的显著性程度、在被诉商标的相关公众中的知名度、与被诉商标所标示商品的关联程度以及其他因素上进行了限制。除此之外，为了对驰名商标进行限制，法律还规定了反淡化保护的两个例外情形：一是被诉商标已经超过了《商标法》第 45 条第 1 款规定的请求撤销期限的；二是被告提出注册申请时，原告的商标并不驰名。

该项规定通过惩罚怠于行使权利的人对驰名商标的保护进行限制。①

（三）我国关于驰名商标保护的限制存在的问题

1. 驰名商标的认定主体和认定标准过于泛化

驰名商标要想获得保护前提必须是取得认定，前文已经阐述过我国认定驰名商标的主体和标准问题，在此不再赘述。正是由于主体和标准的泛化，缺乏可操作性，才极易造成驰名商标认定程序上的混乱，另外司法认定中法官的自由裁量权也会导致同案不同判的结果，因此，从驰名商标的认定着手进行限制驰名商标的保护变得更加困难。实践中驰名商标认定的泛滥、通过虚假诉讼获得驰名商标等问题也是层出不穷。

2. 缺少对驰名商标权利滥用行为的规制

由于企业自身利益的驱动、政府政策的推波助澜、媒体的大力宣传和法律规制的缺失，目前驰名商标制度似乎已然越过私权的边界，驰名商标所有人往往以后驰名的商标对抗在先注册的商标，侵害其他市场经营者使用商标标识的合法权利，获得市场垄断地位，扰乱正常的市场竞争秩序等。现实生活中，驰名商标权利人经常通过商标许可、转让的方式获取更多的利润，然而却并不关注被许可人的经营资质和商品质量，造成市场中与驰名商标相联系的商品或服务质量不一，按照大众的消费观念，消费者通常会优先选择驰名商标的商品，这就损害了其他商标权人和消费者的利益。

除此之外，商标所有人与代理人相互串通，通过虚假诉讼的方式取得驰名商标的司法认定。虽然 2019 年修正的《反不正当竞争法》实现了与《商标法》的有机衔接，加大了对不正当竞争行为的处罚力度，但是目前的商标法并没有对驰名商标滥用作出具体的规制性惩罚措施。

3. 驰名商标反淡化保护制度的缺失

作为对驰名商标的扩大保护，反淡化保护使得权利人获得了在非竞争性商品或服务上使用驰名商标的实质控制权，扩大了商标的保护范围和权限，有效的保护了权利人利益，防止侵权人"搭便车"的行为。但因为法律没有

---

① 冯晓青、周贺微："我国驰名商标制度及其完善研究——以第三次修改后〈商标法〉为主考察对象"，载《时代法学》2014 年第 12 期，第 18－24 页。

对反淡化保护的范围作出明确的规定、立法理论基础的混乱、认定标准的模糊，加上驰名商标认定的泛滥，所以导致了现实中很多驰名商标所有人，搭上了自己驰名商标的便车，在自己生产或经营的其他商品上使用已经被认定的驰名商标，扩大商品知名度，从中获取利益。

三、完善限制驰名商标保护的建议

完善我国对驰名商标保护的限制符合《商标法》的立法宗旨，符合权利不得滥用的原则，能够平衡私权与社会公共利益的关系，维护社会秩序。以下提出对限制驰名商标保护的几点建议。

（一）规范驰名商标的认定程序

1. 限定驰名商标认定主体

前文已经提到，目前我国认定驰名商标的主体是行政机关和司法机关，笔者认为应该相对集中驰名商标认定的权限，让更专业的行政机关即商标局、商标评审委员会作为认定驰名商标的主体。这样可以使得认定标准得到相对的统一，还可以从某种程度上降低滥用司法权的可能性，提高驰名商标认定的质量和水平。如果赋予司法机关认定驰名商标的资格，那就应当制定严格的司法认定评议机制和监督机制。笔者认为在驰名商标的认定上应该提高法院的审级，将驰名商标的认定主体提升至高级人民法院，并且将需要认定驰名商标的案件提交驰名商标认定专门委员会讨论评议，由委员会对是否满足认定标准作出决定。并且在判决生效后，应及时向最高人民法院备案。① 这样有利于对驰名商标的认定进行有效的监督，控制驰名商标认定的数量，保证驰名商标的质量，避免驰名商标认定的泛化。

2. 统一细化驰名商标认定标准

针对驰名商标认定标准的完善，笔者认为应当在《商标法》第 14 条规定的基础上做更加具体的规定。

首先，确定驰名商标的地域范围。我国地域宽广，人口众多，现行法律

---

① 张孝远、彭劲荣："论驰名商标司法认定的完善"，载《科技与法律》2009 年第 1 期，第 87 页。

的规定不应将商标驰名的范围一概而论，立法以及司法实践中应当考虑地域
性的差异。其次，确定相关公众的范围。虽然法律法规和司法解释已经对
"相关公众"作出界定，但由于"相关公众"中的消费者、生产者、经销者
等概念较为模糊，所以行政机关与人民法院在处理具体案件时务必根据使用
该商标的商品或服务的功能、性质、销售渠道等方面合理确定相关公众范围。
再次，可以借鉴德国、英国等国家的做法，对商标驰名的知名度做民意测验
和问卷调查。最后，注意正确适用"商标驰名的其他因素"这一弹性条款。
不能过分强调该驰名商标所标记商品或服务的销售地域、销售量、销售收入、
市场占有率以及其他行业所颁发的荣誉。① 与此同时，要完善相关配套的行
政法规、认定细则和司法解释，明确、细化驰名商标的认定标准。

（二）对驰名商标权滥用行为进行法律规制

1. 限制驰名商标的任意许可和转让

驰名商标有较高的社会知名度，因此驰名商标的许可和转让应该更加严
格。本文认为，应对被许可人、被转让人或者企业进行严格限制，考虑企业
的资质、规模、商品质量、商业信誉等因素。除此之外，许可、转让人或企
业可以在许可或转让合同中约定解除合同条款，时刻监督被许可、转让人或
企业对驰名商标的使用情况。

2. 对滥用诉权、虚假诉讼的行为进行规制

针对滥用诉权获得司法认定驰名商标的行为可以从以下两个方面进行规
制：其一，法院可以在公示宣传栏或者利用互联网，张贴宣传警示材料，通
过明示规范，强调妨害民事诉讼的制裁措施和承担的刑事责任，做好预防工
作，还可以通过专家和审判人员对驰名商标虚假诉讼典型案例讨论听证的方
式，总结审判经验，增强警示作用。其二，对于驰名商标滥用诉权的行为应
该进行必要的处罚，通过制定责任制裁和惩罚措施，科学具体的法律规定，
提高司法实践的可操作性，还可以借鉴国外规制滥用诉权的规定，规定滥用

---

① 谢秀岚：《论我国驰名商标异化及其规制路径》，华东政法大学 2014 年硕士学位论文。

诉权的反赔,① 受害者可以向法院提起侵权损害赔偿之诉,追究虚假诉讼者的侵权责任,确立驰名商标虚假诉讼在民事上的损害赔偿制度。

3. 完善《商标法》关于禁止"驰名商标"宣传的规定

《商标法》第 14 条规定了禁止生产、经营者进行驰名商标的广告宣传,但这并不能遏制所有主体,实践中还存在广告代理公司和政府等主体进行驰名商标宣传的情况。因此,可以在法条中将禁止宣传的主体更加灵活化,例如,将生产、经营者后加"等"字。

(三) 完善驰名商标反淡化保护制度

1. 确定驰名商标反淡化保护的理论基础

在我国的司法实践中,很多纠纷涉及商标淡化的相关内容,有学者认为《商标法》第 14 条第 2 款的规定证明我国已经采纳淡化理论,但有的学者和立法者则持相反观点。这就使得我国对驰名商标反淡化保护缺乏理论基础,本文主张适当引入淡化理论作为对驰名商标跨类保护的理论基础,同时,又要在法律移植的过程中充分考虑我国的基本国情,明确划定反淡化保护的合理界限,解决因理论基础的分歧造成的实际操作上的难题。

2. 完善驰名商标淡化的认定标准

驰名商标淡化的认定意味着商标侵权行为的成立,为了更好地保护驰名商标人与其他商标权人的利益,法律需要对淡化行为的认定标准进行统一明确的规定。首先,对于驰名商标反淡化保护的对象应是具有显著性的已经注册的驰名商标。其次,行为人实施了淡化的行为。法律应该明确界定淡化行为的类型,包括弱化、丑化和退化三种形式。② 同时,应将淡化行为的例外情况进行明确。除此之外,由于某种原因驰名商标可能会逐渐退出公共领域,此时就需要合理的驰名商标退出和撤销机制,防止驰名商标的终身化。最后,淡化行为与驰名商标损害之间有因果关系,充分考虑淡化行为与驰名商标受

---

① 杜仲霞:"驰名商标权滥用及其法律规制",载《安徽农业大学学报》2006 年第 1 期,第 80 页。

② 朱文玉、车越:"浅谈对驰名商标特殊保护的限制",载《法制博览》2018 年第 9 期,第 10 – 13 页。

损之间的因果关系，保护利益的平衡，这也是认定侵权的基本要件。①

总之，社会经济的发展很大程度上决定了法律制度的发展和适用，同西方许多发达国家相比，我国的经济发展相对落后，对知识产权的研究和认识相对较晚，所以，将国外的法律制度移植于我国的理论研究时，难免有些"水土不服"。虽然《商标法》经历了几次修改，驰名商标保护制度也在不断发展完善，但是基于我国长期对驰名商标概念的误解，和现实中很多滥用权利的现象，驰名商标制度还有待进一步完善，加大知识产权侵权的处罚力度，营造良好的创新环境，规范权利行使的边界，对驰名商标的保护进行必要的限制，在保护商标权人利益的同时，保证与其他商标权人和社会公共利益的平衡。

---

① 朱育兵："论我国驰名商标的特殊保护及限制"，载《知识经济》2010 年第 18 期，第 102 –103 页。

少数民族传统知识的保护

陈 岩[*]

摘 要：我国是统一的多民族国家，少数民族传统知识内容丰富，并蕴含着极大的价值，作为中华民族传统文化的一部分，它不仅体现和传承着民族的精神文化，在当代社会也有着巨大的开发潜力。目前，我国少数民族传统知识的保护需要得到重视。

关键词：少数民族　传统知识　非物质文化遗产

一、引言

（一）少数民族传统知识的内涵

1. 少数民族传统知识的概念

世界知识产权组织把传统知识界定为土著民族或当地社区不断演变的、可能被编成典籍或世代口口相传的知识、技巧、创新、实践、教学以及学习，其包含的范围较为广泛。

少数民族的传统知识，一般来讲，是指在少数民族的社区基础上产生，并具有其独特性的一种知识形式，包括文学、艺术或科学作品，表演，发明，科学发现，外观设计，标记、名称和符号等。其独特性体现在权利主体的群体性以及在其社区范围传播的相对公开性。

2. 传统知识与非物质文化遗产

传统知识与非物质文化遗产存在区别。两者同样强调传统，很多学者也

---

* 作者简介：陈岩，女，河北师范大学法政与公共管理学院 2018 级法律硕士研究生。

认为两者属于相同概念。事实上，非物质文化遗产的内涵范围更大，与传统知识的范围存在交叉。[①] 两者区别的要点在于传统知识的保护更强调开发商业价值，使其带来更多的经济效益，可能同时注重传承文化、技艺等，而非物质文化遗产的保护更强调传承，使其能永久地存留下来。[②]

（二）乌苏里船歌案

1999 年 11 月 12 日，在"99 南宁国际民歌艺术节"开幕式的晚会上，歌唱家郭颂演唱完《乌苏里船歌》后，中央电视台主持人特别强调这首歌是郭颂的创作歌曲，并否认其是赫哲族民歌，郭颂对此言论也并没作回应或解释。在这个节目作成碟片在全国发行时，上面注明的作曲者仍然是郭颂。对此，黑龙江省饶河县四排赫哲族乡政府表示，《乌苏里船歌》是赫哲族民歌，只有赫哲族人民才享有作品的相关权利，郭颂及相关单位侵犯了其著作权。2001 年 3 月，赫哲族乡政府向北京市第二中级人民法院起诉了郭颂、制作碟片的中央电视台以及公开销售相关影像制品的北京北辰购物中心。2002 年 12 月 28 日，北京市第二中级人民法院作出判决：郭颂、中央电视台以任何方式再使用歌曲作品《乌苏里船歌》时，应当注明"根据赫哲族民间曲调改编"，并在《法制日报》上发表《乌苏里船歌》系根据赫哲族民间曲调改编的声明；北京北辰购物中心停止销售任何未注明改编出处的《乌苏里船歌》歌曲作品的出版物；负担黑龙江政府饶河县四排赫哲族因案件诉讼支出的合理费用。后郭颂及中央电视台不服判决，提起上诉，在此过程中，中央音乐学院黎英海、田联韬等教授及许多音乐界知名人士呼吁加强对民间艺术的保护，并尽快制定民间艺术著作权保护法。最终二审法院北京市高级人民法院作出了判决：维持北京市第二中级人民法院的判决，全体赫哲族人民享有《乌苏里船歌》的创作权。在那个传统资源专门保护机制尚未建立的年代，乌苏里船歌案成为《著作权法》颁布后民间文学艺术作品维权第一案，在法学界引

---

① 张星："少数民族传统知识权利的内涵与保护模式"，载《贵州师范大学学报》2018 年第 1 期，第 3 页。

② 刘丹冰："传统知识界定的困惑与解析"，载《西北大学学报》2016 年第 4 期，第 112 页。

起轰动，也对少数民族传统知识的保护产生了积极的影响。①

二、我国少数民族传统知识的保护现状

（一）国际层面的保护

在 1972 年联合国教育、科学及文化组织通过了《保护世界文化和自然遗产公约》，公约规定了各缔约国可以自行确定本国领土内的文化和自然遗产，经世界遗产委员会审核和批准后的地点，列为世界文化和自然遗产，并由其所在国家依法严格予以保护。为建立传统知识产权保护制度，1976 年联合国教育、科学及文化组织又提出了《突尼斯版权示范法》，1982 年世界知识产权组织发布了《关于保护民间文学表达形式以防止非法利用及其他损害行为》的法律。以推行民族传统文化知识产权保护制度为目的，世界知识产权组织在 2000 年成立了世界知识产权与相关遗传资源、传统知识以及民间文学艺术的政府间委员会。2003 年联合国教育、科学及文化组织通过了《保护非物质文化遗产公约》，但是由于非物质文化遗产不完全包含传统知识，所以不属于非物质文化遗产的传统知识得不到该公约的保护。我国于 1993 加入了《生物多样性公约》，其中一条规定：若一个国家使用另一个国家自然资源，则要与那个国家分享研究成果、盈利和技术。

（二）国家层面的保护

《中华人民共和国宪法》（以下简称《宪法》）第 4 条规定："……国家根据各少数民族的特点和需要，帮助各少数民族地区加速经济和文化的发展……各民族都有使用和发展自己的语言文字的自由，都有保持或者改革自己的风俗习惯的自由。"《宪法》第 22 条第 2 款规定："国家保护名胜古迹、珍贵文物和其他重要历史文化遗产。"确定了传统知识保护的一个原则性规定。《中华人民共和国著作权法》（以下简称《著作权法》）第 6 条规定："民间文学艺术作品的著作权保护办法由国务院另行规定。"尽管国务院规定尚未出台，但却间接地为少数民族传统知识的保护提供了思路，即将其列入

---

① 安娜："民间文学艺术作品著作权的界定冲突与文化背景分析——与《乌苏里船歌》为例"，载《法制博览》2018 年第 23 期，第 121 页。

知识产权的保护范围。我国在 1997 年颁布的《传统公益美术保护条例》规定了国家传统美术工艺的认证制度、保护措施以及法律责任承担等。于 2011 年颁布的《中华人民共和国非物质文化遗产法》除界定了非物质文化遗产的内涵，还规定了非物质文化遗产的三种保存方式，即认定、记录及建档。[1]

对于少数民族传统知识的保护在国际和国内都有所体现，在国际上由于存在现实的不平等，发展中国家、欠发达国家在规则的制定、标准的确立以及实际的践行上都属于弱势方，并且国内相关立法并不完善，在实践上存在较多问题。因此，众多学者积极进行了研究，并提出了一些建议。[2]

三、保护少数民族传统知识的措施

（一）基于供给侧改革视角的保护模式

中南财经政法大学的博士研究生谭东丽基于供给侧改革的视角对少数民族传统知识的保护提出了建议，认为少数民族传统知识可以通过"两手抓"来实现，即一方面从立法层面、利益分配机制方面入手，以完善少数民族传统知识的知识产权保护体系，并构建少数民族传统知识的知识产权利益共享机制；另一方面发挥少数民族传统知识的产权主体效能，进而促使其转向知识产权密集型产业，更高水平地对少数民族传统知识进行保护。

1. 完善保护少数民族传统知识制度体系

完善知识产权保护体系，少数民族传统知识的不同方面可分别由不同法律进行规定。例如，符合专利、著作、商标特征的传统知识可用现有的相关知识产权法进行规范；对于民俗节庆、陶艺、民族建筑等少数民族传统知识可以申请非物质文化遗产认定，通过《非物质文化遗产法》得到保护；对于少数民族民间文学作品，可以结合世界知识产权组织和联合国教育、科学及文化组织通过的《关于保护民间文学艺术表达、防止不正当利用及其他损害性行为的国内法示范条款》等，还有突尼斯、巴西等国针对保护土著传统知

---

① 应娟清：《少数民族传统文化知识产权保护研究》，兰州大学 2017 年硕士学位论文，第 21 页。

② 吾守尔："论全球化时代少数民族传统文化知识的保护"，载《中央民族大学学报》2015 年第 3 期，第 1 页。

识集体权利建立的专门制度，根据我国国情建立专门的制度；对于传统医药知识的保护，可以向印度、菲律宾等保护措施做得较好的国家学习，印度对传统医药知识收集归档并且建立了传统知识数字图书馆，菲律宾制定了《群体知识产权保护法案》。完善少数民族传统知识产权保护体系，第一，应当充分发挥国家的主导作用，以公法为主，私法为辅进行保护；第二，考虑少数民族的具体情况作出特别的规定，例如建立类似商标制度的续展制度；第三，给个人或组织留下创新的空间，并由法律作出特别规定。

完善利益分享机制。少数民族传统知识产业化的过程中，根据利益分享理论，采用"传承群体—代表性传承人—资本参与方"的模式，实现利益平衡。权利人享有排他权的同时，还享有处分权、收益权和赔偿请求权。允许他人在一定条件下依法合理使用少数民族传统知识，但必须与权利人或持有人分享收益。完善利益分享机制符合时代进步与社会发展的要求，一定程度上缓解了社会不公，有效保存和传承了少数民族传统知识，并且有助于提高少数民族的经济条件和生活水平。

发挥相关主体效能。第一，如《深入实施国家知识产权战略行动计划（2014—2020年）》将"完善植物新品种、生物遗传资源及其相关传统知识、数据库保护等相关法律制度"作为重要条款等，在国家顶层设计上提升传统知识保护的位置，纳入知识产权强国战略。第二，通过政府的努力，推动建立国际保护体系，在国际上实现对我国少数民族传统知识的更全面的保护，防止被窃取产权的情况出现。第三，政府可以联合行业协会等组织建立少数民族传统知识专门数据库，并规定纳入标准、认证体系等相关事宜，既可以使少数民族传统知识得到较好地保护，又可以避免授权不当。第四，建立援助机构。可以通过政府设立一批类似于行业协会的少数民族传统知识保护组织，对少数民族传统知识进行统一的管理，帮助权利人维护其知识产权，且有利于增强群众对政府的信任。第五，营造公平、透明、规范的知识产权法制体系和市场环境，充分发挥政府的"掌舵人"的作用，调动社会各方参与，合理开发利用少数民族传统知识，使其更好地传承和发展。

2. 发展少数民族知识产权密集型产业

在供给侧改革的背景下，发挥政府的主导作用，通过货币政策、财政政策等对少数民族传统知识的相关经济领域进行调控，并用立法、设立监管部门对其相关市场进行监管，市场同时也要发挥其能动性。企业也要抓住机会，优化少数民族传统知识产业机构及产品。除了制度体系上的完善，还需要加强在产品上的知识产权的创造、布局以及运营，以发展少数民族知识产权密集型产业。发展少数民族传统知识产业需要尤其重视知识产权的生产，重视包括产业产品的研发、设计、制造、推广、营销等环节的知识产权的生产。另外，在重视供给侧的同时，也要注重需求侧。最后，在知识产权的保护方面，要积极关注国际国内形势，促使少数民族传统知识市场持续有效地发展。

基于供给侧改革的保护模式旨在把握好供给侧改革大局，将少数民族传统知识的保护结合其中，在建立完善的制度保护体系的前提下，发挥政府、市场、企业、传统知识权利人多方的作用，发展知识产权密集型产业，提高少数民族传统知识的保护水平。[①]

（二）以传统实践活动为视角的保护模式

云南博仲律师事务所的郭春律师、西双版纳职业技术学院讲师以傣族传统医药实践为例对少数民族传统知识的保护进行了研究，将保护战略过程分为三个情况分析，即依靠现行制度进行保护，通过产权申请披露制度的重构进行保护和通过修改现行制度规则进行保护。针对少数民族传统知识实践活动的不同知识产权利益进行保护。

1. 依靠现行制度规则进行保护

一方面，对于法律有明确规定的少数民族传统知识，可以直接用现行法律体系进行规范和保护。另一方面，对于某些需要特别保护的传统知识（如傣族传统医药）需要根据特定分类将少数民族传统知识数字化、信息化、文献化，纳入国际上易于检索的数据库，将少数民族传统知识先技术化，以防他人获取相关知识产权。同时，在纳入数据库之前，需要征得权利主体的同意，必要时需要做好保密工作。

---

① 谭东丽、曹新明："当前我国少数民族传统知识的法律保护研究——基于供给侧结构性改革的视角"，载《电子知识产权》2017 年第 12 期，第 4 页。

2. 修改产权披露制度

第一，开发少数民族传统知识前需要经过族群的同意，相关产权申请必须有相关证明。开发少数民族传统知识方获得族群同意的方式是及时告知并得到书面同意。若申请与少数民族传统知识相关的知识产权，应当持有该族群签发的同意证明，否则应驳回该申请。

第二，开发少数民族传统知识前要获得权利当事人的许可证书，且申请该少数民族传统知识相关权利时要提交该许可证书，否则，应驳回该申请。

3. 修改或创设产权制度

从现行知识产权制度中看，权利主体还是以个体为主，族群的知识产权权益不能得到很有效的保障，而少数民族传统知识的主体更多的是整个族群，所以某些少数民族传统知识的保护需要修改现行制度，或者建立一个更合适的专门的制度，如扩大专利权的适用范围。①

（三）基于民商法视角的保护模式

中国人民大学法学院硕士孙浩人基于知识产权的视角提出了一个保护框架，即在保护少数民族传统知识的时候，要建立本区域的传统知识体系。其主要从三个方面进行研究，包括理论层面的研究、科学层面的研究和实践层面的研究。理论层面的研究，即以马克思主义理论和习近平新时代中国特色社会主义思想作为指导思想，在此基础上进行接下来的研究。科学层面的研究，即完善保护少数民族传统知识的科学的制度体系，作为保护少数民族传统知识的基础。实践层面的研究，即要求将政府的作用、民族的实情以及相关科学理论联系起来，将保护少数民族传统知识与少数民族传统知识体系联系起来。

这种保护模式的主要内容包括：第一，通过地方立法来改良少数民族传统知识的保护体系，并提高相关法律的可行性；第二，借鉴立法经验来提高行政保护的效能，使司法和行政共同发力加强保护的力度；第三，从促进民族团结的角度加强各民族间的合作，共同探索少数民族传统知识与市场之间

---

① 黎冬梅等："试论我国民族传统知识产权保护战略与制度框架——以傣族传统医药实践活动为例"，载《遗产与保护研究》2018年第12期，第2页。

的结合之径。

该模式的提起人还认为，少数民族传统知识的开发核心是设立科学有效的利益共担机制，而对少数民族传统知识保护的最佳状态是行政法与民法共同发挥作用。对于知识产权制度除了应该保护最新的成果，还要注意保护智力成果的源头。另外，传承人对于少数民族传统知识的发展和延续具有非常重要的作用，但传承人由于其自身具有脆弱性、不确定性等特点，需要建立和完善少数民族传统知识中被传承的传统知识的档案和传承人的档案。[①]

对少数民族传统知识的保护，首先最重要的是要完善相关法律体系和制度体系，这一点是各种模式所达成的共识，只有相关法律和制度完善了，对其保护才有据可循。其次是少数民族地区要与企业、政府以及社会相互配合，开发少数民族传统知识，将其发展成为稳定可持续的产业，开发其价值并使其延续下去。最后，少数民族传统知识的权利人和传承人的权益需要得到保护，要求设立相关制度维护其权利。另外，少数民族传统知识的保护必须结合少数民族的文化风俗、传统知识的类型等，否则会事倍功半。

总之，少数民族传统知识是我国传统文化的组成部分，在我国五千年的历史长河中，各族人民用他们的勤劳、智慧共同创造了绚烂的中国文化，深厚的文化底蕴使我国在世界舞台上昂首挺胸。少数民族传统知识的保护应该得到重视，少数民族传统知识需要被传承和发展。

---

① 孙浩人："少数民族传统知识与技艺的民商法保护研究：非遗和知识产权融合的视角"，载《法制博览》2018 年第 6 期，第 1 页。

冬季奥林匹克运动会奥林匹克标志的保护

郜一迪*

摘　要： 奥林匹克运动作为一项被世界广泛接受的大型项目，在国家经济发展领域同样蕴藏巨大商机。2022 年的北京冬季奥运会，应当在已有《奥林匹克标志保护条例》的基础上加大对奥林匹克知识产权法律保护的完善，只有提升我国奥林匹克商标权的法律保障能力，促进立法及司法实践，才能够更好地提高我国奥林匹克知识产权品牌价值和体育市场的开发能力，扶持我国奥林匹克运动及经济健康向上发展。

关键词： 冬奥会　奥标　知识产权

2018 年 7 月 31 日起施行的《奥林匹克标志保护条例》对我国目前关于奥林匹克标志作出了整理归类，是在商标法关于奥林匹克品牌的特殊性不明确的情况下对我国体育市场的法律保障，但具体到司法实践中还有值得继续研讨的地方。该条例第 3 条规定，本条例所称奥林匹克标志权利人，是指国际奥林匹克委员会、中国奥林匹克委员会和中国境内申请承办奥林匹克运动会的机构、在中国境内举办的奥林匹克运动会的组织机构。关于进行市场开发的具体权利人通过法律途径赋予其权利方面，该条例第 4 条指出，奥林匹克标志权利人对奥林匹克标志享有专有权，未经奥林匹克标志权利人许可，任何人不得为商业目的使用奥林匹克标志。然而关于权利人的商业性质的管理营销及价值保护申请的专有使用权或许可使用权的具体权利分配还需进一步研究分析。如何能够系统地解决市场筹资问题、提高组委会吸引赞助商、

---

* 作者简介：郜一迪，女，河北师范大学法政与公共管理学院 2017 级法律硕士。

供应商的能力，从而为奥运会代表团筹集必备的参赛资金和物品等，这些都需通过进一步的立法加以完善。

在管理责任、体育运动内部出现的矛盾和冲突方面，《奥林匹克标志保护条例》第 7 条规定，国务院市场监督管理部门、知识产权主管部门依据本条例的规定，负责全国的奥林匹克标志保护工作。县级以上地方市场监督管理部门依据本条例的规定，负责本行政区域内的奥林匹克标志保护工作。该规定意味着目前我国的司法实践中主要依赖政府的强力介入，以确保奥林匹克知识产权市场开发的顺利进展。然而，奥林匹克标志开发毕竟涉及商业利益，即私权法范畴。从长远来说，中国奥林匹克知识产权保护还应多运用民事诉讼请求赔偿等多种保护手段，如果长期依靠公权力介入，一是对公共资源会造成浪费，二是不符合法治社会的要求。为了长期保护我国以奥林匹克知识产权为主的体育赛事标志，确保在体育赛事结束后标志的商业价值仍不受损害，我国应从平衡合理使用奥林匹克标志的商业价值与我国文化的宣传价值出发，进一步完善我国以奥林匹克知识产权为主的体育赛事标志保护制度，提高我国体育赛事标志保护的立法位阶，同时处理好体育赛事标志的合理使用和使用权授权保护问题。

一、奥林匹克商标的价值

奥林匹克商标权的合理使用关键在于保护参与奥运会市场开发的企业利益与向社会公共宣传公益利益间的平衡。中国境内申请承办奥林匹克运动会的机构属于奥林匹克标志权利人之一，在申办、筹备和举办奥运会期间，用于保证基础设施的完善，策划宣传活动等耗费是巨大的，2008 年北京奥运会投资额达到了 160 亿美元，但奥林匹克运动财政收入全部直接或间接地来自奥林匹克知识产权的有偿使用，奥运会在电视转播、广告赞助及标志特许使用收入等各项经营在促进经济发展方面获得的成绩证明回报是值得的。因而笔者非常赞同 2007 年李志坚同志在《中国体育报》上刊登的一篇文章的观点，即我国在北京奥运会的举办上应遵守"既不违规，又不犯傻"的知识产权保护政策。在维护奥林匹克精神的同时保护好我国的正当的商业利益。

（一）商业性价值

奥林匹克标志是国际奥委会所拥有的唯一财产。奥林匹克商标的出现，意味着全球对奥林匹克的关注，意味着阅读量与认知度。在 1984 年洛杉矶奥运会以来的历届奥运会中，利用奥林匹克标志进行市场开发活动，已经成为国际奥委会和组委会的重要收入来源。通过授权奥委会对奥林匹克标志、名称及其组合的商业使用权，可以完善对奥林匹克标志的合理开发，提高奥委会从私营机构筹措资金的能力，以资助奥林匹克运动和业余体育运动的健康发展。能够在使用奥林匹克标志发扬奥林匹克精神的同时，为特许经营带来一定的利益。

（二）公益性推广价值

奥林匹克标志是奥运会乃至整个奥林匹克运动的重要象征，是奥林匹克精神极为重要的载体，其内涵很大程度来自奥林匹克精神、奥林匹克运动传统与奥林匹克人文精神。这凝练地概括了奥林匹克运动在漫长历史中积累的无形资产，同时构成了奥林匹克运动的信誉基础及社会价值的精华。我国同样受《奥林匹克宪章》的约束，奥运会商标权属于国际奥委会无形资产，依附于国际奥委会并由国际奥委会支配的垄断性占有，在我国同样属于标志特许使用。这就意味着与一般企业品牌不同的是，奥林匹克商标既包含商业性质也具有公益性质，于是就带来一个问题，即商业用途与非商业用途间的界限不是非常明显，为了扩大奥林匹克影响力，不以商业目的进行宣传和教育的机构可以使用奥林匹克标志，但前提是该使用奥林匹克标志及其组合的行为不得损害奥林匹克标志权利人和第三方人的利益。奥林匹克商标被大众接受的同时极易被复制。故而从数量上来看，侵权行为大部分是"无知"的侵权，即自以为是宣传奥运会提高群众参与度，如销售带有奥林匹克商标的小型手工艺品、纪念品甚至衣物，实质上则已经侵犯了奥林匹克商标权。

2022 年冬奥会是全国的一次重要活动，是一项希望全民都能参与也能共享的重要活动，同时会在举办过程中吸引全世界大量的观光客，如果不能够合理对奥林匹克商标权进行保护，对奥林匹克知识产权的非法复制、伪造、假冒等行为会削减我国奥委会对奥林匹克标志用品的销售收入，破坏国际奥委会和组委会在消费者心目中的形象。

二、国际奥林匹克知识产权保护现状

知识产权的重要特征之一即知识产权的地域性，其效力只发生在本国境内。奥林匹克知识产权则在满足本条件时还需遵守国际奥林匹克的相关规定。国际奥委会营销委员会的成立即为了处理有关营销的具体问题，并向执委会提出建议。国际奥委会自 1894 年诞生后，多年来经费一直较为缺乏，很多时候举办奥运会是一桩赔钱的买卖，东道主必须自行集资，寻找经费。国际奥委会营销委员会的任务即通过提供资源、计划和财政支持等方式，来帮助保持奥林匹克运动工作的永久存在。每一个合作者的所有计划和行动，都应是为了加强和保护奥林匹克形象和奥林匹克价值，寻找通过与营销伙伴的协作，使奥林匹克运动所获得的潜在效益最大化。在国际奥委会的指导下，奥运会组委会管理的奥运会市场开发活动包括奥运会赞助和在举办国进行的供应商计划，奥运会门票计划，奥运会特许计划。

国际奥委会通过下列活动帮助这些计划的实施：（1）作为奥林匹克营销计划的基础，国际奥委会将奥林匹克知识产权授权给奥运会组委会使用；（2）与奥运会组委会共同实施营销计划；（3）提供营销支持；（4）从以往奥运会营销措施中提供样板。

奥运会组委会收入的分配：保留 95% 支持奥运会组委会举办奥运会；因使用奥林匹克知识产权和在奥运会组委会市场开发活动的管理上得到国际奥委会的支持，分配给国际奥委会 5%。

然而，我国尚未加入《保护奥林匹克会徽内罗毕条约》。该条约是 1981 年 9 月 26 日在肯尼亚首都内罗毕签订的。截至 2000 年 4 月 1 日该条约已有 39 个成员国。所有缔约国均有义务保护奥林匹克徽记，禁止未经国际奥林匹克委员会的许可而将其用于商业目的的行为，即在广告、商品或者商品包装上作商标使用。该条约规定，为了商业目的使用奥林匹克徽记并为取得国际奥林匹克委员会的许可而向其缴纳许可使用费时，部分收入分给有关国家奥林匹克委员会。① 实际上，国际奥委会直到 1993 年在中国申请并取得商标权后才在中国有此商标权。奥林匹克知识产权的地域性是指奥林匹克知识产权的效力只及于生产奥林匹克知识产权的法律效力所及的地域。我国对于奥利匹克商标权的申请较晚，目前美国与澳大利亚的奥林匹克品牌营销较为值得借鉴。②

　　1984 年美国洛杉矶奥运会是首次使用商业化手段筹集资金的一届奥运会。萨马兰奇在 1980 年出任国际奥委会主席后提出对国际奥委会五环标志进行非广告性的商业开发，既公益性地拓宽了奥林匹克的认知度，也获得了经济领域的回报。美国商人尤伯罗斯负责的洛杉矶奥运会期间最有创意的两项筹资措施是出售电视转播权和赞助商商品专卖权。这届奥运会标志着国际奥委会与企业成功合作的新纪元，正是通过对奥林匹克知识产权的保护，才使奥林匹克商标的经济效益最大化。1996 年亚特兰大奥运会的过分商业化则远超出了人们所能接受的奥林匹克形象的极限，不仅破坏了奥林匹克运动的传承精神，甚至对美国的品牌形象也造成了不利影响。然而，亚特兰大奥运会组委会在保护奥运知识产权方面同样具有三个亮点：第一，亚特兰大奥运会组委会依法将所有的奥林匹克徽章、标志、标识甚至术语全部注册为商标；第二，亚特兰大奥运会组委会专门成立了奥林匹克知识产权的维权救济和市场调研中心，一旦发现侵权行为，根据侵权危害程度采取不同保护措施，要求对方停止侵权、诉讼赔偿等法律程序；第三，亚特兰大奥运会组委会加强了与各种媒体密切合作，在传统媒体上宣传奥林匹克知识产权保护知识和信息，利用电视、新媒体机构传播奥林匹克知识产权宣传图片和画册，提高了人们对奥林匹克知识产权的保护意识，号召人们共同抵制违背和侵犯奥运知识产权的行为。

　　美国通过《奥林匹克与业余体育法》赋予了美国奥委会奥林匹克标志的专有使用权和许可使用权，且《奥林匹克与业余体育法》并未对美国奥委会管辖的奥林匹克标志的权利期限进行限制，美国奥委会对奥林匹克知识产权

---

① 孙双秀、王延明、王金贵：《品牌·商标·法律保护》，甘肃文化出版社 2006 年版，第 262 页。
② 钟秉枢等：《奥林匹克品牌：中、美、澳三国奥林匹克品牌的比较研究》，北京体育大学出版社 2006 年版，第 85 页。

拥有永久性权利，不像商标权人拥有的商标具有一定保护期限，超过保护期限的商标需要通过申请保护期限延展方能继续享有商标权。

2000 年悉尼奥运会则通过将传统奥林匹克精神与澳大利亚独有的自然风景相结合，别出心裁地展现了"绿色奥运""人文奥运"。政府重视和悉尼特有的人文精神与奥林匹克运动和谐地融合在一起，不仅使观众的接受度更高，而且对澳大利亚的形象宣传极为有利。"拳击袋鼠"作为澳大利亚的专用标识，通过特许使用权获得了 13.1 万澳元的收益，成功实现了奥运会商标权的公益性与商业性的成功结合。

美国奥运会组委会对奥林匹克商标经济价值的尝试与澳大利亚在独特性方面的创新，都有值得我国进行学习研究的地方。奥林匹克商标权的认识与发展虽然有普遍性的发展规律，但美国、澳大利亚两国与我国国情不同，这就需要我们在比较研究中既要给予充分的考虑又要对我国的社会主义国情有着清醒的认识，形成中国特色社会主义的奥林匹克商标权保护道路。

三、我国目前司法实践的局限性

虽然我国目前遵循《奥林匹克宪章》，承认对奥林匹克智力成果的使用与所有的详细规定，但奥林匹克知识产权的具体保障必须得到我国法律的承认才能具有实际的意义。我国虽有著作权法、商标法、专利法及其相应的实施细则，已形成较为完备的知识产权法律体系，但针对奥林匹克知识产权的特许专营资格、特许交易资格相关方面立法还比较欠缺，具体表现在以下几个方面。

（一）立法层次偏低

例如，《奥林匹克标志保护条例》《特殊标志管理条例》《北京市奥林匹克知识产权保护规定》虽对奥林匹克知识产权作了规定，但它们还不是严格意义上的法律。奥林匹克知识产权是民事权利，根据立法的规定，必须由全国人大或其常委会制定法律予以保护。

（二）现有规定存在盲点

奥运会及简短的奥林匹克作品虽符合作品的必要条件，但奥林匹克标志权利人等据《奥林匹克宪章》规定，对其他国家奥委会的名称、徽记、会歌非经我国奥委会同意并取得报酬不得在我国用于广告等营利目的，对此我国法律还没明确规定。我国不是判例法国家，法官不能创制法律，立法上的欠缺不仅使奥林匹克知识产权保护不力，并且会极大地增加法律保护的成本。

（三）缺少统一的体育赛事标志、体育组织标志的规范

我国目前存在一个误区，为每项赛事都要颁布相应的法律和法规，这项赛事举办完了就束之高阁，这样造成很大的立法成本浪费，法律实施效果也不好，应该借鉴美国《奥林匹克与业余体育法》的经验，对体育赛事标志以及体育组织的标志用法的形式进行规范。①

我国要以创新作为发展的第一动力。我们把奥林匹克运动商标设计出或引入后，也必须在消化、吸收基础上不断创新。所以保护奥林匹克商标权制度对于这些产业同样重要。法律制度才是实现以创新为驱动力的高质量发展的重要保障。

四、冬奥会商标权保护完善构思

（一）商业化合理开发

1964 年日本在东京成功地主办第 18 届奥运会，其国民生产总值由奥运会前的每年增长 10.1% 到举办奥运会当年迅速增加到 26.1%。经济学家认为这是日本进入世界工业强国的里程碑。1984 年洛杉矶奥运会创造了有史以来收入大于支出的奇迹，带来了 32.9 亿美元的收益，纯盈利 1.5 亿美元。1988 年汉城奥运会，直接经济效益 32.96 亿美元，总效益 98.68 亿美元，在 1981—1988 年的 7 年中筹备奥运会共带来相当于 70 亿美元的生产效益和 27 亿美元的国民收入诱发效果，相当于韩国 1988 年 GDP 的 1.4%，成功地带动该国"经济起飞"。笔者认为，2022 年北京冬奥会也将会成为推动我国经济腾飞的一大动力，以京津冀当地旅游业与商标周边商品为着手点挑战的是奥运会商标权保护下的体育体制和法治体系，同样要求在体现开放、竞争、透

---

① 张玉超、董旭晖："美国奥林匹克知识产权保护制度评介及启示"，载《西安体育学院学报》2015 年第 32 期，第 528 – 533 页。

明和无歧视的基本原则下创造出更受欢迎、更有价值的商品。2022 年北京冬奥会要体现出独特性，这就意味着中国特色，意味着差异，意味着一定程度的国际市场独占，意味着系列奥运会中的专属于中国的垄断优势。中国的体育组织就像面对世界贸易组织的民族企业一样，必须学会培育品牌，以应对激烈的市场竞争。这是中国体育界着眼于全局、着眼于发展的具有实践意义的重大课题。

（二）设置专属奥林匹克知识产权保护法律工作委员会

加强冬奥会商标权的管理，既是为了保护合规的经济效益，但更重要的是为了防止出现不良的社会效应或国际影响。一旦我国保护奥运会商标权的健康形象被破坏，就会在国内外造成很大的负面影响。我国的有关部门应该从社会效益或经济效益出发，以维护中国体育的整体形象。冬奥会商标权保护是体育组织的法律手段，它保障了冬奥会经济在什么样的水平上运行。只有在制度上、程序上系统地加以规定和提出要求，才能努力完善我国的奥林匹克品牌的系统研究，这也是扩大开放的有效手段。建议专门设置奥委会法律工作委员会，明确其任务和职责是保护奥林匹克知识产权不受侵害，处理和追究涉及奥林匹克知识产权侵权的一切法律事务，签署和制作奥林匹克知识产权市场开发合同文本，负责相关法律规范的制定工作。

根据奥林匹克营销规则和对潜在赞助行业及企业调研评估的结果，并参考历届奥运会经验，该届冬奥会应致力于将"北京冬奥会"打造成为一个具有强大生命力和丰富价值内涵的独特品牌。管理上要重视对北京冬奥会商标的有关申请，加大关于相关商标产品的创新保护力度。对于事实侵犯冬奥会商标权并造成严重不良影响的从业者加大处罚力度。

奥运会独特的商业运作模式和全球性品牌效应，将为中国企业扩大眼界、积累经验、增强实力、走向世界提供有效途径，也将为国际企业界开辟新的发展渠道。2022 年冬奥会的市场开发应该遵循的原则是，通过控制过度商业化的趋势，保护和提升奥林匹克形象的价值。保护冬奥会商标权产品研究开发，减少低端侵权产品的发生。控制过度商业化，包括控制赞助商数量、奥运场地无商业广告、有悖奥林匹克宗旨和理念的产品类别不能成为赞助类别等。

剽窃行为的认定

祁子彬[*]

祁子彬*

摘　要："剽窃"作为一种古老的著述文化，由来已久。近年来，面对互联网迅猛发展，信息大爆炸，剽窃行为的成本在变小，剽窃行为之风愈演愈烈。然而，我国对剽窃行为的界定仍然泛化，不够精确，本文从多角度探讨了剽窃行为的含义和种类，并利用大量司法案例演绎了"接触＋实质性相似"的剽窃认定判断标准。

关键词：剽窃　著作权　实质相似

抄袭、剽窃行为是一种严重违背科学道德的低劣行为。自 20 世纪末以来，剽窃之风的盛行已与伪劣商品、垃圾股票和浮夸政绩一样，成为困扰我们的一大问题。随着近年来互联网发展势头迅猛，"移花接木"之作更是层出不穷。剽窃行为不仅侵犯了原作者的精神和经济利益，还愚弄和误导受众，破坏学术规则，助长不正之风，直接损害了公众利益。

一、剽窃行为概况

（一）历史上的剽窃

"剽窃"作为一种古老的著述文化，由来已久。《礼记·曲礼上》中提到："勿剿说，勿雷同。""剿说"一词的含义就相当于我们现在所说的"抄袭""剽窃"，这说明剽窃现象在先秦时代就已经发生。此后，自汉代以来剽窃现象已经屡见不鲜。而"剽窃"一词的正式出现是在唐代柳宗元的《辩文

　＊作者简介：祁子彬，男，河北师范大学法政与公共管理学院 2017 级民商法专业研究生。

子》一文，该文指出了《文子》的剽窃事实。针对抄袭的不同情况，唐代著名诗僧释皎然在《诗式》中将抄袭划分为"偷语""偷意""偷势"三个不同的层次，分别表示低层次的文字剽窃、语言意境的剽窃和思想内容的剽窃。这是我国历史上第一次在理论层面对剽窃行为进行归类和总结。① 古代剽窃案件中，最为熟知的莫过于初唐著名诗人宋之问向刘希夷索要"年年岁岁花相似，岁岁年年人不同"两句诗的著作权，遭到拒绝后草菅人命的故事。② 近代也有一桩至今难辨真伪的纠纷案，即罗振玉署名的《殷墟书契考释》一书的作者究竟是谁？据陈寅恪先生透露，此书是王国维撰写，因感谢罗振玉的照顾，遂把此书送给罗先生。这应该也属于一种变相的剽窃行为。③

（二）剽窃的含义

抄袭、剽窃在英文中解释为"plagiarize"，依我国《现代汉语词典》的解释，"抄袭"是指"把别人的作品或语句抄来当作自己的"，"剽窃"是指"抄袭、窃取（别人的著作）"。对于两者的区别，曾有学者试着加以界定，但通说认为，两者在行为和后果上差异并不大。国家版权局版权管理司在1999年第6号批复中指出"抄袭、剽窃是同一概念"。对于两者的解释，在1990年《著作权法》第45条和2001年修正的《著作权法》中都出现了"剽窃"的概念，将其界定为一种侵权行为，随着学界的不断讨论，达成了一定的共识：一是在行为方式上，剽窃具有欺骗性；二是在行为性质上，剽窃是一种混淆作品或作品中部分要素出处的行为。④ 虽然上述内容让我们进一步认识了剽窃的概念，但剽窃的界定问题仍不明确，学界争论依然存在。本文认为，抄袭、剽窃在作品创作、使用和著作权保护语境中，就是非法将他人所有的智力成果占为己有。⑤

---

① 李明杰、周亚："畸形的著述文化——中国古代剽窃现象面面观"，载《出版科学》2012年第20期，第94－95页。

② 丰家骅："古代剽窃琐谈"，载《寻根》2009年第3期，第28－29页。

③ 路景云："谈古论今说'剽窃'"，载《编辑之友》1996年第3期，第46页。

④ 牛强："'剽窃'的法律蕴涵——对《剽窃概念的界定及其私法责任研究》之己见"，载《知识产权》2013年第10期，第57页。

⑤ 惠天灵："如何认定抄袭、剽窃行为"，载《出版发行研究》2012年第3期，第53页。

（三）剽窃的种类

1. 剽窃的方式

一是对原作品毫无改动的剽窃，如照搬、照抄原作品中的某些语句、段落，甚至整篇文章。当然，应说明此种情况并不包含《著作权法》中所列的11 种合理使用的情形，合理使用是为《著作权法》所保护的，但超过一定的界限，就会构成剽窃。①

二是对原作品有所改动的剽窃。有的将他人作品进行删节或补充，变换结构顺序之后，作为自己的作品发表；有的貌似引用，却不注明原作者、作品名称及出处，掩饰其剽窃本质。②

三是近年来出现的"洗稿"行为。"洗稿"从"洗钱"一词衍生而来，是新闻行业内部的专用词汇，是指一些媒体，尤其是网络媒体或自媒体，采用同义词替换、调整语句、变化句式等方式将稿子"洗白"，以掩饰文章的真实来源。但本质上还是用自己的话说别人作品的观点，或少量加入自己的观点，这种作品其实就是钻了"思想和表现二分法"的空子，并无实质上的"增量"可言，且很难识别，是一种高级的剽窃行为。③

2. 剽窃的情形

根据剽窃的主体不同，可将剽窃分为正向剽窃和反向剽窃。正向剽窃是剽窃他人的作品为己或为第三人所有，包括以下几种情形：一是将他人作品或作品中的部分要素据为己有，让人误以为是自己创作的作品，这也是最常见的一种剽窃方式；二是在他人作品上将自己署为合作者，这种情形常见于导师将自己列为作者帮学生发表论文，或领导在下属的作品上将自己列为合作者；三是将他人作品或者作品要素变更为第三人所有，让人误以为是第三人创作的作品；四是未经合作作者许可，将与他人合作创作的作品当作自己的独创作品公之于众。反向剽窃是自愿或主动地将自己的作品给他人剽窃，

---

① 苏慧："防止论文剽窃——尽学术期刊的合理注意义务"，载《中国科技期刊研究》2007 年第 18 期，第 666 页。

② 王锋："剽窃抄袭现象剖析与对策"，载《研究与发展管理》1999 年第 4 期，第 55 页。

③ 官正艳："论司法实践中洗稿侵犯著作权的认定标准"，载《电子知识产权》2018 年第 11 期，第 79 页。

将自己的作品署上他人的名字。一般是作者想借助于第三人的名声或影响，在第三人不知情的情况下，将自己的作品署上他人的名字去发表。

3. 剽窃的范围

剽窃的范围可以分为全部剽窃和部分剽窃。全部剽窃构成复制，侵犯著作权人的复制权，属于全部侵权，例如 1997 年，在中国科学技术协会主办的学术期刊《科技导报》中公开披露了一起论文抄袭事件。南京师范大学的副研究员林荣芹发表《"脑体倒挂"考证溯源》一文，全文抄袭 1993 年 9 月朱明在《科技导报》上发表的《"脑体倒挂"考》一文，其不仅题目相似，而且文章内容除个别字增减外全部照抄。① 部分剽窃的文章具有一定的独创性，但存在对他人作品的抄袭剽窃，依然构成侵权。例如，在"朱利亚·班纳·亚历山大与中国水利水电出版社、武汉光谷书城有限责任公司著作权权属、侵权纠纷案"中，《新概念英语 3 教材全解》照搬援用《新概念英语 3》的 60 篇课文，构成对《新概念英语 3》英文部分的抄袭。武汉市中级人民法院判决认为"剽窃他人作品的，属侵权行为"。②

二、剽窃的认定标准

以何种标准对剽窃进行精准化认定，学界有着两个方面的讨论。一方面是量化标准，即以剽窃他人的表达达到了一定字数或比例即认定为剽窃。1985 年，我国文化部颁布的《图书、期刊版权保护试行条例实施细则》第 15 条规定了引用他人作品的字数和比例，超过这个字数或比例才可能构成剽窃。尽管这个实施细则现已失效，但是目前我国绝大多数杂志社、报社、出版社和高校仍以此作为认定剽窃的标准。其实这个量化标准并不科学，一方面，剽窃的本质是使用他人作品不注明出处，与剽窃篇幅无必然联系；另一方面，对于一个作品来说，其独创性的思想和观点才是其实质和精华，但这些表述内容往往篇幅不长，很难达到认定为剽窃的标准，因此，以剽窃篇幅

---

① 谢耕发："中国科协召开维护科研道德座谈会"，载《科技日报》1997 年第 6 期，第 1 页。
② 王国柱："作品剽窃司法认定的关键问题评析"，载《出版发行研究》2017 年第 9 期，第 67 – 68 页。

为要件判断是否为剽窃，显然不公平。①

另一方面是非量化标准，我国借鉴的是美国在审判实践中形成的两大标准——接触和实质性相似。接触是指被诉的剽窃者有接触到著作权人作品的可能性；实质性相似是指被诉的作品与著作权人的作品有重大或实质的相似。

（一）接触

"接触"的目的是要排除涉嫌剽窃人独立创作、与被剽窃人不谋而合的可能性。在创作过程中，的确会存在"英雄所见略同"的情况，例如，在做同一人物传记的时候，恰好两人选择的是相同的角度去描写，这种情况下，就不能因为有相似作品的存在而简单地认定为剽窃行为。②

在司法实践中，构成"接触"的条件，就是被诉侵权人接触过权利作品，可分为直接接触和间接接触。间接接触是指，剽窃人在创作剽窃作品期间有合理的可能性接触到原作品，例如，作品已出版，公众有机会通过图书馆、书店、电视、广播等方式接触到作品，这样就可以推断剽窃者接触了原作品。直接接触是指，如果权利作品在先没有发表，那么剽窃者必须实际接触并知晓该作品，但只有原作者有证据证明剽窃者曾经阅读他的作品才能认定直接接触的存在，这毕竟是少数。

此外，美国一些法院认为，如果两人的作品有惊人的相似度，被认定为只可能是抄袭，不可能是独立创作，接触可以在作品中直接被推定，无须原著作权人证明。例如，原作中出现拼写等低级错误，而剽窃文章中在同一处也出现了同样的错误，即可认定存在惊人相似度，推定存在接触。③

（二）实质性相似

"实质性相似"是指剽窃作品与原作品在思想的表达上构成实质性的相似或相同，这种相同或相似足以让受众感知到来源于权利作品。认定实质性相似，我国采用的是抽象观察法和整体观察法。

---

① 袁杏桃："剽窃行为认定及规制"，载《中国出版》2014 年第 19 期，第 23 页。
② 惠天灵："如何认定抄袭、剽窃行为"，载《出版发行研究》2012 年第 3 期，54 - 55 页。
③ 鲍婕、黄灿："美国法关于剽窃侵权的认定标准"，载《知识经济》2012 年第 15 期，第 18 页。

1. 抽象观察法

"抽象观察法"是美国著名法官 Learned Hand 在 Nichols 案中创制的解构主义的方法,即通过"抽象"和"过滤"限定了作品"可剽窃性"的范围。"抽象观察法"分三步,第一步是"抽象",第二步是"过滤",第三步是"对比"。

(1)抽象

"抽象"是根据抽象程度,将作品分解为思想和表达,将不受保护的思想剔除。我国采用的是"思想和表达二分法",即我国著作权法只保护思想表达形式,不保护思想内容本身。一方面,人类的思想、感情相通,不同人创作的作品具有相似的情感抒发不难理解,如果一味打击,就会妨碍人们的创作自由和思想文化的传播。另一方面,人类的发展轨迹就是借鉴、吸收、再创造,尤其在今天这个信息大爆炸的时代,作品之间也是"你中有我,我中有你"的存在,因此在一定程度上,赋予作者借鉴他人作品主题及构思的自由,是作品创作的需要。①

(2)过滤

"过滤"是将不受著作权法保护的事实、公有领域的表达等元素剔除。这种排除方法在柳某诉吴某在《吴敬琏传——一个中国经济学家的肖像》一书中侵犯其著作权一案中即有所体现。柳某独立创作的《当代中国经济学家学术评传——吴敬琏》于 2002 年 1 月出版发行,柳某对该作品享有著作权。2010 年 2 月,吴某署名的《吴敬琏传——一个中国经济学家的肖像》也付梓出版。柳某经过比对,发现吴某图书剽窃了自己的图书以及发表在《经济观察报》上三篇文章的内容。柳某认为吴某作为知名作家,未经许可使用其作品,侵犯了其署名权、修改权、复制权和发行权等多项权利,故将其诉至法院以维护著作权。

法院经审理认为,第一,原告柳某所主张的篇章结构本质上属于思想范畴,不应受到著作权法的保护,故不构成剽窃。第二,原告柳某所主张的首度披露资料和其他文献系引用的他人文章、发言、信件等资料,并非由原告柳某创作,其对该部分文献资料并不享有著作权,也无权排斥他人对上述文

---

① 谭乃文:"借鉴与剽窃,只在一线间",载《民主与法制时报》2013 年第 9 期,第 23 页。

献资料的使用。且原被告均对传主本人进行了深入采访，传主对两人的创作均提供了口述素材和一定的资料。第三，原告柳某主张的原创作品剽窃，鉴于该部分内容或系原告直接引自他人文章，或系有第三方来源，或具有表达有限性，抑或来源于传主本人的口述，故不能认定被告构成抄袭。综上，法院驳回了原告柳某的全部诉请。①

在本案中，原被告两人的著书都是描写的同一人物的传记，属于共同的主题思想，应被排除在外；柳某引用的资料和文献是公众可自由使用的公共资料，而传主本人所提供的口述素材和资料是表现特定人物活动的客观事实，都属于公有领域的表达，不受著作权法的保护。在将这些元素剔除之后，两书不构成实质性相似，因此不构成侵权。

（3）对比

"对比"是将"抽象"和"过滤"之后的剩余部分进行比较，认定是否构成实质性相似，其中有两个标准，一是表达要素相似，且达到一定的程度。表达要素是否相似就是看被诉侵权作品和权利作品在表达要素中如人物设置、人物关系、具体情节的逻辑编排、特殊的细节设计是否相同和类似。如果相似且达到一定的程度就应认定为实质性相似。

如 2015 年"陈某与余某等侵害著作权纠纷案"。陈某认为余某在 2014 年发表的《宫锁连城》侵犯了她于 1992 年发表的《梅花烙》的著作权。法院认为："陈某提交《宫锁连城》与《梅花烙》相似情节对比表中的人物设置、人物关系及情节在《宫锁连城》与《梅花烙》均存在对应内容。《宫锁连城》与《梅花烙》的人物身份、人物之间的关系、人物与特定情节的具体对应等设置已经达到足够细致具体的层面，构成了具体表达的实质性相似。"所以余某仅是对作品进行非独创性的编排、记录、删节、组合，构成剽窃行为。②

二是表达相似所占的比例不大，但足以使受众感知到来源于权利作品时，也可以认定为实质性相似。在著名的诸某祥诉大众文艺出版社著作权纠纷案

---

① 刘虹蕴："人物传记剽窃的界限在哪里"，载《北京日报》2014 年 5 月 7 日，第 18 版。
② 官正艳："论司法实践中洗稿侵犯著作权的认定标准"，载《电子知识产权》2018 年第 11 期，第 82 页。

中，被告出版了《黑猫警长大战外星人》的连环画，该书虽然与原著故事情节完全不同，但使用了与诸某祥创作的连环画册相同的书名，并且该连环画册也以"黑猫警长"为主线。法院尽管否认版权侵权的存在，但仍认为"两部作品黑猫警长人物名称相同，易使读者尤其是少年儿童读者误认为两画册为同一系列丛书中的不同序号的书籍，故被告的出版行为应属不当"。因此，该案例属于典型的剽窃行为。[①]

2. 整体观察法

"整体观察法"是由美国联邦第九巡回法院在 Greeting Card 一案中建立的，随后，第二巡回法院在 Children's books 一案中加以适用并发展。相对于抽象观察法的烦琐，"整体观察法"仅需要通过分析两部作品给普通人的整体概念和感觉即可，如果读者和观众对两部作品产生相同、相似的欣赏体验，就可以认定为实质性相似。但这种方法仅适用于字画类、雕塑类等构成要素较为简单的作品。

如陕西书法家任某昌多年书写《猴寿》作品，2007 年 4 月，任某昌发现李某元的"中元书画"网页和其在互联网中对"太极猴寿"的介绍，也是由一个草书"寿"字和猴形图案构成。任某昌认为，李某元的"太极猴寿"除猴尾部外，与其"猴寿"均相同，是对自己作品的侵权。在此，不论终审判决结果如何，本文认为，在此案中，原被告创意相同，被告书写"猴寿"并不构成侵权，但由于被告利用这种创意创作的新作品与原作品几乎完全相同，以一般人的普通注意力来看，并无太大区别，因此，被告作品没有独创性，构成实质性相似，是剽窃行为。

三、结语

近年来互联网发展势头迅猛，信息共享成本更加低廉，微博、微信迅速崛起，进一步为剽窃行为提供了滋生的土壤。现在剽窃行为更加普遍，花样繁多且不断翻新，面对现状，我们应对剽窃有一个更加清晰的认知。

在了解了历史上的剽窃概况之后，我们首先要认定剽窃就是"非法将他

---

① 李新生：《知识产权审判疑难案例评析》，人民法院出版社 2005 年版，第 86 页。

人的智力成果占为己有"的行为,并从不同角度认知剽窃行为的种类。其次,剽窃行为的判断标准是"接触＋实质性相似"。接触,即为了排除剽窃人独立创作的可能性,证明剽窃人接触过原作品;实质性相似,采用的是"抽象观察法"和"整体观察法","抽象观察法"即"抽象""过滤"和"对比"三步走,"整体观察法"即直接分析两部作品给普通受众的整体概念和感觉。

商业秘密的法律保护与限制

冯向阳[*]

摘　要： 对商业秘密的保护有着深厚的法理基础，一方面是民法诚实信用原则在竞争法领域的体现；另一方面是为了鼓励创新，维护商业道德。2017 年修订的《反不正当竞争法》对商业秘密的构成要件、侵权手段以及责任主体进行了修改与完善，是立法的一大进步。同时，对商业秘密保护要处理好其与公众获取信息和劳动者自主择业这两对矛盾之间的关系。商业秘密的保护涉及整个社会范围内信息的独占与共享，必须将法学中的利益平衡机制贯穿始终。

关键词： 商业秘密　商业道德　竞业禁止

在信息时代的今天，各种数据与信息等无形财产日益得到广泛重视。以商业秘密为代表的无形资产更是在企业竞争中发挥着中流砥柱的作用，越来越多的企业把商业秘密和专利等其他形式的知识产权相融合，作为增强市场竞争力和研究创新管理的工具，更加重视商业秘密及其战略价值。在商业秘密不断受青睐的今天，一方面，要着重考察其背后的法理依据，为商业秘密法提供坚实的理论基础，促进其不断完善与发展；另一方面，要处理好商业秘密保护与其他主体利益之间的关系，将商业秘密的保护控制在合理适当的范围之内。

一、商业秘密保护的法理基础

法律制度的安排一般都有着现实依据与法理基础，以此才能为该制度的

---

* 作者简介：冯向阳，男，河北师范大学法政与公共管理学院 2017 级民商法学硕士研究生。

实行与发展提供有力的后盾。商业秘密的保护也并非空穴来风，否则其发展便是无源之水、无本之木。商业秘密作为知识产权的一项重要客体，对其进行保护与规制既是为了促进民商事活动的有序开展，也是重视私权的主要体现。

（一）诚实信用原则的具体表现

作为民商法基本原则之一的诚实信用原则从法律诞生之初到如今，一直发挥着永久不衰的作用，可见诚实信用在法律体系中地位之重要。对诚实信用原则含义的理解不能局限于字面上的民事主体应当恪守诚信，不实施欺诈行为，而更应作一般化的解释，具体是指法律主体在交往活动中既要维持双方利益的平衡，也要维持当事人利益与整个社会利益的平衡。① 唯有如此，才能彰显诚实信用原则的"帝王条款"地位。对商业秘密的保护是民商法诚实信用原则这一帝王条款在经济生活和市场交易中的重要体现，商业秘密拥有者对商业秘密的形成与取得贡献了智力成果，付出了人力、物力以及时间的成本，权利人理应获得对商业秘密的专有使用。商业秘密被誉为现代企业知识资产"皇冠上的明珠"，② 需要经历多年开发无数个合作项目才能取得，若其他主体以不正当手段获取、披露、使用权利人的商业秘密，那么权利人多年的心血将付诸东流，这无疑会对权利人的经济利益造成重大损失。此种不正当的竞争行为会严重扰乱社会经济秩序，降低商业道德标准，增加交易的风险和成本，明显有违诚实信用原则。

再如，在合同签订与履行的过程中，一方当事人对获悉的对方的商业秘密应当负有保密义务，即使合同中并没有关于类似条款的规定，基于诚实信用原则该项义务也应作为合同的附随义务被一方遵守。因此，商业秘密的保护背后体现着诚实信用原则的支撑，诚实信用原则为商业秘密的保护提供理论基础，商业秘密的保护又会使诚实信用原则的作用在现实生活中得到发挥。

（二）鼓励创新目的的制度设计

由于商业秘密的未公开性，通常情况下一般公众不能轻易地获取，只要

① 徐国栋："诚实信用原则的概念及其历史沿革"，载《法学研究》1989 年第 4 期。
② 郑友德、钱向阳："论我国商业秘密保护专门法的制定"，载《电子知识产权》2018 年第 10 期。

某项技术信息或者经营信息处于权利人的保密措施之下，则该项商业秘密的保护就没有期限的限制，权利人可永久享受此商业秘密带来的利益，并有权对抗非法获取其商业秘密的其他主体。按照这一思路，商业秘密的拥有者便可以垄断该项知识信息，由此造成故步自封，而不再继续开发研究，而其他主体又不能获悉有关该商业秘密的一般信息，如此的知识不对称怎么会达到鼓励技术创新和自由竞争的目的？持此种观点的学者只看到表面，而未见实质。商业秘密法通过为传播和有效地使用秘密信息提供法律机制，进一步鼓励了研究和革新，而不是对技术的人为封锁。[1] 最有力的证明便是反向工程的合法性。

根据最高人民法院发布的司法解释，反向工程是指通过技术手段对从公开渠道取得的产品进行拆卸、测绘、分析等而获得该产品的有关技术信息。反向工程，又叫逆向工程，通过对商品进行剖析和分析，从而知晓其构造、成分制造工艺或者源代码等内在因素。[2] 只要他人是从公开渠道以合法手段获得产品，并且反向工程实施人不负担、不破解承诺等约定义务，则法律就不会禁止符合条件的反向工程。我们可以看到反向工程为他人获得商业秘密和继续开发研究提供了法律上的正当性，一旦反向工程成功，则后主体可以和先权利人一样获得法律的保护，因为商业秘密不像专利那样具有主体的单一性，商业秘密的主体非单一性也为其他主体实施反向工程提供了诱因。从此种角度观察，法律保护市场主体商业秘密权的目的不仅是防止他人的不当侵犯，更是为了鼓励其他主体通过合法的途径达到技术上进一步创新与发展。

（三）商业道德维护的必要安排

市场经济的有序运行不仅需要外在法治力量的引导，更需要内在商业道德的推动。良好商业道德风尚的形成，对整个交易安全和市场秩序无疑起着重要的推动作用。此种商业道德是发展市场经济所必须具备的条件，事关整个社会经济秩序和公共利益。商业秘密法的一个主要的政策仍然是促进和维护商业道德，美国法院的司法判例曾指出："维护商业道德标准和鼓励发明

---

[1] 冯晓青："知识产权法目的与利益平衡研究"，载《南都学坛》2004 年第 3 期。
[2] 杨建荣、叶青：《知识产权问答》，上海科学普及出版社 2017 年版，第 61 页。

是商业秘密法背后深层的政策。善意和诚信是商业世界的生活和精神。"《中华人民共和国反不正当竞争法》（以下简称《反不正当竞争法》）明确列举了侵犯商业秘密的具体类型，对情节严重者，不仅会受到行政上的处罚，若达到定罪量刑的标准，还会面临刑事制裁。法律对侵犯商业秘密行为的规制在表面上是进行了一系列的处罚，深层次是为了维护商业道德和竞争秩序，防止不法行为者随意践踏商业道德，突破法律的底线。在对商业道德的维护中，商业秘密法提升了社会的道德品位，增强了对市场公平竞争秩序的维护，从而在更广泛、更高的层次上实现了社会公共利益。这种公共利益也体现在通过确保诚信的商业道德，商业秘密法维护了商业交易的稳定性和安全性，从而促成了商业秘密在市场流转中的社会效用。①

二、《反不正当竞争法》中的商业秘密保护

2017 年修正的反不正当竞争法在商业秘密保护方面相比之前有了进步与完善之处，可见我国对商业秘密的认识与保护在不断加深。修正后的《反不正当竞争法》有关商业秘密条款的进步体现在以下几个方面。

（一）商业秘密概念的变化

在商业秘密的构成要件上将之前的"能为权利人带来经济利益并具有实用性"修改为"具有商业价值"。这一变化体现了立法对商业秘密性质认识的进一步深化，该要件在理论上被称作商业秘密的价值性。修正前所规定的实用性容易造成商业秘密必须要实际运用并且给权利人带来经济利益的假象。随着理论的研究进步以及司法实践中出现的典型案例，理论界和实务界对商业秘密概念有了更深层次的认识。商业秘密的价值性不仅包括现实的使用价值，也包括潜在的使用价值。例如，一些失败的实验、夭折的计划，也可能构成商业秘密。如果一个企业和其竞争对手都在研制同一种新产品或新工艺，失败的教训完全可以列为商业秘密，因为一旦竞争对手知悉了这种信息，无异于自己踩光了地雷，把对方送上光明大道。因为此时的经验教训虽不能实

---

① 冯晓青：《论商业秘密法与公共利益》，载《西南民族大学学报》（人文社科版）2004 年第 2 期。

际投入使用，但却具有商业价值。① 修正后的法律强调商业秘密具有商业价值的实质属性，则大大扩展了商业秘密的保护范围，将之前实践中处于模糊地带的技术信息也可以列入商业秘密的保护行列，免除了商业秘密需要"具有积极效果"的要求，将原有的不具有积极价值但具有消极价值的商业秘密（如怎么做会违法、危害环境等经验教训）也纳入保护范围。此点修改值得赞同。

（二）不正当手段列举的细化

在侵害商业秘密的手段上，《反不正当竞争法》采取的是不完全列举和兜底概括的规范表达方式，修正后相较于修正前的变化是将侵权手段之一的"利诱"修改为"欺诈、贿赂"，利诱并非一个具体的法律概念，没有具体的认定标准，在解释何为"利诱"时，不同的法官有不同的认识，不同地区也会因为文化上的差异而作出不同的判断，这很容易造成适用上的混乱，在实践中可能会使法官的自由裁量权行使不当，而贿赂和欺诈与《反不正当竞争法》中的贿赂行为和《民法总则》中的欺诈行为相对应，在认定具体侵权手段时给法官提供了一个参考，避免任意解释，而应该按照体系解释和参照其他法律进行综合判断。这样的规定更为明确具体，使各个部门法的法律概念完成了融洽的衔接，也使《反不正当竞争法》前后的条文之间互相补充，相互配合，构成一个有机的竞争法法律体系。同时，法条保留了"其他不正当手段"这一兜底条款，有利于应对司法实践中的各种情况。

（三）责任主体的范围扩大

修正后的法律对获取商业秘密的行为主体加以明确，包括商业秘密权利人的员工、前员工或者其他单位、个人，这样就增强了法律适用时的确定性。尤其是商业秘密权利人的员工和前员工在工作内容上会接触到权利人的商业秘密，若此类主体跳槽到其他与权利人具有竞争性质的企业中去或者自行开展与权利人业务范围相同的营利活动，此时侵犯商业秘密的可能性会加强。此外，修正后的法律增加了保密条款，规定监察部门及其工作人员在调查过

---

① 吴汉东：《知识产权法》，法律出版社 2014 年版，第 330 页。

程中，对其知悉的商业秘密负有保密义务。工作人员滥用职权、玩忽职守、徇私舞弊或者泄漏调查过程中知悉的商业秘密的，还要依法给予处分。将执法人员也作为保密义务的主体，并规定了相应的处罚。修正后的法律扩大了侵犯商业秘密的责任主体范围，不仅有利于修正后的法律在社会实践中的适用，也提高了法律的警示作用，更有利于维护市场竞争秩序。[1]

三、商业秘密保护的适当限制

法律是利益关系的调节器，当社会的各个利益被合理有序地安排下来，我们就说社会是稳定的。如果对某一种利益不加限制得过重倾斜，则必然会损害其他主体的利益。对商业秘密的保护也是如此，要在合理范围内予以保护，与其他利益主体达至相对的平衡。

（一）知识垄断与信息流通

只要商业秘密未被公开，权利人就可以永久地受到法律保护，从这一角度看，商业秘密权利人和社会公众获取信息之间的确形成了不对称。对信息的自由获取体现着社会的公众利益，《世界人权宣言》第 27 条在宣称"每一个人都有权保护来自他创作的科学、文学和艺术产品的精神和物质利益"的同时，也宣布"每一个人都有权利自由参与社会文化知识，以享受艺术和分享科学的进步与利益"。科技的发展和时代的进步也伴随公众对各种信息的需求不断增大，法律对商业秘密的保护是对权利人付出努力的回报，但同时应看到整体社会分享知识的利益。如果不把商业秘密的保护控制在合理的范围内，则会大大阻碍信息的流通，不但起不到鼓励创新的目的，反而会抑制技术的进步和信息的传播。当商业秘密保护严重地损害社会公共利益时，或者不给与商业秘密保护而实现的社会利益将大于商业秘密保护而实现的社会利益时，商业秘密法需要将权利人的利益与社会公众的利益作出一个有效的平衡，允许终止对商业秘密的保护，其原理与其他知识产权法的利益平衡原理一样，表现为将权利的保护水准、保护范围限制在一定的范围内，即在确

---

[1] 杨湘粤："新反不正当竞争法'商业秘密'条款评析"，载《法制与社会》2018 年第 10 期。

定充分而有效地保护商业秘密权的基础之上使对商业秘密的保护适度而合理。①

具体来说，对商业秘密的保护的适当限制有反向工程的合法性，商业秘密权主体的非单一性，以及权利的相对性。这些制度都为其他主体合法获取商业秘密提供有效手段和法律支撑，以此来达到信息流动，限制与公众自由获得信息的利益平衡。有学者提出在《反不正当竞争法》中增加除外条款，结合原则性规定，明确排除不构成商业秘密侵权的行为，这样可以避免带来商业秘密诉讼的泛滥，甚至使商业秘密保护沦为恶意报复的借口或工具，以体现商业秘密条款对社会公共利益的关照。② 这就需要理论和实务工作者不断探索和总结，归纳出排除商业秘密侵权的具体类型，以供立法者参考。

（二）竞业禁止与择业自由

《劳动合同法》明确规定了竞业禁止条款，用人单位可以和劳动者签订商业秘密保密条款，并在劳动合同解除或终止后一定期限内到与本单位生产或者经营同类产品、从事同类业务的有竞争关系的其他用人单位，或者自己开业生产或者经营同类产品、从事同类业务。由此可以看到商业秘密保护与雇员自主择业这一对利益如何平衡的问题。实施竞业禁止有一定的合理性，为了避免雇主投入的开发研究商业秘密的成本付诸东流，也为了避免雇员发生道德风险，竞业禁止对保护商业秘密权利人的利益起到了积极作用。但竞业禁止不能是绝对的和无期限的，《劳动合同法》规定的竞业禁止期限为2年，并且在此期间用人单位要给予相应人员以经济补偿。若用人单位未按时支付经济补偿，则竞业禁止条款对义务人失去效力。

自主择业是劳动者享有的基本权利之一，竞业禁止看似剥夺了劳动者自主择业的自由，但却是为了更大的公共利益而作出的必要选择。然而，竞业禁止必须控制在合理范围内，否则容易造成滥用而损害劳动者的自主择业权。因此，除了在期限方面和经济补偿方面规制竞业禁止，还应综合考虑，以诚

---

① 冯晓青：《商业秘密法平衡机制之探讨》，载《北京交通大学学报》（社会科学版）2004 年第 3 期。

② 宁立志：《〈反不正当竞争法〉修订的得与失》，载《法商研究》2018 年第 4 期。

实信用、自愿平等、等价有偿的原则为依据，按照不同行业作出具体区分，使商业秘密权利人的利益和劳动者自主择业的权利保持相对的平衡。

商业秘密的保护已成定局，但如何妥善地处理好商业秘密保护和公共利益之间的关系，值得更加深入的思考和研究。只有充分考虑商业秘密权人与社会公众的合理权益，平衡两者间的关系，才能达到商业秘密法既鼓励知识创造又促进公众获得知识产品这两大主要目的，更是实现商业秘密法立法宗旨的关键。

案例分析

商标侵权责任研究

——以广州奢悦生物科技有限公司商标权案为例

周浩娜*

摘　要： 商标侵权类案件在司法实践中多表现为使用与注册商标近似或相似的商标、生产或销售假冒注册商标的产品。当今社会经济条件下，网络交易纷繁复杂，每个人都可能成为"卖家"，甚至一不小心成为"被控侵权人"。商标侵权的构成、侵权责任的承担、个人权益的保护以及商标侵权损害赔偿数额的计算等，都需要认真研究。

关键词： 商标侵权　损害赔偿　近似商标

一、案件回顾

（一）案件基本信息

1. 裁判书字号：

江苏省连云港市中级人民法院民事案件〔2018〕苏 07 民初 104 号

2. 案由

商标侵权纠纷

3. 当事人

原告：黄某会、广州奢悦生物科技有限公司。共同委托诉讼代理人：余庆浪

---

* 作者简介：周浩娜，女，法学硕士，华北制药股份有限公司法律顾问。

被告：李某霞。委托诉讼代理人：惠学凤

（二）基本案情

2015 年 12 月 21 日，原告黄某会申请注册了"S. yue 奢．悦"商标，注册号 15640304，核定使用商品为第 3 类，包括化妆品、美容面膜、减肥用化妆品、成套化妆品、化妆品清洗剂、化妆品用香料，注册有效期限自 2015 年 12 月 21 日至 2025 年 12 月 20 日。自 2015 年 12 月起，黄某会开始在中国大陆地区委托有资质的生产厂商根据自有配方制造销售"奢悦"品牌化妆品。

2016 年 5 月，黄某会投资设立广州奢悦生物科技有限公司（以下简称奢悦公司），2016 年 8 月 8 日，黄某会与奢悦公司签订《商标许可使用证明》，黄某会将第 15640304 号"S. yue 奢．悦"注册商标许可给奢悦公司使用，许可使用范围为化妆品、美容面膜、减肥用化妆品、成套化妆品、化妆品清洗剂、化妆品用香料，许可使用期限自 2015 年 12 月 21 日至 2025 年 12 月 20 日，奢悦公司有权将第 15640304 号注册商标转许可第三人使用，奢悦公司有权以自己的名义对侵害"奢悦"注册商标专用权的行为采取法律行动。

2017 年下半年，被告李某霞用其身份信息在"淘宝"网注册"韩遇专柜"网店，主要销售韩国化妆品、手机壳等商品。2017 年 12 月，原告发现被告通过淘宝店铺"韩遇专柜"销售名为"奢悦水光肌原液"的商品，原告于 2017 年 12 月 27 日向阿里巴巴知识产权保护平台递交投诉申请，投诉单号为：201712271628168081。2017 年 12 月 29 日，原告向广州市公证处申请证据保全，通过淘宝网购买被告销售的假冒"奢悦水光肌原液"5 支并于 2018 年 1 月 4 日收到前述商品，广州市公证处就前述购买、收货过程出具了〔2017〕粤广广州第 231223、231226 号公证书。

原告认为被告销售假冒原告注册商标的商品，侵犯了原告的商标权，原告将被告诉至江苏省连云港市中级人民法院，诉请法院：（1）判令被告立即停止侵犯原告第 15640304 号"S. yue 奢．悦"注册商标专用权的行为；（2）判令被告向两原告赔偿经济损失及合理费用合计 20 万元；（3）由被告承担本案诉讼费用。2018 年 6 月 4 日，江苏省连云港市中级人民法院立案受理该案。

原告主张自 2015 年以来，奢悦公司持续投入资金对"S. yue 奢．悦"品牌进行了宣传推广，原告认为凭借其优良的产品品质，"S. yue 奢．悦"涂抹式水光针、面膜等产品获得广大消费者的认可，已在行业内累积起较高的知名度和美誉度。被告销售的被控侵权化妆品无质量保障，严重危害消费者的合法权益，一旦发生质量事故，将对原告的品牌形象造成毁灭性打击，因此诉请法院打击侵权行为。

被告李某霞答辩称：（1）被告销售的涉案产品是通过合法渠道订购的，被告并不知道自己销售的是假冒产品。其销售的涉案产品，是通过微信电商"微商实体店韩泰日欧美妆"订购的。在该微商的产品宣传中，卖家一直声称是正品现货，且每个产品上均有防伪码。涉案产品面市的时间短、知名度不高，作为普通的消费者很难分辨其真假。被告系被微商"微商实体店韩泰日欧美妆"所骗，才订购并销售涉案产品，确实不知道自己销售的是侵害他人注册商标专用权的商品。被告通过合法渠道，支付合理对价订购的涉案产品，却买到了假冒产品，也是商标侵权行为受害人之一。（2）关于被告网店销售的涉案产品，总共交易成功 4 单，总营业额才 333.85 元，而原告却要求被告赔偿损失及合理费用 20 万元，毫无事实和法律依据。（3）本案中法院应该依据涉案商标的注册时间、知名度、侵权行为的主观过错程度、涉案商品的销售价格等因素综合考虑相关费用的合理性、必要性。原告未考虑涉案产品的市场价格、被告侵权行为的过错程度，即起诉要求被告赔偿损失及合理费用 20 万元，因此产生的不合理的费用和支出，不应该由被告承担。涉案商标于 2015 年 12 月 21 日注册成功，并于 2017 年才开始全面宣传推广，可知其公众的知晓度并不高。涉案商标的注册时间短、知名度低，因此其本身的商业价值也是有限的。且被告并不知道其销售的是侵犯注册商标权的商品，不存在主观过错，不应承担侵权责任。

庭上，打开了原告提交的公证封存物证，是原告代理人从被告淘宝店购买的侵权产品，产品外包装正面显示产品名称"奢悦．涂抹式水光肌原液"及"S-yue"字母图标；侧面有"S-yue"字母图标以及标注与原告"S. yue 奢．悦"注册商标基本一致的防伪标识。两原告当庭表示，经与原告产品相比，被控侵权产品包装盒上防伪二维码只有三种颜色，有别于原告由黑、红、绿、紫四种颜色构成的产品防伪二维码，所以可以清楚看出是假冒产品。被告辩称，从原告对被控侵权产品的描述来看，被控侵权产品与原告正品产品在外观上以及二维码的防伪标识上几乎没有什么不同，也说明被告是受到经销商的欺骗，并没有侵权的主观故意，也属于受害者。

（三）案件焦点

（1）被告李某霞的行为是否构成商标侵权。

（2）侵权责任如何承担，赔偿数额如何确定。

（四）法院裁判要旨

（1）法院认定被告李某霞销售的被控侵权产品应属于侵犯两原告注册商标专用权的商品，构成侵权，应当依法承担相应的侵权责任。

（2）李某霞侵权行为的实际获利情况亦无法查明，以法定赔偿方式确定赔偿数额，并赔偿原告合理维权费用。

最终，法院判决如下：（1）被告李某霞于本判决生效后十日内赔偿原告黄某会、广州奢悦生物科技有限公司经济损失及合理费用共计 20870 元；（2）驳回原告黄某会、广州奢悦生物科技有限公司的其他诉讼请求。

（五）裁判理由

1. 被告是否应承担相应的侵权责任

法院认为，原告黄某会是第 15640304 号"S. yue 奢．悦"注册商标权利人，其将该注册商标许可给原告奢悦公司使用，该注册商标处于有效期内，应依法予以保护。

本案中，被告李某霞通过其在淘宝网上注册的"韩遇专柜"网店所销售的被控侵权产品"奢悦涂抹式水光肌原液"，在外包装盒上含有与两原告享有注册商标专用权的"S. yue 奢．悦"商标相同或者近似的商标，且容易导致混淆，结合该被控侵权产品售价明显较低等因素，法院认定被告李某霞销售的被控侵权产品应属于侵犯两原告注册商标专用权的商品，构成侵权，应当依法承担相应的侵权责任。

鉴于被告李某霞无法证明其所销售的被控侵权产品系其合法取得，且也无法有效证明被控侵权产品提供者的身份信息，故法院对其抗辩应由为其提供货源的微商承担责任的主张不予采信。

2. 关于赔偿数额确定的问题

因两原告未提交证据证明其因被告侵权行为所受损失，而被告李某霞虽举证证明其通过"韩遇专柜"网店共销售 4 单被控侵权产品，销售金额共计 333.85 元，但由于其未能提供有效证据证明其购进被控侵权产品的具体价格和数量，以致其侵权行为的获利情况亦无法查明。庭审中，两原告主张以法定赔偿方式确定赔偿数额，法院予以准许。两原告主张的合理维权费用，对其中有相应支出票据予以证明的费用，法院予以支持，法院酌情确定被告李某霞赔偿原告经济损失及合理维权费用共计 20870 元。

二、商标侵权认定分析

未经商标注册人的许可，在同一种商品上使用与其注册商标相同的商标或近似的商标，容易导致混淆的，属侵犯注册商标专用权的行为。销售侵犯注册商标专用权的商品的，亦属于侵犯注册商标专用权的行为。

认定商标侵权行为，需要把握以下几点。

（一）遵循保护注册商标的原则

商标专用权，通过注册产生，经过了法定的程序和严格的审查，商标专用权确立后，就应当给予法律保护，即使认为注册不当的商标，在撤销之前，也应如此。本案中，"S. yue 奢 . 悦"是处于有效期内的注册商标，应依法予以保护。

（二）合理判定近似商标

近似商标是指在文字的音、形、义或图形构图及颜色或文字与图形的整体结构上，与注册商标相比，易使消费者对商品的来源产生误认的商标。认定商标近似应按照以下原则进行：（1）以相关公众的一般注意力为标准；（2）既要对商标的整体进行比对，又要对商标主要部分进行比对，比对应当在比对对象隔离的状态下分别进行；（3）判断商标是否近似，应当考虑请求保护注册商标的显著性和知名度。本案中，被告李某霞销售的被控侵权产品"奢悦涂抹式水光肌原液"，在外包装盒上含有与两原告享有注册商标专用权的"S. yue 奢 . 悦"商标相同的"奢悦"两字，容易导致普通大众的混淆。

（三） 正确判断类似商品

类似商品是指在使用与注册商标相同或者近似的商标的情况下，与其在功能、用途、原料、生产企业、消费对象、销售渠道等方面近似，易使消费者对商品的来源产生误认的商品。本案中，被告李某霞销售的被控侵权产品"奢悦涂抹式水光肌原液"，与原告生产销售的"奢悦"品牌化妆品，属于同类商品，易使消费者误认。

（四） 不以商品质量优劣为必要

商标是区别商品来源的标志，《商标法》中有监督商品质量的内容，但主要内容是保护注册商标专用权。换言之，不论生产或销售的假冒注册商标的产品质量比正牌产品优还是劣，都可构成商标侵权。

（五） 排除正当使用情况

《商标法》第59条第1款规定："注册商标中含有的本商品的通用名称、图形、型号，或者直接表示商品的质量、主要原料、功能、用途、重量、数量及其他特点，或者含有的地名，注册商标专用权人无权禁止他人正当使用……"

"学理上认为，商标正当使用包括以下几种类型的合理使用：描述性使用、指示性使用、比较广告、滑稽模仿"[1]，我国有学者提出判断商标的正当使用应考虑使用人的主观意志，正当使用应该是建立在使用人善意的前提下，只要使用人主观上并不存在故意引起他人混淆，即使有可能造成"混淆"，也不影响正当使用的认定。商标的正当使用不构成商标侵权。

三、商标侵权责任的承担

（一） 责任主体

《商标法》第64条第2款规定，销售不知道是侵犯注册商标专用权的商

---

① 郑佳敏："中国法下的商标‘正当使用’制度——兼评商标法第59条第1款"，载《福建警察学院学报》2018年第6期。

品，能证明该商品是自己合法取得并说明提供者的，不承担赔偿责任。

本案中被告李某霞之所以被判承担商标侵权责任，主要原因在于其提供的证据材料均是打印件，真实性无法核实，因此，李某霞无法证明其所销售的被控侵权产品系其合法取得，且也无法有效证明被控侵权产品提供者的身份信息。被告以其不具备鉴别产品真伪的能力、不知是侵权产品为理由抗辩，不能被法院所支持。

类似经典案例可参考：（1）2014年四川省高级人民法院公开审理的宜宾五粮液股份有限公司诉被告刘某兵侵害商标权纠纷一案。（2）小米科技有限责任公司诉新乐市红卫通讯店侵害商标权纠纷一案。小米科技有限责任公司商标权维权系列案被河北省高级人民法院列为年度河北法院知识产权司法保护十大经典案例之一。

（二）个人权利保护

近几年电商如火如荼，微信、云集等电商销售混乱，每个人的朋友圈里都有几个卖各种产品的微商，信息化的市场条件下，销售有风险，合作需谨慎，产品来源应明晰。不论是作为买方还是卖方，在合作过程中想做好自身权益的保护，应从以下两方面着手。

首先，核实对方身份资信情况。一是核实身份，是自然人要审查身份证件，是企业要审查其营业执照。二是调查资信状况，对个人而言，看个人有无失信信息，偿债能力如何；对企业而言，看企业工商登记信息、生产许可证、年度审计报告、财务报表、涉诉情况等。

其次，考察产品质量，查明产品来源。对于产品质量，也许经营者会说："我体验过了，质量不错。"不能一叶障目，体验不代表质量检验，质量好也不一定合法合规，做一名合格的经营者，必须关注来货渠道、生产过程等，避免因销售来源不明的产品而惹上侵犯商标权的纠纷，避免因未尽审核调查义务而做了实际侵权者的替罪羊。

四、商标侵权中损害赔偿数额的确定

商标侵权中损害赔偿数额是诉讼中的难题,[1] 赔偿数额的计算,按照目前我国法律规定,主要有三种计算方式:按照权利人实际损失;按照侵权人实际获利数额;由法官在法定限额内自由裁量。商标权司法实践案例与理论研究中存在一个共同的问题:重侵权认定,轻赔偿。学术界存在"有限赔偿原则论""完全赔偿原则论"的争议,而司法实践中法官对损害赔偿数额的分析往往具有大而化之的特点,多采取对参考因素罗列的方式,最后酌定赔偿数额,因此关于损害赔偿数额的确定,有必要进行深入探讨。

(一)按权利人实际损失数额计算

第一种计算方式是权利人因被侵权而遭受的损失。关于"损害"的概念,主要存在两种学说:其一是"差额说",即认为损失是没有被侵权时权利人的实际利益状况减去被侵权后的利益状况而得出的差额,故又称"利益说"。其二是"组织说",即认为损失是权利人因被侵权而产生的不良影响从而造成的商标市场价值损失本身。

实际利益是指商标的市场价值,还是指因销售使用该类商标的产品而产生的销售额,目前并无定论。商标是一种无形资产,虽然当前市场上有各类机构用不同的途径去评估商标的市场价值,但并没有官方机构能给出商标市场价值标准,而侵权行为所造成的损失与商标的市场价值并非正相关,因此无法用商标的市场价值来计算商标侵权的实际损失。另外,市场本身还有诸多不确定的因素,市场价值和销售额的变化是实时的,如果将损失与侵权行为完全联系起来,那又不一定符合公平原则。因为侵权所造成的损失与侵权行为具有因果关系,实践中权利人的损失原因并不唯一,且损失和侵权行为的因果关系没有厘清,[2] 所以在商标侵权实务案例中,按照实际损失计算商标侵权赔偿数额的方式,适用率较低。

---

① 唐力、谷佳杰:"论知识产权诉讼中损害赔偿数额的确定",载《法学评论》2014 年第 2 期。
② 吴越、焦蕾:"商标侵权中损害赔偿数额的探究——以纽巴伦公司诉广州新百伦公司侵害商标权案为视角",载《新疆社科论坛》2018 年第 4 期。

（二）按照侵权人获利数额计算

第二种方式是按照侵权人因侵权所获得的利益确定。相比较第一种方式而言，这种方式适用则相对多一些。侵权获利是指侵权人因实施侵权行为而获得的利益，本案中是指被告销售假冒原告商标的产品而获得的销售收入。

理论界对于"非法所得"有多种理解，存在"侵权获利论"和"非法收入论"之争。侵权人获得的销售收入，是按毛利计算还是按净利润计算，是两种论点争议的焦点。支持"侵权获利论"的学者认为，违法所得数额应当是侵权人销售侵权产品的收入减去其投入的成本，即侵权人所获净利润；支持"非法收入论"则认为，对非法经济行为的评价应该是整体的，而不应当是部分的，因此"违法所得"应该是行为人在从事侵权行为时获得的所有收入，而不应当减掉成本。[①]《最高人民法院关于审理商标民事纠纷案件适用法律若干问题的解释》第 14 条规定的侵权获利的计算方式，其实采纳的是"侵权获利论"，即以销售数量乘以单位利润的方式计算。笔者认为，这种计算方式也存在不确定性。多数情况下，侵权产品价格较低，例如，一件正牌香奈儿与一件冒牌产品的价格可能相差几倍，按销售假冒产品获得的利润来计算，数额可能只有权利人的预期利润的几分之一，难以全面赔偿权利人。并且，举证难度大、被采信率低。根据《商标法》第 63 条第 2 款的规定，权利人需要证明侵权人因为侵权行为所获得的总收益，但权利人无法证明侵权人实际获利数额。本案中侵权人李某霞虽然提供了相应资料、销售票据以证明其销售收入，但因证据材料的来源和真实性无法确定，最后也未被采信。

（三）由法官依照法律规定确定赔偿数额

法定赔偿是指在商标侵权损害赔偿中，如果没有充分证据实现精确赔偿，那么法院可以在其自由裁量的范围内，根据侵权的相关因素酌定一个赔偿数额。法定赔偿的法律依据集中体现在《商标法》第 63 条第 3 款和《最高人民法院关于审理商标民事纠纷案件适用法律若干问题的解释》第 16 条。

---

① 胡云腾、刘科："知识产权刑事司法解释若干问题研究"，载《中国法学》2004 年第 6 期。

1. 法定赔偿的特点

法定赔偿具有补充性，只有当适用精确赔偿难以实现时，可以将法定赔偿作为补充的赔偿方式，在法官的自由裁量权限内，根据侵权的相关因素，确定一个赔偿数额。"人民法院可以根据当事人的请求或者依职权"，说明适用法定赔偿当事人可以申请适用，法官也可以依职权适用。

2. 法定赔偿的数额

《最高人民法院关于审理商标民事纠纷案件适用法律若干问题的解释》第 16 条第 2 款规定，法官在适用法定赔偿所需要考量的因素包括侵权行为的性质、期间、后果，商标的商誉，商标使用许可费的数额，商标使用许可的种类、时间、范围及制止侵权行为的合理开支等因素。《商标法》第 63 条第 3 款规定，根据侵权行为的情节。以上规定明确，赔偿数额的确定还要考虑侵权人的主观过错，遵循过错责任原则。

3. 适用法定赔偿存在的问题

在司法实务中，对法定赔偿的适用也是备受争议，甚至受到诸多批评，主要体现在以下几个方面。

一是法定赔偿的适用频率过高。根据统计，法定赔偿的适用频率在所有的商标类侵权案件中高达 90% 以上，[①] 主要是因为权利人主观上倾向法定赔偿，加之法定赔偿具有兜底性、高效率的特点，因此法官适用率较高。本案中权利人就提出请求法院适用法定赔偿方式确定商标侵权损害赔偿数额。

二是法律依据简单，法定最高限额的规定受争议。实践中，有学者建议删除法定赔偿上限，笔者认为，法定最高限额有必要进行调整。随着我国经济发展水平的提升，法定赔偿数额也应有所提升，这符合法与时俱进的特征。

三是损失的计算的可操作性问题。商誉损失如何计算？《最高人民法院关于审理商标民事纠纷案件适用法律若干问题的解释》第 16 条第 2 款中提到商标的声誉保护应当纳入损害赔偿数额的范围，但是缺乏实际执行标准。商誉是一种商品经过诚信经营之后获得市场对其的积极正面评价。商标侵权行为会使权利人的商业信誉受损，使权利人产品的销量降低，这是实践案例

---

① 中南财经政法大学知识产权研究中心：《知识产权侵权损害赔偿案例实证研究报告》，2016 年。

中的普遍情况。但商誉恢复期限和损失数额都具有较大不确定性，难以量化。因此，多数法院对提起因商誉受损而请求赔偿并没有支持。如何将商誉损失的计算依据细化，是需要进一步研究的问题。

（四）酌定赔偿（裁量性判赔）——理论界与实务界一种新的裁判观念

近年来，酌定赔偿数额作为商标侵权领域一种新的裁判观念进入学界和实务界的视野。[①] 笔者认为，酌定赔偿数额需要法官首先对涉案商标权的价值作出合理判断，并依据损害理论，认定损害事实，结合侵权人获利情况，把握损害赔偿范围，最后综合各因素，作出数额认定，是法官自由心证的一个过程。但酌定赔偿并不是法官一个人就可以完成的判断，法官在司法裁判中是主导者，裁判的作出依据的是证据材料，因此，合理的酌定赔偿工作应当在法官与案件当事人的充分互动中展开。

---

① 徐聪颖："论侵害知识产权的裁量性判赔"，载《知识产权》2018 年第 11 期。

对电子书版权法律保护问题的思考

——以"百度文库"侵权案为例

王　茜[*]

摘　要：数字化信息时代已经到来，百度文库侵权案引发的电子书版权保护问题引起社会各界的思考和研究。本文以百度文库侵权案为研究背景，通过对案件的法律分析，引发对电子书版权法律保护的思考，进而联系版权法的发展历史以及我国版权制度建立过程，阐述版权法国内外现状，深入解读"避风港"原则，通过分析电子书作为版权特殊客体的法律特征和面临的困境，最终从法律制度、行政管理和社会环境三个角度提出对电子书版权法律保护的完善建议。

关键词：版权　电子书　百度文库

近年来，随着电子科技的快速发展，电子书已经融入了人们的生活，但电子书的普及也带来了一系列的问题，这背后所隐藏的版权侵权问题受到法学人的关注。电子书如此畅销，但从美国的"亚马逊删书事件"到中国"盛大文学状告百度侵权案""3·15作家联名诉百度文库侵权"再到"中文公司诉百度文库侵权案"都让人看到电子书的前景并非那么乐观。人们的需求量很大，法律的脚步却无法走到前面，法律的漏洞使得读者也变成了"盗版助理"，[①] 电子书版权的保护问题值得探究。

---

* 作者简介：王茜，女，河北大学民商法研究生。研究方向知识产权法。

① 郑洋洋："百度文库侵权事件中网民扮演角色分析"，载《新闻研究》2015年第226期。

一、"百度文库"侵权案简述

（一）"百度文库"侵权案简介

1. 案件过程

（1）百度文库简介

百度文库是互联网用户的共享存储平台，可以实现在线阅读以及下载资源，平台上的资料全部来自网友的上传，百度公司并不参与文档的编辑和修改工作，其开发目的是满足个人借助网络来开拓视野，提升自我学习的能力，平台一经正式上线，就得到网友的热烈欢迎，发展势头很强劲，到 2010 年初百度文库的文档就已突破 20 万篇，到 2010 年底文档数突破了 1000 万篇。但是，百度公司在其中只作为平台提供者，并不参与上传作品的审查，这为以后的"百度文库"侵权案埋下隐患。

（2）主要过程

2011 年 3 月 15 日消费者权益保护日，贾平凹、① 韩寒、郭敬明等近 50 位作家联名发表《三一五中国作家讨百度书》，顿时引起各界热议，声讨书中作家将百度文库比作小偷，指责百度文库"偷走了我们的作品，偷走了我们的财产"，称"百度已经彻底堕落成了一个窃贼公司"。

第二天，百度答复称"从文库诞生日起就郑重承诺，如果作家及版权方发现文库用户在上传内容时有侵权问题，只要通过文库投诉中心反馈情况，百度会在 48 小时以内迅速核实并依法进行相应的处理"。

2011 年 3 月 24 日，双方代表为解决纠纷进行谈判，最终谈判破裂。

2011 年 3 月 26 日，韩寒又在微博中发表《给李彦宏先生的一封信》，信中写道"您现在是中国排名第一的企业家，作为企业家的表率，您必须对百度文库给出版行业带来的伤害有所表态"。

2011 年 3 月 28 日，李彦宏②首次对此事件回应，他表示希望与版权方和作家探讨共赢的商业模式，也表态称："我在公司内部的态度很明确，如果

---

① 韩寒，1982 年 9 月 23 日出生，中国作家、导演、职业赛手。

② 李彦宏，百度公司创始人、董事长兼首席执行官。

管不好，就关掉百度文库。"

该年 11 月，北京市海淀区人民法院正式受理了百度文库版权纠纷案。

2. 法院判决

2011 年 9 月，该案进行一审判决。[①] 判决书中主要论述了如下几个问题。

（1）韩寒等作者是否享有被上传作品的信息网络传播权

法院认为，在没有相反证据的情况下，作品上署名的公民就是作者，并且百度公司对作者也不存在异议，因此首先认定这些作者系这些电子书的作者。电子书的信息网络传播权在没有明确授予他人的情况下，则专属于其作者，因此，作者仍然享有电子书形式作品的版权。

（2）百度公司是否侵权并应承担责任

首先，该平台由百度公司提供，为侵权作品的传播和下载提供了捷径，因此，这种行为与侵害结果存在因果关系。

其次，该案的争论焦点在于其是否存在主观过错，百度公司辩称，其平台性质为网络服务提供商，没有对作品事先审查的义务。但是这并不能判定百度公司不存在主观过错，因为不存在主观过错是有条件的，即主体不知道或者没有理由知道。针对该案，韩寒等作家在我国是有一定知名度的，其纸质作品的销量也很可观，而且通过之前双方的谈判，百度公司也应注意到侵犯韩寒等知名作家版权的文档，因此，虽然我们无法认定其明知侵权行为，但其有充分途径知道该文档侵权。

综上，法院认定百度公司行为满足侵权责任的构成要件，应承担相应的法律责任。

法院还对百度公司提出的对韩寒等作家采取必要技术措施的诉讼请求能否得到支持进行了阐述，在此不作过多赘述。最终，法院判决百度公司行为存在主观过错，应承担侵权责任。

百度文库侵权案虽落下帷幕，最终判决也肯定了百度公司的过错，保护了版权人的权利。[②] 但引发的思考和讨论以及对现存法律空白如何弥补都值

---

① 〔2012〕海民初字第 5558 号。

② 原瑶："从百度侵权案看作品的网络著作权保护"，载《公司与产业》2013 年第 155–156 期。

得深思。

(二)"百度文库"侵权案的法律分析

1. "百度文库"主体性质的确定

网络提供商可分为网络服务提供商和网络内容提供商。具体来说,网络服务提供商主要是向广大用户综合提供互联网业务,不参与直接的编辑加工和筛选信息,同时也不负有审查义务,只是提供存储空间,如果收到通知及时删除信息即可免除责任。网络内容提供商一般要对信息进行加工和编辑,并且有审核义务,一旦涉及侵权内容,就可以直接认定为侵权主体。

通过上述概念的阐述,再结合百度文库的概念,我们可以得知百度文库归属于网络服务提供商,因此百度文库并不造成直接侵权。

2. 是否适用"红旗标准"

我国颁布的《信息网络传播权保护条例》第 23 条①提及"红旗标准"。该案焦点在于百度公司是否知道侵权作品的存在。实践表明,用户可以在百度文库右侧发现与自己查找内容相似的文档,也可以看到最近较热的文学作品,可见,其对这些作品是做过整理的。综上,百度公司明知或者有理由知道,不适用抗辩理由,所以,该案适宜"红旗标准"。

3. 百度文库侵权行为的性质

根据《中华人民共和国著作权法》(以下简称《著作权法》)第 48 条②,百度文库只是平台提供方,并没有直接实施侵权行为,而上传、下载盗版或侵权作品的网民才是直接侵权主体,应承担主要责任。但是实践中,主要侵权者数量庞大且具有隐蔽性,追究起来非常困难,无法操作。对于百度文库侵权行

---

① 《信息网络传播权保护条例》第 23 条规定:"网络服务提供者为服务对象提供搜索或者链接服务,在接到权利人的通知书后,根据本条例规定断开与侵权的作品、表演、录音录像制品的链接的,不承担赔偿责任;但是,明知或者应知所链接的作品、表演、录音录像制品侵权的,应当承担共同侵权责任。"

② 《著作权法》第 48 条规定,未经著作权人许可,复制、发行、表演、放映、广播、汇编、通过信息网络向公众传播其作品的,应当根据情况,承担停止侵害、消除影响、赔礼道歉、赔偿损失等民事责任;同时损害公共利益的,可以由著作权行政管理部门责令停止侵权行为。

为的性质，根据《信息网络传播权保护条例》第 23 条①的规定，实际上，百度文库中有些文档需要金币下载，而金币的获取需要用户上传作品，这就会导致一些用户为获取金币而上传作品，但百度公司仅在接到版权人的通知书后才进行删除，上文也提到适用"红旗标准"，所以，百度文库间接侵权，应承担共同的侵权责任。

二、电子书版权的法律保护

（一）电子书版权的相关概念

1. 电子书的概念

关于电子书的概念，原新闻出版总署下发的《关于发展电子书产业的意见》规定："电子书是指将文字、图片、声音、影像等信息内容数字化的出版物，本意见具体所指的是植入或下载数字化文字、图片、声音、影像等信息内容的集存储介质和显示终端于一体的手持阅读器。"百度百科②关于电子图书有不同定义。其概念有两个角度，本文旨在就电子书的版权保护问题展开研究，主要研究对象是内容的保护问题。

2. 电子书的法律特征

（1）电子书是数字化商品

数字化是指用模数转换器将通过计算机输入的连续信号（文字、画图或声音等）转化为一连串分离的 0 与 1 的电磁组合。当今时代个人写作日趋电子化，使得电子书可以一开始就以数字化的形式产生，作为数字化的形式，本质上是一种信息，可以无数次反复使用和复制而无损耗，反而使用越多，复制越频繁，价值越大，利益也越丰厚，因此电子书是数字化商品。

（2）电子书是一种特殊的物权客体

对于数字化的电子书的内容是否属于"物"尚无定论，对于"物"的范

---

① 《信息网络传播权保护条例》第 23 条规定，明知或者应知所链接的作品、表演、录音录像制品侵权的，应当承担共同侵权责任。

② 电子图书，是指以数字代码方式将图、文、声、像等信息存储在磁、光、电介质上，通过计算机或类似设备使用，并可复制发行的大众传播体。类型有电子图书、电子期刊、电子报纸和软件读物等。

围，各国都有不同的解释，但是法律是为顺应时代发展的，物的概念不断丰富，物本身已不限于有体有形，凡是具有排除他人性质的，可被人所支配或控制的，都可为物权客体。因此，理论上电子书的内容可以被当作民法上的物，是一种新的物权客体，是可以交易的标的，同样也应该适用合同法的相关规定。

（3）电子书出版发行的法律特殊性

正是因为上述所说的其本身的法律特征，电子书出版发行的相关法律关系不同于纸质书，其相关的法律关系更复杂。电子书数字化出版具有"去中介化"的特点，省去了印刷和仓储的环节，出版商和作者的关系就发生了变化，在作者与出版社的关系中，由于电子书作品内容上的复合性和权利形态的多样性，决定了出版商和作者之间的授权许可合同必须具有复杂性和灵活性。

（二）我国电子书版权保护的现状

目前，我国在数字出版版权保护方面的相关法律包括《互联网信息服务管理办法》《著作权法》及其实施条例、《互联网出版管理暂行规定》《著作权集体管理条例》和《信息网络传播权保护条例》。

《著作权法》于1991年开始实施，2001年修正时增加了信息网络传播权；2005年4月，《互联网著作权行政保护办法》正式颁布；2006年，国务院颁布关于互联网文化领域的《信息网络传播权保护条例》；2010年《著作权法》进行了第三次修订工作。但是我国现行法律偏宏观，操作性不强，对电子书的版权保护和版权人的权利界定以及出版商和互联网服务提供商的责任规定的都不够明确。

近两年，为了适应数字环境下的版权保护，我国不断进行相关法律法规的完善。2014年9月出台了《使用文字作品支付报酬方法》，其中就规定了数字出版的电子文字作品的付酬标准，有助于司法实践过程中参照。2016年4月26日，第十五个世界知识产权日，国家信息通讯研究院公开发布了《2015年中国网络版权保护年度报告》，其中提到"中国在网络领域的版权制度已经成型"。在2015年11月1日实施的《刑法修正案（九）》中也将版权保护纳入其中，强化了网络行为和网络犯罪的监管，明确了网络侵权的刑事责任。

总之，我国在保护电子书版权方面不断努力，但是不可否认的是，在现行法律条例中电子书侵权范围仍然不明确，法律的灰色地带仍然使人有机可乘，对电子书在内的数字出版物的合理使用的界定仍然模糊。

（三）电子书版权保护的困境

1. 电子书版权侵权形式多样

通过近几年的发展，政府对音乐、影视方面的网络侵权盗版的整治有明显效果，各大网络平台对一些音乐、影视的下载要求付费，一定程度上改变了人们的潜意识，但是缺乏对电子书版权的保护，使得电子书版权保护问题越来越突出。

根据资料统计，电子书版权侵权的形式主要有非法下载、互联网提供相关链接、网络论坛或者小组提供的相关链接、聊天软件中提供的盗版电子书交易、网络文件共享、云盘分享等多种形式，不再仅限于网络服务商提供平台的上传、浏览和下载。比如，现在网络论坛对其中内容仅进行一般性的审查，对于论坛上发表的电子书信息并不能一一审核。电子书版权侵权的方式层出不穷，也使得电子书版权保护受到极大限制。

2. 电子书版权归属模糊

当前，我国现有法律对纸质版图书的权利界限规定得很清楚，但是对电子书等网络出版物的版权人的相关权利的界定和划分却很模糊。电子书借助网络的传播，而网络传播速度快、范围广，与传统版权观念不同的是，在网站下载或者转载一本电子书后，会出现数字版权归属问题。电子书版权应归于作者，但被交易之后，版权就会在三者之间博弈。现在的电子书大致有这样三种情况：一是直接由纸质版转码生成；二是作者原创；三是作者直接上传。因此，电子书版权的归属就模糊不清。

3. 电子书版权侵权责任认定困难

目前，我国有关电子书版权的规定主要体现在《最高人民法院关于审理涉及计算机网络著作权纠纷案件适用法律若干问题的解释》第 3 条和《信息网络传播权保护条例》第 23 条，但只是规定了网络服务提供商的"共同侵权责任"，具体规则并未提及，这给了法官很大的自由裁量权，对整个案件的公正性有一定影响。实践中，我国并没有对电子书版权间接侵权的直接规定。①

4. 电子书版权保护技术措施落后

目前，针对电子书版权保护的技术措施主要有：数据加密、数字水印、数字指纹以及数字版权管理技术、电子签名技术和认证技术。现在水平能保护版权的只有数字版权管理系统，但是这个系统的缺点是不兼容性，数字版权管理系统偏向保护版权所有者却损害了合法购买的读者的利益，遭到了电子书用户的抵制。

随着信息技术的发展，技术措施在不断完善，但现有的技术建立的电子书版权保护系统仍然很容易被破解，保护系统的密码设计越来越难，而破解密码的速度往往比设计者预想得更快。现在电子书版权保护的关键技术都不同程度地面临着安全威胁。

5. 电子书版权意识淡薄

很多电子书用户根本没有意识到自己复制、转发的行为是一种侵权行为，也有许多用户明知是盗版，但是由于便宜、方便，仍然选择盗版的方式来获取电子书。广大用户在扮演着"盗版助理"的角色。而且自古以来流传着"窃书不算偷"的说法，更有"网络即免费"的错误认识，对电子书版权的保护造成极大阻碍。

另外，社会整体的版权环境也不够成熟，2014 年的全国国民阅读调查报告显示，只有 60% 的居民知道版权这个概念，50% 的人不知道版权的具体内容，还有 25% 左右的人不知道怎么区分正版和盗版。

除了广大用户，版权人维权的道路也很艰难，侵权主体范围广、不确定性强，再加上维权成本高、耗时长，很多版权人并不能通过诉讼等法律手段维护自己的权益。

---

① 朱永红："论数字时代下著作权的保护问题——以百度文库事件为视角"，载《法治与社会》2011 年第 11 期下。

三、电子书版权法律保护的完善

（一）加快建设电子书版权保护新法规

随着数字产业的不断升级，电子书产业迅速发展，信息的无纸化阅读和传播已经打破了传统的阅读方式，传统的针对出版物的版权法应当在数字时代被重塑，应当考虑对"合理使用""个人复制"等进行明确界定，对版权的授权范围和利益分配明确界定，更要明晰作者、出版商和消费者的权利义务，还要借鉴国外版权体制的改革措施。

（1）专门立法。可以制定信息网络传播权保护条例实施细则或者信息网络传播权保护办法来指引相关部门对电子书侵权行为实施处罚。

（2）完善现有法律。为保护权利人的权益，可以在法律修订时，完善权利人法定许可获酬权保障机制，建立电子书版权许可授权使用合同，设立电子书版权，只有版权法定化才能更准确地保障权利。

（3）保障出版商利益。为了保障出版商的利益，应当建立出版新秩序，在新的法律环境中予以保护，要对出版商在电子图书作品生产制作中的编辑加工予以保护和承认，国家行政机关通过法规政策等规定出版商可以合同的形式来保证自己的出版权益，[1] 并且通过相关法律解决出版授权的问题，以及物价管理部门对电子图书产品价格的控制。

（4）制定网络服务商的侵权责任制度。要制定网络服务商的侵权责任制度，在"避风港"原则的基础上，对改编进行明确界定，对收到侵权通知后删除义务的范围明确规定，在现有基础上借鉴国外经验，并且规定网络服务者的最低义务，[2] 避免权利的滥用。

（二）提升行政监管实施水平

版权保护的效力问题是决定电子书发展的关键因素。目前，我国政府缺

---

[1] 苏江丽："电子书产业版权保护机制创新研究——以盛大文学与百度的版权纠纷为例"，DOI：10.15897/j.cnki.cn51-1046/g2.2011 年 1 月 7 日访问。

[2] 孙军："从'百度文库事件'看我国避风港规则之完善"，载《上海政法学院学报（法治论丛）》2011 年第 6 期。

乏对电子书版权保护的重视，对于侵权行为采取事后处理的机制，政府监管职能的缺失再加上执法体系的不完整，对我国电子书保护造成阻碍。

（1）建立电子书版权保护平台。建立电子书版权监测平台应满足下列要求：一是对所有电子书的出版及销售实行权利注册制度，使得同一本电子书在不同平台有不同标识，方便侵权后追溯，还能保证电子书来源的合法性。二是网络服务商、电商平台应有判断电子书合法性的义务，不仅有被通知后删除的义务，还应有监督审查相关内容的义务。三是作者、电子书出版商和销售商都有义务对每本电子书出版、销售和上架前进行注册登记。[①] 四是发现侵权行为应及时通知监管机构和相关人。

以上要求的满足，可以最大程度上保证检测平台有效的运行，更好地保障权利人的利益，但是政府资源有限，而平台的运行和管理需要专业人才，因此政府可以委托行业组织、行业协会或中介机构来建立并管理，既能提高平台的专业性也能减轻政府部门的压力，最重要的是，该平台一定要做到对注册电子书内容和权利的合法性审查，并且审查数据要公开，做到真实透明。

（2）加强专项整治。除了建立电子书版权检测平台，还要加强专项整治，要依法治理网络空间，加强版权执法监管，规范网络传播秩序。笔者认为可以单独建立电子书侵权管理办公室，要抓内容、抓盗版、抓传播，同时该部门应作为一个协调机构，协调出版、市场监督、司法机关等相关机构，应建立信息化平台，对于电子书的注册登记实现实时查询。

（三）营造良好的社会氛围

我国公民版权意识的缺乏不利于电子书版权的保护，因此提高我国公民的电子书版权意识至关重要。

（1）加大宣传力度。在网络环境下我们每个人都可能成为著作权人，也有可能成为著作权的侵权对象，所以普及著作权的知识是提升版权意识的有效途径。

（2）端正认识。要加强网络时代下版权的正确认识，数字信息时代下，

---

① 张慧春："电子书带来的版权新问题——以著作权第三次修改为视角"，载《编辑之友》2013 年第 1 期。

每个人既是作品的输出者又是接收者，只有端正自己的认识，在全社会营造尊重知识的良好风气，培养从我做起的良好行为，才能有更好的作品和电子书环境。

（3）建立网络资源平台。提供正当合法的获取资源的途径，拓宽读者的获取渠道，使读者能够花钱买到想要的内容，逐步培养广大读者付费阅读的习惯，提高全社会的版权意识，为保护互联网知识产权创造良好的环境。

总之，纵观互联网发展过程中的大事件，我们不禁发现：中国视频行业不断的反盗版行动，使视频产业发展逐步成熟；百度音乐与中国三大音乐协会侵权事件，也造就了新的互联网音乐推广和利益分享新型商业模式；谷歌数字图书馆事件，因谷歌公司和相关方未能达成利益分割协议导致谈判破裂而整体退出中国大陆市场。每一次规范总始于冲突，但每一次进步都在于尝试。我们有理由相信"互联网创新不断，著作权纠纷不止"的现状，在百度文库事件后，会得到长足地改观，数字时代下著作权保护和推进互联网化文化产业协调发展的道路会在社会各方的共同努力下越走越宽、越走越远。

外国法译评

美国"赫尔辛公司诉梯瓦医药公司案"
联邦最高法院判决译评

顾维忱　张军英[*]

一、前言

《2011 年美国发明法》（The Leahy-Smith America Invents Act 2011，简称 AIA）是由美国国会通过并于 2011 年 9 月 16 日由奥巴马总统签署的美国联邦法律。这项法律对美国来说是自其《1952 年专利法》颁布以来，最重大的专利制度立法变革，与参议院上一届提出的立法非常相似[①]。施行后，美国专利商标局（United States Patent and Trademark Office，简称 USPTO）从 2012 年 9 月 16 日起开始提供四种对一项专利提出全部或部份无效的程序：（1）单方复审程序；（2）双方复审程序；（3）授权后复审程序；（4）适用于商业方法的过渡程序。

《2011 年美国发明法》还规定，专利授权后复审程序必须在专利授权后的九个月内提出。该法与之前的专利法不同的是，对专利审查范围和争点排除的范围。该法在程序上允许异议人提出任何专利法上可以提出的专利无效理由，包括基于出版物公开或基于使用公开而对新颖性和创造性提出的情形、本领域人员无法实施的发明、该发明说明书不支持发明实施以及本发明涉及的保护主题的情形。凡发明专利通过复审，必须做到全部异议点被排除。从

* 作者简介：顾维忱，男，河北师范大学外国语学院教授，硕士研究生导师；张军英，河北师范大学民族学院教授。

① 参见《2009 年美国专利改革法》（Patent Reform Act of 2009）。

美国专利审查及上诉委员会（Patent Trial and Appeal Board，PATB）的决定之日起，请求人不得就曾经提出的或合理期间应该提出却未提出的无效理由在其后的程序中与美国下列机构从事对抗行为：美国专利商标局、国际贸易委员会、美国法院。可见，贸然提出没有相当把握的授权后复审程序，其效果可能等于认可他人专利有效性，此种申请必须慎重。由于此复审程序只适用于优先权在 2013 年 3 月 16 日之后的专利，所以目前授权后复审程序判例较少。中国公司如何利用美国发明法，减少在美侵权风险，就成了我们了解和研究本案的初衷。

二、案件概要

（一）摘要

1. 案名

赫尔辛卫生保健股份公司（以下简称赫尔辛公司）诉美国梯瓦医药有限公司（以下简称梯瓦医药公司）等案（HELSINN HEALTHCARE S. A. *v.* TEVA PHARMACEUTICALS USA，INC.，ET AL.）。

2. 请求人

赫尔辛公司

3. 被请求人

梯瓦医药公司

4. 审判法院

美国联邦最高法院

5. 案情简介

赫尔辛公司 2000 年开发出治疗化疗引起的恶心和呕吐症状的帕洛诺司琼产品，随后，该公司与位于美国明尼苏达州的一家名为 MGI 的以色列制药公司签订了两项协议，授权该公司在美国分销、推广、推销 0.25 毫克的帕洛诺司琼。2003 年 1 月，赫尔辛公司向 USPTO 提出了一项包括 0.25 毫克剂量的帕洛诺司琼在内的临时专利申请，接下来的 10 年里，公司提出了四项专利申请，要求优先于 2003 年 1 月的专利申请。2011 年，梯瓦医药公司向食品药品监督管理局提出批准其销售一种通用的 0.25 毫克的帕洛诺司琼产品的申请。随后,赫尔辛公司起诉梯瓦医药公司侵犯了其专利。

(二) 争议点

请求人赫尔辛公司用的帕洛诺司琼是否属于在售是本案的争议点。

"在售" 条款,即美国专利法第 102 条 (A) (1) 款 [35 U. S. C. §102 (A) (1)] 的认定条件成了该案法官和律师争论的焦点。该条款禁止 "对有效提交专利申请日期之前就已经在公开使用、出售或以其他方式可公开获得的发明" 授予专利。

(三) 法院裁决

地区法院认定,美国发明法的 "在售" 条款对该案不适用,因为销售协议并未公开披露 0.25 毫克的剂量。联邦巡回上诉法院推翻了地区法院的判决,认为出售是公开的,无论发明的细节是否在销售协议条款中公开披露。

(四) 法律原则

司法解释与法律规定一致原则。

(五) 合理依据

"在售禁止" 是美国判例、之前的专利法和 2011 年发明法都确认的不予授予发明专利权的共同原则。

三、联邦最高法院判决意见①

根据美国专利法第 102 条 (A) (1) 款规定,禁止 "对有效提交专利申请日期之前就已经在公开使用、出售或以其他方式可公开获得的发明" 授予专利。该案要求我们决定,将一项发明出售给按合同有义务保密的第三方,是否应将该项发明出售置于第 102 条 (A) (1) 款所指的 "在售" 范围内。

二十多年前,法院裁定 "在售" 发明属于美国专利法第 102 条 (A) (1) 款所指的 "出售中",当时它指的 "商业要约的标的" 和 "准备申请专利" 并没有要求把拍卖的细节向公众公开。鉴于此,我们认为,美国专利法

---

① 案例编号: No. 17 - 1229。

中"出售中"一词并没有改变含义。因此，向被要求保密的第三方进行的商业销售可以将该发明"在售"置于美国专利法调整之下。

请求人赫尔辛公司是一家瑞士制药公司，其生产的阿洛西是一种治疗化疗引起的恶心和呕吐的药物。赫尔辛公司于 1998 年获得了阿洛西的有效成分——帕洛诺司琼的研发权。2000 年初，它将第三阶段临床试验的方案提交给食品药品监督管理局，该局建议其研究 0.25 毫克和 0.75 毫克剂量的帕洛诺司琼。2000 年 9 月，赫尔辛公司宣布它正在开始第三阶段的临床试验，并正在为其帕洛诺司琼产品寻找营销合作伙伴。

之后，赫尔辛公司找到了位于美国明尼苏达州的一家名为 MGI 的以色列制药公司作为营销合作伙伴。赫尔辛公司和 MGI 公司签订了两项协议：一项许可证协议和一项供销协议。该许可协议授予 MGI 公司在美国分销、推广、推销 0.25 毫克和 0.75 毫克剂量的帕洛诺司琼的权利。作为回报，MGI 公司同意给赫尔辛公司预付款项，并在向市场分发这两个剂量的药品时，给赫尔辛公司支付版税。根据供应和购买协议，MGI 公司同意从赫尔辛公司独家购买任何经食品药品监督管理局证实的帕洛诺司琼产品，而赫尔辛公司则同意提供 MGI 公司所需的批准剂量药品。这两项协议都包括剂量信息，并要求 MGI 公司对根据协议收到的任何专有信息保密。

赫尔辛公司和 MGI 公司在一份联合新闻稿中宣布了这些协议，MGI 公司还以 8－K 格式向美国证券交易委员会报告了这些协议。虽然以 8－K 格式提交的文件包括经修改的协议副本，但以 8－K 格式提交文件和新闻稿均未披露协议所涵盖的具体剂量制剂。

2003 年 1 月 30 日，在赫尔辛公司和 MGI 公司签订协议近两年后，赫尔辛公司提交了一份临时专利申请，涵盖 0.25 毫克和 0.75 毫克剂量的帕洛诺司琼。在接下来的 10 年里，赫尔辛公司提出了四项专利申请，要求优先于 2003 年 1 月 30 日的临时专利申请。2013 年 5 月，赫尔辛公司提交了第四份与此相关的专利申请，并作为美国专利编号 8598219 发布。该专利涵盖了在 5 毫升溶液中 0.25 毫克的帕洛诺司琼常用剂量配方。根据其生效日期，该专利受美国发明法管辖。

被请求人梯瓦医药公司是一家以色列生产仿制药的公司及其在美国的子

公司。2011 年，梯瓦医药公司向食品药品监督管理局提出批准其销售一种通用的 0.25 毫克的帕洛诺司琼产品。随后，赫尔辛公司起诉梯瓦制药公司侵犯了其专利，其中包括第 8598219 号专利。梯瓦制药公司辩护声称，第 8598219 号专利无效，因为 0.25 毫克的剂量在"出售"一年多后，一家荷兰公司提交了涵盖该剂量的临时专利申请。

美国发明法禁止对在专利申请有效提交日期前就已经"在售"的发明授予专利。美国法典第 35 编第 102 条（A）（1）款规定，任何人有权获得专利，除非在其发明专利申请有效提交日期之前该发明已被授予专利，或在印刷出版物被看到或在公开使用中，或在出售或已以其他方式提供给公众。

美国法典第 35 编第 102 条（B）（1）款规定在专利有效申请日期前一年内披露的除外。美国法典第 35 编第 102 条（A）（1）款所述的披露常常被称为"先前技术"。在美国发明法通过之前生效的专利法规包括一项类似的禁令，被称为"在售禁止"："任何人均有权享有专利，除非"（1）在该发明专利申请前，在本国已周知或使用、在本国或外国已授予专利或被公开发表，或者（2）在本国或外国该发明已被授予专利或已公开发表、在美国申请专利日之前在美国公开使用或销售一年以上。

地区法院裁定，"在售"条款不适用。其结论是，根据美国发明法，除非一项有争议的发明的出售或报价已经为公众所知，否则就不属于"在售"。由于两家公司公开披露了赫尔辛公司和 MGI 公司之间的协议，没有披露 0.25 毫克的剂量，法院裁定，在关键日期之前这项发明没有"出售"。

联邦巡回上诉法院推翻了地区法院的裁定。它的结论是，"如果销售的存在是公开的，该发明的细节不需要在销售条款中公开披露"，这属于美国发明法"在售禁止"的范围。由于赫尔辛公司和 MGI 公司之间的销售被公开披露，它认为应适用美国发明法"在售禁止"条款。

依据美国发明法，我们批准了移审，以确认发明人是否将一项发明出售给第三方，第三方有义务将该发明保密，并将其定性为已有技术，以确定本发明的可授专利性。结论是，这样的销售可以作为已有的技术。

美国宪法第 1 章第 1 节第 8 条授权国会"为促进科学和实用技术的进步，保证作者和发明者一定时期内对各自作品和发现的专属权利"。在这一授权下，议会制定了一套联邦专利制度，通过授予发明者"在一段时间内实施这项发明的专属权利"，鼓励创新，鼓励披露新的、有用的、非显著进步的技术和设计。

在普法夫案后（普法夫为了推进"激励创新和启蒙"的目标，提出"要避免垄断必然扼杀竞争"的现象），国会对"在一个想法中获得产权的有限机会"设定了几个条件。条件之一是"在售禁止"，这反映出国会"不支持发明人因在公共事业发明上取得专利，而使该发明从公共知识中删除"的立法态度。

自1836年以来，每一部专利法都包含"在售禁止"条款。在美国发明法之前生效的专利法作出了"如果在美国申请专利日前一年多，该申请人都在出售该专利，则不得授给该申请人专利权"的规定（参见美国法典第35编第102条（B）款，2006年编辑，补编Ⅳ）。对此，美国发明法保留了"在售禁止"的规定，并添加了"或公众能够以其他方式获得"这句话。

在美国发明法施行前的"在售禁止"规定要求发明人在提出发明专利申请前至少一年，其发明"需要满足两个条件"：第一，产品必须是销售的商业邀约的标的。第二，发明必须准备申请专利。我们认为，这可以通过"付诸实施"或"对本发明的图样或其他描述加以证明，这些图样或其他描述足以使人掌握实施该发明的技能"。

判例表明，出售或出售要约不需要让公众得知一项发明。例如，在普法夫案中认定，出售要约可能导致发明人丧失专利权，而不考虑要约是否披露了发明的每一个细节。其他案例则侧重于该发明是否已被出售，而不是该发明的细节是否已向公众公开，或出售本身是否已被公开。

联邦巡回上诉法院对专利上诉具有"排他性管辖权"，美国法典第28编第1295（A）条明确了判例中隐含的内容。长期以来，它一直认为"秘密销售"可以使专利失效。例如，特殊设备公司诉OEA有限公司案（*Special Devices，Inc. v. OEA，Inc*）〔270 F. 3d 1353，1357（2001）〕，为商业储存而销售某项发明，尽管是"秘密进行的"销售，最终导致专利主张无效。又如，林地信托诉花卉树托儿所有限公司案（*Woodland Trust v. Flowertree Nursery，Inc.*）〔148 F. 3D 1368，1370（1998）〕，发明人自己先前的商业使用，尽管保密，但可能构成美国法典第 35 编第 102 条（B）款所述的公共使用或出售，也使他无法获得专利。

鉴于在美国发明法之前就有"在售"一词，我们认为，当美国国会在美国发明法中重新采用同样的措辞时，它采用了早些时候对这一短语的司法解释，"在采用先前法案中使用的语言时，必须认为国会也采用了本法院对这种语言的解释，并使其成为立法的一部分"［*Shapiro v. United States*，335 U. S. 1，16（1948）］。2011 年《美国发明法》第 102 条保留了其前身法规中使用的确切措辞，并在此只增加了一个新的概括式条款（或以其他方式提供给公众）。正如美国法庭之友在口头辩论中指出的那样，如果"在售"在美国发明法通过之前有一个固定的含义，那么在法规中添加"或以其他方式向公众提供"这一短语"将是一种公平的法律"（Tr. of Oral Arg. 28）。加上"或以其他方式提供给公众"是根本不足以改变我们的结论的，即国会并不打算改变"在售"的含义。

赫尔辛公司不同意这一观点，认为"以其他方式"就不符合发明法的规定，它引用了"脯氨酸诉美国"案（*Paroline v. United States*）。赫尔辛公司坚持认为，相关规范要求我们明白"或以其他方式向公众提供"，是限制在第 102 条披露的内容，不可以使有权申请专利的发明向公众公开。

上述两项裁决都没有提到需要对再次使用的法律术语进行确定，而赫尔辛公司过分强调了第 102 条的流行语含意。与其他这类短语一样，"或以其他方式向公众提供"所涵盖的内容不完全符合法规列举的类别，反而是指包括在内。如果美国发明法颁布时，"在售"一词的含义得到了很好的解释，我们就不会在解读时加入一个宽泛的流行语含意，以打破一系列先例。由于国会在颁布美国发明法时并没有改变"在售"的含义，因此，发明人将一项发明出售给有义务保密的第三方，根据第 102 条（A）款，可视为现有技术。

知识产权史

《1624 年英国垄断法》的制定研究

张玮麟[*]

摘　要：《1624 年英国垄断法》是现代专利制度的开端，它根植于国王特权。最初的专利只被用于新技术的引进，之后逐渐被用于各种复杂的政策目标。下议院对专利权的滥用怨声载道，伊丽莎白一世允许司法方面对专利特权进行约束。詹姆斯一世继位后，在专利问题上变本加厉，国王与下议院矛盾重重。最终历经多年，下议院依靠国王的财政困难，与之达成妥协，成功制定了《1624 年英国垄断法》。

关键词：英国　垄断法　专利特许

《1624 年英国垄断法》被认为是现代专利制度的开端，它是为了解决都铎王朝以来诸多社会与政治问题而制定的，体现了斯图亚特君主与社会各阶层力量之间的对立与妥协。

一、专利权在英国的起源

英国专利权根植于古老的封建特权，这种封建特权被称为国王特权。国王以特权授予臣民专利主要为了引进新技术，提高生产力。比如，1331 年爱德华三世曾经允许一位叫约翰·肯普德佛兰的人将一种新的织布技术引进到英格兰，并对此技术享有专利。后来英国的君主们经常鼓励引进外国人新技术，如法国织布机、荷兰制盐机和波希米亚采矿机，并许诺给予引进者以财政支持并授予专利。也有将专利授予给本国人的，比如，玛丽女王就曾经将

---

* 作者简介：张玮麟，男，中北大学人文社会科学学院法学系讲师，法学博士。

专利授予给了一位成功引进意大利制衣工艺的诺里奇商人。伊丽莎白一世女王执政期间，授予的专利更多。在登基三年之后的 1561 年，在意大利工程师、作家、经济理论家詹姆斯·阿克修斯的建议下，她开始授予专利给发明家或新工艺的所有者，以促进英国制造业的发展。①

最初这些专利并没有引起争议，让新发明、新工艺或者新航线的开发者能够通过专利赚取一定的垄断利润被认为是理所当然的。但是迫于都铎王朝波云诡谲的国内外政经环境，这些专利的授予逐渐有着越来越复杂的政策目标。一般来说，除了获取丰厚垄断利润，早期的专利权主要为了满足三种政策目标：（1）促进生产，增进就业；（2）促进贸易均衡；（3）实现政府管理职能。圈地运动带来了大规模的人口聚集，聚集在一起的贫民如果失业会引起前所未有的社会问题。因此，降低失业率成为历任国王非常关注的施政目标。如果与邻国的贸易出现严重失衡，国王往往会利用垄断特权来减少贵金属的快速流失。有些专利权是为了对某一行业实行管理，如酒馆业与纸牌制造业。还有一些专利是为了推进特定法律的执行，这些专利将某特定法律的执法权赋予某个个人之手，利用这个人的力量去征收违反了特定法律所导致的罚款。之所以会出现这些情况，是因为都铎时代的政府刚从中世纪进入现代，政府的规模仍然像中世纪那样小，国王对推进许多政府职能力不从心。因此，就通过创造垄断专利权的方式，利用私人的力量，来实现政府职能与规模的扩张。这些管理方式并非全部都不受欢迎，如《1624 年英国垄断法》对管理酒馆业的专利就得到了保留。②

二、国王专利授权的滥用与议会的斗争

伊丽莎白一世时期授予专利权很快成为赚钱的手段之一。之前的垄断专利往往只授予新发明、新工艺、新航线，这种鼓励创新与引进新技术的做法得到大多数人的支持。而现在开始将已有的发明、工艺与航线专利授予那些

---

① Carolyn A Edie：*Tactics and Strategies：Parliament's Attack upon the Royal Dispensing Power* 1597 – 1689，American Journal of Legal History，Vol. 29，1985，pp. 203 – 204.

② Chris Dent：'*Generally inconvenient*'：*The* 1624 *Statute of Monopolies as Political Compromise*，Melbourne University Law Review，Vol. 33，2009，pp. 419 – 420.

得到女王信任的臣仆，该专利产生的丰厚利润是他们对女王的回报。虽然有
些专利仍然能够获得不错的社会效益，如雷利爵士的制锡工艺专利为一个混
乱的产业带来了繁荣与秩序，但是多数专利都成为与民争利的垄断，扩张了
王权对英国经贸事务的影响力，并且使得君主得以绕开下议院的同意，获得
一个稳定的税源。这是危险的先例，社会上的不满情绪在聚集。在 1566 年、
1571 年与 1575 年的下议院会议上，已经可以听到针对专利的非议。在 1597
年的下议院会议上，对女王授予专利的攻击变得猛烈起来。当年 11 月，下议
院提起一个动议，任命了一个委员会处理专利问题，并四次在下议院会议上
讨论此事。同年 12 月，委员会对下议院议长下达命令，要求解释此事。① 次
年 2 月 9 日，女王来到上议院签署议案并作出让步，答应妥善处理此事。议
长克里斯托夫·耶尔弗顿应委员会与下议院的要求代表女王就专利的问题发
表了演讲。他声称专利问题是女王特权中最绚丽的花朵，是女王王冠上最大
的那颗珍珠，希望臣民不要僭越侵夺它。下议院很快被解散，专利的事情交
由女王自己处理，但仍然没有了下文。这种抱怨在 1601 年的议会上达到了顶
峰。下议院这种不安的情绪一部分是由于女王年事已高却没有合适的子嗣带
来的，但是垄断专利的不公平，却是压倒骆驼的最后一根稻草。这一年的秋
季，下议院重新被召集，议员们对专利问题的攻击日趋白热化。女王将此事
交由自己的几位官员处理，这些官员根本没时间管这些吃力不讨好的事情。
下议院被激怒了，但又无可奈何。②

下议院的地位在都铎王朝得到了前所未有的突破，但面对强大王权，仍
然是一个缺乏执行力的机构。亨利八世因为与罗马帝国皇帝查理五世的姨妈
——西班牙公主凯瑟琳离婚而与罗马教廷及欧陆天主教国家交恶，为了对抗
来自欧陆的威胁，他必须借助下议院的力量把自己打扮成民族的领袖。面临
同样战争压力的伊丽莎白一世，也必须利用下议院的支持来凝聚民族的力量。
但在英国革命之前，下议院始终是一个过渡性机构，完全依赖于君主的召集，

---

① 那个时代的下议院议长不仅负有组织会议之责，还是君主在下议院的代言人，为君主利益说
话。

② Carolyn A Edie：*Tactics and Strategies*：*Parliament's Attack upon the Royal Dispensing Power* 1597 –
1689，American Journal of Legal History，Vol. 29，1985，pp. 204 – 206.

开会时间也很短。伊丽莎白一世在其 55 年的统治期间内仅召集过 10 次下议院，平均每次会期少于 14 周。[①] 这一事实表明，下议院只是一个实现政治妥协的临时机构，想单纯依靠下议院的几次请愿就解决这个问题是不可能的。若要通过制定法来解决还需要得到上议院与女王的同意，就更遥遥无期了。剩下唯一可能的合法解决方式就是通过司法渠道，人们决定尝试用司法挑战女王特权。司法权与国王特权的冲突在詹姆斯一世统治下是经常上演的大戏，其中尤以爱德华·柯克对詹姆斯一世说的那句"国王在万民之上，但却在上帝与法律之下"最为著名，在伊丽莎白一世统治的最后两年里，这种冲突已经开始预演。正如弗朗西斯·培根所说，"女王作为我们的君主，有权对法律的规定作出豁免特许"，在此之前普通法与王权一直彼此相互支持，而它们之间磕磕绊绊的 17 世纪才刚刚开始。1961 年 10 月，女王要阻止涉及垄断专利特权的戴雪诉艾伦案在普通诉讼法院审理，下议院的反对派请求女王收回成命。考虑到自己需要下议院批准财政补贴的迫切需求，年事已高的女王精疲力竭，她最终作出了让步。1601 年 11 月 3 日，她在下议院发表的"黄金演讲"中承认，她所授予的专利中，确实有一些只为私人带来了利益，而未能顾及公益。[②] 女王解释道，她授予的专利是合法的，她绝不会同意任何邪恶专利的授予。如果已授予的专利有被滥用的情况，她将会进行变革。她承诺只要得到审判的确认，那些被人厌恶的专利将被废除、中止或停止执行。一年之后，戴雪诉艾伦案得到了宣判。法官认为，戴雪制造、销售与进口纸牌的专利并非是一个新的专利，而是建基于早已繁荣的贸易之上。所以法官判决戴雪的专利无效，女王不可以在这里设立专利寻求利润，也不可以以专利坏法，违背既有法律的明确规定来设立特权。[③]

下议院在专利问题上终于取得了突破性的进展，但是女王很快去世，她的继任者詹姆斯一世从苏格兰赶来继位。在继位之初，新国王以顺应民意的

---

① 哈罗德·J. 伯尔曼：《法律与革命——新教改革对西方法律传统的影响（第二卷）》，袁瑜琤、苗文龙译，法律出版社 2008 年，第 225 页。

② Chris Dent：'Generally inconvenient'：The 1624 Statute of Monopolies as Political Compromise, Melbourne University Law Review, Vol. 33, 2009, p. 428.

③ Carolyn A Edie：Tactics and Strategies：Parliament's Attack upon the Royal Dispensing Power 1597 – 1689, American Journal of Legal History, Vol. 29, 1985, pp. 206 – 207.

姿态中止了前任君主授予的许多专利，此收买人心之举让民众欢欣雀跃。但人们发现不久他就转手将这些被中止的专利授予给了他的宠臣，并且专利数量比之前有过之而无不及，源源不断的垄断利润流进了国王和他宠臣的腰包。这位一直生长于苏格兰的外乡人让刚取得突破的专利权问题蒙上了一层阴影。① 1604 年的刑事法规案延续了伊丽莎白一世末期在司法方面的突破，但在国王的压力之下，这种势头被扭转了。1606 年的贝特案中止了专利权问题在司法方面的胜利，下议院很快意识到新国王的野心远远大过前任君主。在伊丽莎白一世时代，下议院只在谈论专利的滥用，但对女王特权本身并未有半点非分之想。在詹姆斯一世时代，下议院惊讶地发现君主竟然打算利用国王特权在英格兰的政治习惯之外发展出新的统治方法。下议院的反对目标已经从抱怨个别专利转移到国王特权本身。

代表上帝的教皇将"世俗之剑"授予国王，这意味着王权神授，王权是臣民的庇护者，正义的源泉。而国王特权正是王权在正常法律规定之外的"剩余权力"，体现了王权权力的概括性与不可列举性。国王特权也是英国政府机构发展的基础，它可以在没有常设机制的情况下创造新的制度安排，正是在国王特权的特许下，文秘署、枢密院等政府机构才能逐渐产生。甚至在普通法的形成过程中起到关键作用的三大法院：普通诉讼法院、王座法院、财税法院，以及产生了衡平法的衡平法院，也是国王特权的造物。鉴于国王特权的不可或缺性，它也得到了普通法的鼎力支持，正如国王詹姆斯一世自己所说的："对于一个国王来说，我没有理由不喜欢普通法，没有什么比它更能有利于一个国王的统治，也没有什么比它更能扩展国王的特权。作为英格兰的国王若是蔑视普通法，就是在蔑视他自己的王座。"② 在那个时代，这种特权与法律的关系经常成为政治争执的主题，曾经勇敢对抗詹姆斯一世特权的首席法官爱德华·柯克，也说过国王特权可以不受议会制定法的约束。③

----

① 关于詹姆斯一世的更多描述见 Irene Carrier：*James VI & I：King of Great Britain*，Cambridge：Cambridge University Press，1998，pp. 3 – 27.

② Irene Carrier：*James VI & I：King of Great Britain*，Cambridge：Cambridge University Press，1998，p. 185.

③ Carolyn A Edie：*Tactics and Strategies：Parliament's Attack upon the Royal Dispensing Power* 1597 – 1689，American Journal of Legal History，Vol. 29，1985，p. 202.

在国王特权的问题上，詹姆斯一世不仅是君权神授理论的支持者，而且与写作了《主权论》的布丹双峰并立，是那个时代最著名的君主专制理论家之一。

愤怒的下议院议员在 1606 年发起了一项旨在限制国王特权的议案，但该议案被上议院理智地否决，因为上议院觉得这样贸然挑战国王特权是不可能成功的。在之后的几年内，下议院一直试图推动立法限制国王特权，但一无所获，直到国王惊讶地发现，仅凭专利的垄断利润仍然不能满足自己的开销。詹姆斯一世在继位不久之后就亲自结束了与西班牙旷日持久的战争，缓和了与欧陆天主教国家的关系，卸下了沉重的防务压力。詹姆斯一世在继承英格兰王位之时，也继承了王室的 422000 镑的巨额债务，一个如此富庶的王国却有一个负债累累的国王。[①] 这笔前所未有的债务促使詹姆斯一世不得不向下议院妥协，以求得补贴。

三、妥协与《1624 年英国垄断法》的制定

从封建法的原则来讲，当领主遇到财政困难时向附庸提出经济上的要求是一项合情合理的事情，完全符合封建的原则，当年理查一世在欧陆被俘，整个英格兰都慷慨解囊，为之筹措巨额赎金，眼下国王既然继承的是前任留下的巨额债务，臣民为其分忧也是理所应当的。但这也不能完全责怪英国人吝啬，虽然詹姆斯一世的税收实际上不如伊丽莎白一世那么重，但伊丽莎白一世总可以让她的臣民们，特别是下议院议员们相信，从他们身上所收来的每一个便士都会被审慎地用于国家防务等关乎民族安危与臣民福祉的事务上了，所以即使女王的税收再重，老百姓也是心甘情愿的。[②] 反观詹姆斯一世，每次下议院的补贴刚一拨下来，就被国王全部赏给了仅有的几个宠臣，特别是像白金汉公爵这样既无出身又无能力的暴发户身上。如此随意而不公平地

---

① Irene Carrier: *James Ⅵ & Ⅰ: King of Great Britain*, Cambridge University Press, 1998. p. 100. 又有一说是 300000 镑，女王还售出部分王室领地，致使其后继者的收入减少，参见 Pauline Croft: *King James*, Palgrave Macmillan, 2003, p. 71. 经过 16 世纪，尽管王国挫败了西班牙等敌人的野心，一跃成为西欧的重要力量，但英国王室却变穷了。Pauline Croft: *King James*, Palgrave Macmillan, 2003, pp. 51, 71.

② Pauline Croft: *Kingjames*, Palgrave Macmillan, 2003, pp. 183 – 184.

处置从下议院获得的补贴，自然引起了下议院议员进一步的不信任与反感。

1610 年下议院被召集之后，财政大臣索尔兹伯里伯爵建议国王出面缓和下议院的情绪，否则恐怕要不到补贴。于是詹姆斯一世专门就专利授予问题发表了被称为《奖励书》（Book of Bounty）的声明。该声明宣称：第一，任何专利的授予都不得违反法律，否则无效；第二，在不违反法律的基础之上，只有新发明才有资格获得专利。声明已经体现《1624 年英国垄断法》的精神，但该声明毕竟只是声明，并不是法律，它既没能让下议院满意，也没能约束住詹姆斯一世自己。詹姆斯一世未能获得足够补贴，愤怒地解散了议会。1614 年重新召集的议会以更尖锐的方式批评他的独断专行。他认为自己已经受够那帮乌合之众的吵闹声，决定以抛开下议院的方式来践行自己的君主专制理论。为了解决财政困难，他节衣缩食，尽可能避开与任何国家的冲突，在欧陆开始被三十年战争血洗的年代，英格兰竟因此而得以保持和平。最后，他甚至开始用贩卖爵位这种不名誉的方式来弄钱。

穷困的国王终于还是忍不住在 1621 年召集了议会，恰逢遇上经济衰退，下议院对国王的敌意有增无减。这一届下议院意识到，除非能够得到法律形式的保障，否则谁也无法约束国王特权。于是，下议院起草了一个议案，将戴雪诉艾伦等司法判例所取得的成果以立法的形式保存。曾经在法官席位上对抗国王特权的爱德华·柯克起草了这份议案，他在被国王解职之后，成为下议院议员。下议院三读通过了这份议案，并将其送往上议院。上议院认为该议案的"目的与范围"是值得称道的，但是它处理国王特权的方式是不可接受的。上议院任命了一个八人委员会来起草一份新议案以处理专利问题。但是，两院的意见差异太大，上议院通过的新议案也未能走出下议院。该下议院于 1622 年被解散。

储君查理在国王的宠臣白金汉公爵的陪同下前往西班牙求婚，但却受了一肚子气。求婚失败的查理愤而要对西班牙宣战。为了筹措战争资金，新一届下议院于 1624 年被召集。吸取了以往教训的下议院这一次没有再错过机会，1624 年 2 月 24 日一个解决专利问题的新议案完成了一读，17 天之后三读通过，该议案送往上议院。经过一系列委员会会议，该议案得到了上议院的通过，国王于 5 月为议案盖上国玺，《1624 年英国垄断法》自此诞生。[①]

四、小结

《1624 年英国垄断法》的通过并不是下议院的完胜，它是国王与议会曲折斗争的妥协产物。若不是由于 1621 年的经济衰退、查理王子对外事务的莽撞以及詹姆斯国王的穷困，不管是国王还是上议院，恐怕都不会同意该法案，毕竟只要国王不同意签字，该法案就不可能成功通过。[②] 随着王权与下议院的隔阂日渐增长，类似的妥协已经越来越难以达成，国王甚至多年不召集国会，直至被送上断头台。英格兰在接下来半个世纪里，经历着内战的混乱，共和国的恐怖与复辟的阵痛，国王特权、下议院与普通法之间的关系最终借助戏剧性的光荣革命，经过一系列的制度安排与磨合，才得以和平相处。幸运的是，英国的光荣革命是一场回归秩序的革命，《1624 年英国垄断法》的制度成果得以保存，并以此为基础，发展出了宏大复杂的英国现代专利权体系，为 18 世纪工业革命的到来提供了稳定的产权制度基础。

---

① Carolyn A Edie: *Tactics and Strategies: Parliament's Attack upon the Royal Dispensing Power* 1597 – 1689, American Journal of Legal History, Vol. 29, 1985, pp. 211 – 213.

② Chris R Kyle. *But a New Button to an Old Coat: The Enactment of the Statute of Monopolies*, 21 James I cap. 3, 218.

研 究 综 述

网络游戏知识产权保护研究综述

邓志维[*]

摘　要： 随着科技发展和时代进步，网络游戏成为互联网经济的重要组成部分。随着众多网络公司依靠网络游戏的营收迅速崛起，我国也逐渐形成相对成熟的网络游戏产业。但开发一个网络游戏需要投入大量的时间和金钱，还需要一定的创意和技术。然而，促使一个游戏火爆的，往往是因为蕴含其中的创意，包括游戏的可玩性和画面的丰富。在巨大的市场需求下，很多网络公司为节约成本，缩短游戏设计时间，选择模仿或者照搬其他游戏的创意，而被抄袭的网络游戏公司因此受到巨大的损失。网络游戏的著作权保护越来越受到关注。

关键词： 网络游戏　著作权　类电影

一、网络游戏作为著作权法主体的不同观点

在我国，网络游戏受著作权法的保护，但它属于著作权法中的哪一类主体，似乎没有清晰的说明。学界关于网络游戏作为著作权法保护主体的观点主要有三种：一是以计算机软件来保护网络游戏，这种观点的核心在于网络游戏的本质就是软件程序；二是以美术作品来保护网络游戏，因为网络游戏中的场景、造型、特效等显然属于美术作品的范围，它们都符合著作权法实施条例中定义的"以线条、色彩或者其他方式构成的有审美意义的平面或者立体的造型艺术作品"，而这也是目前国内许多相关案例判决中采用的观点；

　＊　作者简介：邓志维，男，河北师范大学法政与公共管理学院 2018 级法律硕士研究生。

三是以类电影作品来保护网络游戏，这是出于对网络游戏整体画面进行保护的考虑，改变了过去对网络游戏的碎片化维权，将游戏视为一个作品进行保护。①

从国内的研究文献来看，李明德教授认为，电子游戏是经计算机软件设定后，可以由游戏者控制的显示在计算机屏幕上的形象和声音，因此应当对计算机软件设定产生的"作品"而不是直接对计算机软件提供保护。② 唐广良教授则指出，美国的电脑游戏开发者会有意识地将游戏的视觉与声音部分按照视听作品进行著作权登记，所以网络游戏应该作为"视听作品"进行保护。③ 王迁教授等人认为，网络游戏与传统电影无论是在表现形式还是在创作过程上都高度相似，可以将其纳入电影作品的类别进行保护，但最终是否构成电影作品仍然需要经过独创性标准的检验。④ 王章伟律师则认为，网络游戏虽然是一种计算机软件，但游戏的本质在于表达结果，因此可以将网络游戏分为两种形式分别进行保护：对程序的计算机软件保护与对输出界面的图像音像制品保护。⑤ 郝敏教授提出，尽管网络游戏并不是知识产权法域明确规定的某一类保护客体，但是网络游戏中涵盖的各个要素可以分别纳入现有知识产权法律体系进行保护⑥。董颖等三位律师通过对早期国外案例的研究分析指出，计算机游戏可以作为美术作品或文字作品等，但这种著作权并非针对游戏整体，而是通过分解游戏元素而得到。⑦陈莉婷与刘俊经研究提出，不管是计算机软件模式还是视听作品模式，都无法很好地保护视频游戏，因

---

① 文雪苓：《网络游戏著作权保护模式研究》，西南政法大学 2017 年硕士学位论文。

② 李明德："美国《版权法》对于计算机软件的保护"，载《科技与法律》2005 年第 1 期，第 41 页。

③ 唐广良：《计算机法》，中国社会科学出版社 2003 年版，第 89 页。

④ 王迁、袁锋："论网络游戏整体画面的作品定性"，载《中国版权》2016 年第 4 期，第 22 页。

⑤ 王章伟："从《传奇》案看网络游戏作品的版权保护"，见《2009 中华全国律师协会知识产权专业委员会年会暨中国律师知识产权高层论坛论文集（上）》，第 336 页。

⑥ 郝敏："网络游戏要素的知识产权保护"，载《知识产权》2016 年第 1 期，第 69 页。

⑦ 董颖、邹唯宁、高华苓："视频游戏所包含的艺术类著作权"，载《电子知识产权》2004 年第 11 期，第 42 页。

此应当创设一种新的作品类型——"视频游戏作品"来保护视频游戏。①

二、美国保护网络游戏著作权的模式

美国是世界上游戏产业最发达的国家之一，对于网络游戏的保护模式，美国并非一开始就使用了视听作品来保护网络游戏，而是在后来的知识产权方面的白皮书建议把游戏作为视听作品。② 现在，美国对网络游戏的保护方式十分灵活，它可以作为计算机软件作品，以其源代码作为文字作品，如果一款网络游戏的图像部分更加卓越，那么该款游戏就可作为"视觉艺术作品"，同样，如果这款网络游戏的动态影像或者视听部分更加优秀，那么它可以被划分到类电影作品或者视听作品的范畴。除了在案例中将游戏画面认定为视听作品之外，美国的游戏开发商们也喜欢将其开发的游戏作为视听作品得到保护。这是因为根据美国版权法的规定，雇用作品的作者是雇主或制作作品人，除非有另外的明确协议，否则雇员不能取得版权。③ 雇用作品是指：（1）雇员在其受雇范围内所制作的作品，（2）经特约或雇主指定的作品。而第二类雇用作品又细分为以下几类：集体作品、汇编作品、部分类电影作品或视听作品、翻译作品、辅助工作、教学文本、测试、测试结果、地图集等，④ 这些作品通过书面明示同意即可视为雇用作品。因此，在很多诉讼中，游戏开发商都倾向于将涉案游戏作为"视听作品"，这样就可以将游戏归入上述雇用作品的类别中，雇佣创作者或雇主就能当然成为游戏的"作者"。综上所述，可以看出美国在对网络游戏的版权保护中，整体倾向于将网络游戏作为视听作品而进行保护。

三、日韩保护网络游戏著作权的模式

日本是一个游戏产业相当成熟的国家，对于网络游戏的认定和保护虽然

① 陈莉婷、刘俊："视频游戏作品著作权问题研究"，载《法制与社会》2009 年第 2 期，第 38 页。

② 李宗勇："网络游戏的法律保护"，载《网络法律评论》2005 年第 00 期，第 203 – 217 页。

③ Copyright Law of the United States § 201（b）.

④ Copyright Law of the United States § 101.

没有在法律中单独明确的规定，但有判例认可了对于满足《日本著作权法》第 2 条第 3 款规定，具备电影作品要件的游戏，法律将之作为"电影作品"予以保护。①在日本，将游戏作为视听作品保护的经典案例之一是 1984 年的《Pac-man》案。② 在这个案件中，原告控告一家咖啡店提供了安装有该公司游戏的非法复制软件的游戏机供客人使用并由此获利，原告方认为这一行为侵犯了游戏《Pac-man》的电影上映权。对于《Pac-man》是否能视为电影作品，日本法院基于《日本著作权法》第 2 条第 3 款的规定，认为玩家操作游戏手柄的方法以及玩家行为所带来的游戏界面的改变等内容都是事先设定的，使用者仅是对预设的游戏数据进行调用而得到不同结果，因此游戏影像是以电子信号的形态固定在程序中的。基于此，法院判决《Pac-man》构成电影作品，被告的行为对原告所享有的上映权造成了侵害。这是日本第一例将游戏作为电影作品保护的案件。法院认为游戏软件既能够被视为计算机软件，又能够被视为电影作品。当把游戏软件视为电影作品时，法律对游戏软件的保护范围就被扩大了，一些本不属于游戏软件的著作权被包含在了保护范围中。需要注意的是，在日本，不是所有的网络游戏都会被认定为"电影作品"，如果一款游戏的游戏界面是静态的，那么这样的游戏显然不能被归入"电影作品"的类别中。同时，因为将网络游戏整体归入电影作品使得网络游戏获得了一个十分宽泛的保护范围，所以为了使这个范围得到适当限制，日本法院认定的电子游戏的保护范围与传统电影作品的保护范围相比要小得多。比如，日本的最高裁判所有这样的规定，对传统电影作品而言，它的发行权不会受到"一次销售权利用尽"的限制，而电子游戏是要被这一条款限制的。③综上所述，日本对网络游戏的著作权保护并不排斥将之视为电影作品，但仍主张要合理限制网络游戏的版权保护范围，不能将传统电影作品的所有权利内容都赋予网络游戏。

---

① 《日本著作权法》第 2 条第 3 款规定，本法律中规定的"电影著作物"包括用产生类似电影的视觉或听觉效果的方法表现出来并录制在媒介物上的著作物。

② 东京地裁昭和 56 年第 8371 号损害赔偿请求事件。

③ 孙磊："网络游戏画面构成类电作品吗？——与王迁、袁锋老师商榷"，http：//www. zhichanli. com/article/40347，2017 年 1 月 20 日访问。

与日本相似，韩国也是一个游戏产业相当成熟的国家，同时，韩国的著作权法中同样没有针对网络游戏进行专门的定义或分类。韩国的文化观光部在 1999 年制定了一部有关于游戏的法律，即《唱片、录像物及游戏物相关法律》，在这部法律中将"游戏物"定义为通过利用一些信息处理技术或者机械设备，为达到进行娱乐、充分利用休闲时间、提高学习或运动效果等目的而制作出来的电影作品或机器。① 由此可以看出，该部门已经倾向于将网络游戏看作类电影作品。韩国法学理论界与法院的普遍观点仍然是将电子游戏视为计算机程序，但随着近年来韩国游戏产业的迅猛发展，司法界在实践中也渐渐将网络游戏归入类电影作品的分类下，以作为保护网络游戏著作权的方式之一。综上所述，在韩国已经逐渐将网络游戏作为类电影作品来对其进行著作权保护。

四、小结

通过比较域外国家对网络游戏著作权的保护模式，我们不难看出，网络游戏单纯作为计算机软件通过著作权保护已经不再符合社会发展潮流。游戏的多样化、游戏元素的丰富化使我们不得不重新修改著作权对网络游戏的保护方式。综合国内外的观点，我们可以得出以类电影作品对网络游戏进行保护，可以使网游游戏公司的利益得到最大化的保障。将网络游戏视为类电影作品进行保护也有利于规范网络游戏市场，使网络游戏的市场环境更健康，给网络游戏制造商更多信心，促进整个行业更快、更好的发展。

---

① 孙磊："电子游戏知识产权保护的世界之旅：对 WIPO 报告的深度解读"，http：//www.zhichanli.com/article/37348，2017 年 1 月 20 日访问。